本书获暨南大学“华侨华人研究”
优势学科创新平台资助

国家出版基金项目
NATIONAL PUBLICATION FOUNDATION

教育部人文社会科学重点研究基地
Key Research Institute of Humanities and Social Sciences at Universities
暨南大学华侨华人研究院
Academy of Overseas Chinese Studies in Jinan University

·世界华侨华人研究文库·

移民的政治参与

美籍华人与美中关系研究

罗俊翀　著

暨南大學出版社
JINAN UNIVERSITY PRESS

中国·广州

图书在版编目（CIP）数据

移民的政治参与：美籍华人与美中关系研究/罗俊翀著．—广州：暨南大学出版社，2015.3
（世界华侨华人研究文库）
ISBN 978－7－5668－1401－2

Ⅰ.①移…　Ⅱ.①罗…　Ⅲ.①美籍华人—影响—中美关系—研究　Ⅳ.①D871.2 ②D822.371.2

中国版本图书馆CIP数据核字（2015）第070106号

出版发行：暨南大学出版社

地　址：中国广州暨南大学
电　话：总编室（8620）85221601
　　　　营销部（8620）85225284　85228291　85228292（邮购）
传　真：（8620）85221583（办公室）　85223774（营销部）
邮　编：510630
网　址：http：//www.jnupress.com　http：//press.jnu.edu.cn

排　版：广州市天河星辰文化发展部照排中心
印　刷：佛山市浩文彩色印刷有限公司

开　本：787mm×1092mm　1/16
印　张：14
字　数：274千
版　次：2015年3月第1版
印　次：2015年3月第1次

定　价：35.00元

总　序

在20世纪，华侨华人问题曾经四次引起学术界关注。第一次是20世纪初关于南非华工的问题；第二次是“一战”后欧洲华工问题；第三次是五六十年代东南亚国家出现的“排华”问题；第四次则是80年代中国经济崛起与海外华侨华人关系的问题。每次华侨华人研究成为研究热点时，都有大量高水平研究著作问世，不胜枚举。

进入21世纪以来，随着全球化进程的加速和中国国际化水平的提升，海外华侨华人与中国的发展日益密切，华侨华人研究掀起了新一轮高潮。华侨华人研究机构由过去只有暨南大学、厦门大学、北京大学、华侨大学等少数几家壮大至目前遍布全国的近百所科研院校，研究领域从往昔以华侨史研究为主，拓展至华人政治、华人经济、华商管理、华文教育、华人文学、华文传媒、华人安全、华人宗教、侨乡研究等涉侨各个方面，研究方法也逐渐呈现出多学科交叉的趋势，融入政治学、历史学、社会学、民族学、教育学、新闻与传播学、经济学、管理学、法学等学科方法与视角。与此同时，政府、社会也愈益关注华侨华人研究。国务院侨办近年来不断加大研究经费投入，并先后在上海、武汉、杭州、广州等地设立侨务理论研究基地，凝聚了一大批海内外专家学者，形成了华侨华人研究与政府决策咨询相结合的科学发展机制。而以社会力量与学者智慧相结合的华商研究机构也先后在复旦大学、清华大学等地成立，闯出了一条理论研究与社会实践相结合的华侨华人研究新路径。

作为一所百年侨校，暨南大学在中国华侨华人研究中具有特殊的地位。暨南大学创立于1906年，是中国第一所华侨高等学府。华侨华人研究是学校重要的学术传统和特色。早在1927年，暨南大学便成立了南洋文化事业部，网罗人才，开展东南亚及华侨华人的研究，出版《南洋研究》等刊物。1981年，经教育部批准，暨南大学在全国率先成立华侨华人研究的专门学术机构——华侨研究所，由著名学者朱杰勤教授担任所长。1984年在国内招收首批华侨史方向博士研究生。1996年后华侨华人研究被纳入国家“211工程”1—3期重点学科建设行列，2000年获批教育部人文社会科学重点研究基地（华侨华人研究）。暨南大学于2006年成立了华侨华人研究院，并聘请全国政协常委、国务院侨务办公室原副主任刘泽彭出任院长和基地主任。2011 年，学校再次整合提升华侨华人研究力量，将华侨华人研究院与国际关系学系（东南亚研究所）合并成立国际关系学院/华侨华人研究院，继续聘请刘泽彭同志出任华侨华人研究院院长和基地主任，由华侨华人与国际问题研究知名专家曹云华教授出任国际关系学院院长兼华侨华人研究院执行院长。同时，学校还加大科研经费投入，努力打造“华侨华人研究优势学科创新平台”。研究院在加强自身科研能力的基础上，采取以研究项目、开放性课题为中心，学者带项目、课题进院的工作体制，致力于多学科和国际视野下的前沿研究，立足于为国家的改革开放和现代化建设服务，为社会服务，为政府决策咨询服务，努力将之建设成为世界一流的学术研究机构和人才培养基地。

值华侨华人研究在中华大地百花齐放、百家争鸣之际，为进一步彰显暨南大学科研特色，整合校内外相关研究力量，发掘华侨华人研究新资源，推动华侨华人研究学科的发展，学校推出“世界华侨华人研究文库”。本套丛书的著作多为本校优势学科的前沿研究成果，作者中既有资深教授、学科带头人，也有学界新秀。他们的研究成果从多学科视野探索了国内外华侨华人研究的一些新问题、新趋势，具有较高的学术价值和现实意义。

本套丛书的出版得到学校领导的大力关心与支持。学校从“211 工程”经费中拨专款予以资助。国际关系学院/华侨华人研究院领导与部分教师也付出了艰辛的劳动，他们在策划、选题、组稿、编辑、校对等环节投入大量精力。同时，暨南大学出版社对丛书出版也给予高度重视，组织了最优秀的编辑团队全程跟进，并推荐丛书申报国家级优秀图书。在此，我们对所有为本丛书出版付出宝贵心血与汗水的同仁致以最衷心的感谢！

最后，我们期盼本丛书的出版能在华侨华人研究领域激起一点小浪花，引来国内外同行更加深入、广泛的研究，为学界贡献更多高水平的成果！

《世界华侨华人研究文库》编委会

2013 年 8 月

目　录

绪　论

第一节　问题与视角

一、问题

根据国际移民组织（International Organization for Migration，IOM）发布的《世界移民报告》，截至2013年，全世界国际移民总量已高达2.32亿人次，占世界人口总数的4.2%。2000—2013年间，移民人口数量年均增长率为2.2%。王辉耀主编的《国际人才蓝皮书：中国国际移民报告（2014）》显示，截至2013年，中国海外移民存量已达到934.3万人，23年间增长了128.6%。中国从1990年的第七大移民输出国，上升为第四大移民输出国。

华人移民是世界移民族群的重要组成部分。2011年5月出版的《华侨华人研究报告（2011）》为我国首部华侨华人研究蓝皮书。该蓝皮书显示，截至2009年，我国海外移民总数超过450万，全世界华侨华人总数已达到了4 543万。美国是拥有移民人数最多的国家，大约每五个移民就有一个在美国。截至2012年，美国拥有的移民总数已达到4 578.5万人。中国是美国第二大移民来源国，美国是中国海外移民的第一目的国。除东南亚各国外，美国是全球第二大华人聚居地。

华人的政治参与不仅是研究移民的学者关注的领域，也是研究华侨华人的学者感兴趣的课题，近年来成果颇丰。然而，在华人移民的两大聚居地——东南亚各国和美国，华人的政治参与实践及反映的问题有较大的差异。① 本书关注的是华人移民在美国的政治参与，其核心问题是，在冷战后国际格局调整，美国多元文化外交政策和各族裔群体纷纷涉足美国与其祖籍国利益事务的背景下，美籍华人在美中关系和美国对华政策上能否发挥作用，以及能够发挥怎样的作用？围绕这一核心问题，笔者在书中分别探讨以下几个子问题：美籍华人参与美中关系的

① 相关著述参见曹云华、许梅、邓仕超：《东南亚华人的政治参与》，北京：中国华侨出版社，2004年；万晓宏：《当代美国华人政治参与研究（1965—2012）》，广州：暨南大学出版社，2013年。

合法性；美籍华人参与美中关系的方式、资源、路径与实践；美籍华人参与美中关系的前景与局限性。

美中关系已经成为世界上最重要的双边关系之一，也是国际关系研究的重中之重，硕果累累。然而，现有的研究成果存在冷热不均，对一些具体领域研究不足的状况。诚如《美籍华人与中美关系》编者尹晓煌所言，谈及中美关系，人们历来注重两国政府高层怎样运筹谋划，常常仅联想双方领袖有何策略言行，至于两国社会里的芸芸众生，尤其是与中美关系息息相关之美国广大华人群众，是如何看待及参与这一关系的，由于种种原因，似乎无人问津，鲜有专题著述。殊不知，两国社会里的这些普通人，这些默默无闻之辈，同样对中美关系之发展有着不容忽视之影响，做出了难以估量之贡献。①

本书的理论意义在于，以美国多元文化外交政策和少数族裔群体参与美国与其祖籍国对外事务为背景，借助少数族裔群体参与美国对外政策研究的有关理论，分析作为美国众多少数族裔群体之一的美籍华人对美中关系参与的背景、方式、资源、路径，以及前景与局限性等，是对以国家、政府为主要分析对象，以高级政治为主要分析内容的美中关系研究的重要补充。另外，随着国际关系研究分析层次的回落，从国内问题入手、从族裔与人的分析层次分析国际问题成为研究的新视角，本书也是对这一新视角的有益尝试。

本书的现实意义有三方面。首先，本书明确指出美籍华人参与美中关系具有合法性，进一步厘清对美籍华人参与美中关系的模糊认识，化解不必要的担忧。如：在美国，参与美国与族裔群体祖籍国关系是否为华人所独有？华人参与美中关系是否给华人带来双重文化认同和忠诚问题，这种状况对华人有何影响？鉴于东南亚华人在政治参与时所产生的认同与忠诚问题的敏感性，以及李文和案的影响，这些问题往往干扰着我们对美籍华人参与美中关系的认识。

其次，本书明确指出美籍华人在美中关系上与中国有着不同的利益和立场。在参与美国内政外交时，美籍华人作为美国公民的身份属性比其作为华裔的族群属性更为重要。同时，作为华裔族群，美籍华人与中国在美中关系上也有着共同利益。因此，本书主张扩大中国与美籍华人的共同利益，为美籍华人影响美国对华政策积极的一面创造有利条件，将美籍华人对美中关系的参与纳入中国对美国国会外交和公众外交的范畴。

最后，本书明确提出美籍华人在参与美中关系的策略上必须兼具百人会和台湾游说团的优势，在构建共有知识、减少美中之间战略分歧、消除彼此误解的基

① ［美］孔秉德、尹晓煌主编，余宁平等译：《美籍华人与中美关系》，北京：新华出版社，2004年，第3页。

础上，积极合法地运用院外游说这一作为美国民主组成部分之一的策略和手段。

二、研究视角

（一）国际关系研究分析层次的回落

层次分析法是国际关系理论研究的重要方法之一，最早由肯尼思·华尔兹（Kenneth N. Waltz）在其《人、国家与战争——一种理论分析》一书中提出。在该书中，华尔兹从人性、国家、国际体系三个“意象”（image）对战争根源进行了综合分析，从而开创了国际关系研究中的层次分析法。第一位将层次分析法作为方法论提出的是戴维·辛格，他在其《国际关系中的层次分析问题》中，把影响外交政策的因素划分为两大层次：国际体系与民族国家。辛格之后，国际关系研究者越来越注重对层次分析法的完善和使用，分析层次越来越系统，各层次之间的间隔也越来越小。詹姆斯·罗斯诺提出了五个分析层次变量：个人、角色、政府、社会、国际系统。之后，布鲁斯·拉西特和哈维·斯塔尔发展了罗斯诺的层次体系，提出了从宏观到微观的六个层次，依次是世界系统、国际关系、国内社会、国家政府、决策者角色、决策者个人。其中，世界系统是指国际行为体所处的世界环境，如国际系统结构和进程、世界科学发展水平等；国际关系是指国际行为体之间的关系；国内社会是指决策者所处的国内社会环境，如社会的富裕程度、利益集团的行为特征、社会成员的素质等；国家政府指决策者所在政府的性质和结构，如国家政治制度和政府机构的安排等；决策者角色是指决策者的职务；决策者个人指决策者的性格、价值观等纯属个人的因素。这六个层次涵盖了国际关系的主要方面，使研究分工更加具体、分析更加细致，研究体系也更加完整。国际关系的分析层次有两层含义：其一是不同的层次代表了不同的“解释来源”（自变量）所处的位置；其二是不同的层次代表了不同的“研究对象”（因变量）所处的位置，层次分析的主要目的是使研究者更好地辨别和区分国际关系研究中的各种变量，从而使研究者能够在不同的变量间建立供验证的关系假设。

冷战结束后，高度紧张的冷战结构瓦解。随着以相互依赖为特征的全球化的深入和民主化浪潮的兴起，当今世界除了国与国之间的关系外，还增加了一种多层次、多行为体之间的互动关系，国内事务和国际事务难以泾渭分明，现实的变化促使人们重新重视国内因素的影响。詹姆斯·罗斯诺将这种状态称为“后国际政治”时代①。

---

① James Rosenau, *Turbulence in World Politics: A Theory of Change and Continuity*, Princeton: Princeton University Press, 1990, p. 3.

华尔兹认为，在不同的体系中，单元层次和系统层次因素所起作用的比重是很不同的。[①] 在结构压力巨大、国家安全和生存问题急迫的体系中，系统层次因素的作用居于首位；而在结构压力松弛、国际经济和社会福利成为关注重点的体系中，单元层次因素将在很大程度上减弱国际结构的作用。冷战结构的瓦解和20世纪90年代以来的第三波民主化浪潮，释放了冷战期间被国际结构所压抑的国内政治力量，国内行为体在国际关系中的表现更加活跃。全球化的加速，一方面使国际与国内的界限日益模糊，国际政治与国内政治变得“不能分裂”；[②] 另一方面，促使全球市民社会和跨国行为体兴起，主权国家的传统权威正在逐渐消退或退却[③]，非国家行为体对主权国家体系的实质性冲击得以加强。体系理论的主要特征是假定行为体内在属性既定，使其成为常量，解释行为体的行为变化和体系产生的结果立足于体系属性上的变化，而非行为体特征的变化。[④] 体系理论有关国家的假定抽象化了单元属性的多样性，忽略了影响国际关系的关键方面——国内政治，过于简化复杂的国际关系现状。[⑤] 新现实主义、新自由主义和主流建构主义都忽略了国内层次的次国家行为体，理论因此变得更为简洁，更富有美感，在科学性和严谨性上也达到了前所未有的高度，但也加剧了国内政治退出国际关系理论研究的倾向。

双层博弈论认为，国际关系的行为体不是国家，决策者、立法机关、国内集团和政治联盟才是国际关系的施动者，它们构成了国际关系最有研究价值的微观基础。杰弗里·弗里登（Jeffrey Friden）认为，美国国内社会利益集团的冲突与合作对国际关系学界解释国际经济的对抗与合作具有关键意义。[⑥] 比较政治学者罗伯特·帕特南（Robert D. Putnam）认为，单从国内利益集团的政治运作或者国际体系的结构性压力来理解国家的对外经济行为是不够的。在国际谈判的同时，国内层面也在进行利益谈判。因此，国际经济后果是国家的政策制定者与国

① ［美］肯尼思·华尔兹著，信强译，苏长和校：《国际政治理论》，上海：上海人民出版社，2003年，第34、65页。

② Peter J. Katzenstein, et al., “International Organization and the Study of World Politics”, *International Organization*, Vol. 52, No. 3, 1998, p. 670.

③ Susan Strange, *The Retreat of the State: The Diffusion of Power in the World Economy*, New York: Cambridge University Press, 1996, p. 221.

④ ［美］罗伯特·基欧汉编，郭树勇译：《新现实主义及其批判》，北京：北京大学出版社，2002年，第153页。

⑤ James Rosenau and Mary Durfee, *Thinking Theory Thoroughly: Coherent Approaches to an Incoherent World*, Boulder: Westview Press, 1999, p. 4.

⑥ Jeffrey Friden, “Sectoral Conflict and U. S. Foreign Economic Policy, 1914 – 1940”, *International Organization*, Vol. 42, No. 1, 1988, pp. 60 – 90.

际层次和国内层次两股力量进行双层博弈的结果。① 双层博弈的分析方法批评体系理论缺乏微观的分析基础，因此它抛弃了“国家是施动者”的假定，强调体系分析法所抽象出来的国家利益实际上是国内冲突和斗争的产物。1997 年，构建双层博弈理论的重要参与者——海伦·米尔纳（Helen V. Milner）出版了《利益、制度和信息：国内政治与国际关系》一书，对新现实主义关于国家一元性的假定提出了最为系统的批判。她认为，国际合作是否成功不取决于现实主义所说的相对收益问题和欺骗问题，而取决于国内的分配结果，并认为决定国家对外行为的三个关键变量是：国内行为体的利益偏好、分享权力的制度安排和信息的分配。②

戴维·赫尔德（David Held）认为：“国内政治和国际政治紧紧交织在一起，国内政治一直被理解为支撑国际政治的背景，且前者经常是后者的根源。”③ 因此，国际关系研究的视角必须从体系层次回归到单元层次，而单元层次的研究又不局限于国家单元，应包括诸多跨国行为体，换言之，必须让国内层次和跨国层次的行为体重新回归到国际关系研究中。放宽体系理论关于国家的假定，复兴从国内政治视角解释国际关系的方法，使其如体系理论一样简约并高度理论化，进而与体系理论进行因果逻辑链条上的整合，成为当今国际关系理论研究的一个新趋势，这种现象被称为国际关系理论研究层次的回落。国际关系理论研究层次的回落，既意味着承认国家不再是国际关系研究的唯一甚至首要的单元，跨国行为体也应成为国际关系研究中有价值的单元；又意味着将国家本身当作一个体系，把分析的视角延伸至国家内部。④

随着国际关系理论研究层次的回落，从国内问题入手分析国际问题成为研究的新视角。国内因素的作用不仅在涉及低级政治领域的外交决策过程中得到了彰显，而且在涉及高级政治领域的外交决策过程中也有重要体现。在众多国内因素中，族裔因素就是其中之一。美国作为移民国家，在众多的族裔群体中，无论哪个族裔群体都与其祖籍国有着千丝万缕的联系，在不同的历史时期都有不同的族裔群体对涉及其祖籍国利益的外交政策提出诉求，都期望美国政府能够按照本族

① Robert D. Putnam, "Diplomacy and Domestic Politics: The Logic of Two-Level Games", *International Organization*, Vol. 42, No. 3, 1988, pp. 427 - 460.

② Helen V. Milner, *Interest, Institutions and Information: Domestic Politics and International Relation*, Princeton: Princeton University Press, 1997, p. 231.

③ ［英］戴维·赫尔德著，胡伟等译：《民主与全球秩序——从现代国家到世界主义治理》，上海：上海人民出版社，2003 年，第 20 页。

④ 李巍、王勇：《国际关系研究层次的回落》，《国际政治科学》2006 年第 3 期，第 112 ~ 142 页。

裔群体的意愿来制定和实施相关的外交政策[①]，华人族裔在美国外交政策与对外关系中也开始发挥作用。在以往的任何历史时期，美籍华人都没有像今天这样如此活跃地参与两国关系，积极发表意见，对美国的对华政策如此关注，在主流社会的文化和政治媒体中扮演如此引人注目的角色。[②]

在美国少数族裔群体纷纷参与美国与其祖籍国对外事务的背景下，分析作为美国少数族裔群体之一的美籍华人对美中关系的参与和影响，是在国际关系理论研究层次回落的背景下，从国内问题入手分析国际问题，将族群与人作为分析层次变量的有益尝试，也是对当前以国家、政府为主要分析对象，以高级政治为主要分析内容的美中关系研究的重要补充。

（二）美国少数族裔群体对美国外交政策的影响

冷战格局的瓦解使美国失去了明确的敌人，总统相对于国会在外交政策上的优势权威得以减弱，国会及各种利益集团对美国对外政策的影响更趋活跃。随着美国公民社会的兴起和发展，公众对政策制定有了更多的参与。冷战结束后，西方国家逐渐兴起了“多元主义”（Pluralism）[③]，以反对在外交决策进程中由少数领导人决定国家外交政策的“精英主义”（Elitism）[④]。多元主义要求自下而上地施加压力，迫使政府对他们的要求做出反应。各少数族裔群体也要求改变美国传统的欧洲裔美国人在国家外交事务决策中一统天下的局面，重新界定冷战后美国的国家利益，增加他们在涉及其祖籍国事务的外交政策制定中的特别权利。[⑤] 尽管这种现状和趋势引起一些保守主义者和外交政策精英们的担忧及强烈抨击[⑥]，但从冷战后的形势发展来看，少数族裔群体在美国外交政策上的影响力呈现出越来越大的趋势，他们都想在涉及其祖籍国利益的事务上发挥重要作用，这就使得冷战后的美国外交呈现出多元文化的特色。[⑦]

---

① 朱全红：《资源与影响力——美国族裔群体影响美国外交政策的政治资源分析》，《外交评论》2006年第4期。

② ［美］孔秉德、尹晓煌主编，余宁平等译：《美籍华人与中美关系》，北京：新华出版社，2004年，第135页。

③ 多元主义认为：种族和民族的迁移形成了美国特有的文化多元主义，工业化的发展使人们的经济需求和社会地位发生深刻变化，社会结构呈现出多元化色彩，单个人的利益诉求不相同，这为各个利益集团的诞生提供了先决条件。

④ 精英主义认为：权力主要掌握在一批社会精英手中，而不是分散于众多利益集团中。美国政治是精英的政治，民主是困难的。

⑤ Tony Smith, “Multiculturalism and Foreign Policy”, in *Foreign Attachments: The Power of Ethnic Groups in the Making of American Foreign Policy*, Cambridge: Harvard University Press, 2000, pp. 43–44.

⑥ James Schlesinger, “Fragmentation and Hubris: A Shaky Basis for American Leadership”, *National Interest*, Issue 49, 1997, pp. 3–9.

⑦ 朱全红：《美国冷战后的多元文化外交政策》，《前沿》2002年第9期，第117页。

事实上，美国移民族群对美国对外政策（尤其是美国与其祖籍国关系）的影响一直存在，并越来越广泛和深入。正如美国研究民族与种族问题的权威学者内森·格雷兹（Nathan Glazer）教授所指出的，“可以不太夸张地说，移民是美国外交政策唯一最重要的决定因素。移民决定着美国选民的民族结构，外交政策对这种结构做出反应。外交政策也对其他的因素做出反应，但它首先会对最基本的民族因素做出反应”[①]。冷战时期的古巴裔美国人和非洲裔美国人、冷战后的美国犹太人和亚美尼亚裔美国人，对美国外交政策的影响都是客观的事实，而美国犹太人对美国对外政策的影响更是引人注目。

（三）美籍华人对美中关系的参与

中国人移民美国始于19世纪30年代。[②] 经过一百多年的发展，美国华人社会已经发生了深刻的变化：2011年美国华人人口突破400万，成为最大的亚裔族群，全美会讲中文的华人为238万。[③] 华人中，硕士以上学历的比例高于美国犹太人1/4的比例[④]；华人在政治、经济、人文科学、体育等领域都取得了骄人的成绩，在科技领域的成就更是引人注目。华人[⑤]的人口增长幅度和学历、成就均居前列。

从美国方面看，美国需要华人，但又存在着歧视和排斥华人的气候。美国于1882年颁布的《排华法案》（*Chinese Exclusion Act of* 1882）限制华人移民美国，抑制了美国华人社会的发展，是美国华人单身汉社会（Bachelor Society）形成的重要原因。华人深受美中关系的影响，两国关系一旦紧张，华人就会被歧视、受排斥。“科索沃事件”后，美国媒体在攻击中国的同时也攻击华人，“华人不忠”、“华人有中国间谍嫌疑”的言论甚嚣尘上，美国亚裔被视为效忠他国的外国人。《新闻周刊》、《纽约时报》、《考克斯报告》等甚至诬称，几十万中国留学生都是中国的“业余间谍”；大批华人专家被排除在核技术等关键技术部门之

① Nathan Glazer and Daniel P. Moynihan, *Ethnicity*: *Theory and Experience*, Cambridge: Harvard University Press, 1975, p. 23.

② ［美］沈已尧：《海外排华百年史》，北京：中国社会科学出版社，1985年，第36页。

③ 余东晖：《研究指美国华人突破400万 全美238万华人会讲中文》，中国新闻网，2011年10月27日。

④ 唐天：《美以关系如此密切——美籍犹太人功不可没》，《厦门日报》，1997年2月13日。

⑤ 为使行文方便简洁，如无特别说明，本书中的华人均指美国的华人。

外。“李文和案”[1] 和“吴振伟受辱事件”[2] 更是华人在美国的地位和处境与美中关系密切相关的最好例证。美籍华人既有作为普通美国公民参与美国各项政治活动及国家对外事务的权利和要求，同时，作为少数族裔群体，他们还必须维护族群利益，及时在因受居住国（美国）和祖籍国（中国）关系波动而被牵连的问题上做出反应。

从中国方面看，华人是发展中美关系的重要力量。在不同历史时期，美籍华人无论是个人、团体还是社区，都为美中关系的发展发挥了作用。中国前驻美国大使周文重认为，“广大旅美华侨华人及中国留学生是中美友好关系发展的积极支持者、建设者和促进者，是发展中美关系可依靠和值得信任的力量”[3]。20 世纪 80 年代中期，时任美国总统的尼克松就预言：“21 世纪的中美关系将是世界上最重要的、最互利的双边关系之一。”作为世界上最强大的发达国家和最大的发展中国家，美中关系的发展变化对亚太地区乃至整个世界的和平与稳定都有至关重要的影响。

历史和现实表明，华人经常成为美中关系波动的直接承担者和受害者。由于中美两国在历史、文化、意识形态等方面的巨大差异，促进双方对彼此的了解，防止误判和误解，对美中关系的发展非常重要。而这正是有着双语言、双文化背景的美籍华人大有可为的地方。在新的历史时期，如何看待美中关系中的华人因素，因势利导，顺势而为，使之成为推动两国关系健康、良性发展的有利因素，是值得探讨的课题，也是随着国际关系理论研究层次的回落，把研究视角延伸至国家内部，探讨国内因素和非国家行为体对国家间关系乃至国际关系影响的重要尝试。

---

① 1999 年，在中国台湾出生的美籍华人李文和被指控把所谓绝密的关于核武器试验的计算机文件交给中国。美国联邦调查局声称从 1996 年就开始对李进行监视，但检方一直没有找到指控他的任何证据。尽管如此，李文和还是被洛斯阿拉莫斯国家实验室解雇了，并足足蹲了 9 个月监狱，直到 2000 年 9 月 13 日才获释。

② 来自中国台湾的吴振伟当选美国国会议员，当他作为国会议员应邀到美国能源部演讲时，却因为他有“中国人脸孔”而被警卫挡在门口。他出示国会议员的证件，警卫就是不放行。他向能源部提出抗议，得到的只是官样文章的“遗憾”二字。他愤愤地说：“没有抓到‘中国间谍’，倒抓到国会议员。”舆论认为他绝无“身在曹营心在汉”之情事，他又是首位众议院华裔议员，却受此侮辱，委实可悲。参见都人：《从吴振伟事件谈美国华人的尴尬处境》，（新加坡）《联合早报》，2001 年 6 月 8 日。

③ 管必红：《周文重：华侨华人留学生是发展中美关系重要力量》，《人民日报》（海外版），2006 年 5 月 23 日，第 5 版。

第二节　研究现状

一、对美国少数族裔群体与美国对外政策的研究

有关美国少数族裔群体与美国对外政策的研究涉及美国族裔文化、美国多元文化外交政策以及族裔群体在美国对外事务中的作用与影响等方面。美国族裔文化研究属于美国文化研究范畴，其重点有四个方面：研究族裔群体如何在美国生存、发展并最后融入主流文化；探讨少数族裔群体如何从边缘化的状态上升到积极参与美国的政治进程；在种族歧视和偏见下如何实现自己的政治诉求；移民文化对美国多元文化的贡献。在涉及祖籍国或民族的问题上，移民研究主要强调移民在融入美国主流社会和文化的同时如何保持对本民族和文化的认同。由于上述研究范围较广泛，本节只对与本书内容密切相关的研究少数族裔群体参与美国和祖籍国政治的文献予以评介。

（一）国外学者的研究

国外学者对少数族裔群体与美国对外政策的研究涉及移民族群与祖籍国的经济、文化和政治联系，其中，比较突出的有内森·格雷兹等的《族裔：理论与经验》（*Ethnicity*：*Theory and Experience*）、罗纳德·塔卡基的《不同的镜子：一部多元文化的美国历史》（*A Different Mirror*：*A History of Multicultural America*）、费尔吉尼亚·延斯—麦克劳林的《重新审视移民：历史、社会学与政治》（*Immigrantion Reconsidered*：*History*，*Sociology*，*and Politics*）、埃利斯·科兹的《一个陌生人的国度：美国的偏见、政治与移民》（*A Nation of Strangers*：*Prejudice*，*Politics*，*and the Populating of America*）、小阿达贝尔特·阿奎尔的《美国族裔：歧视的动因与后果》（*American Ethnicity*：*The Dynamics and Consequences of Discrimination*）等。上述众多著述以《族裔：理论与经验》最为著名，该书作者之一的内森·格雷兹认为：“可以不太夸张地说，移民是美国外交政策唯一最重要的决定因素。移民决定着美国选民的民族结构，外交政策对这种结构做出反应。外交政策也对其他的因素做出反应，但它首先会对最基本的民族因素做出反应。”① 格雷兹的这一观点自20世纪70年代以来一直使研究族裔问题和外交政策

① Nathan Glazer and Daniel P. Moynihan, *Ethnicity*: *Theory and Experience*, Cambridge: Harvard University Press, 1975, p. 23.

的学者们保持浓厚兴趣，成为被广泛引用的观点。

国外学者们的研究还涉及某一移民族群的移民历史、生活习惯、文化认同和融入、与祖籍国事务的各种联系，如卡尔·韦特科的《美国的爱尔兰人》（*The Irish in America*）对爱尔兰人移民美国丰富多彩的历史进行了研究，在阐述爱尔兰裔美国人作为美国少数族裔中人口较多的欧洲白人群体融入美国主流社会的艰难历程之后，详细论述了其为争取爱尔兰民族独立而付出的努力对美国政府和爱尔兰革命产生的巨大影响。卡尔·韦特科认为，对祖籍国的民族文化认同始终是爱尔兰人长期支持爱尔兰民族独立的动力，“只要涉及英国或爱尔兰的事务，他们一定会迅速做出反应，投票时就像是‘爱尔兰出生的子孙们’。他们为自己的出生而自豪。他们愿意成为美国人；但他们也同时急切地渴望保留爱尔兰人的身份”①。蔡石山的《美国的华人经历》（*The Chinese Experience in America*）则是一部19世纪美国华人的血泪史。该书作者认为，华人遭受了白人种族主义者的极大迫害和侮辱，最后甚至被剥夺了移民美国和归化为美国公民的权利，这对20世纪的华人后裔在美国社会的生存与发展产生了深刻的影响；同时指出，“华人在美国的经历与其他遭受歧视的少数族裔群体以及那些自愿移民到这个国家的欧洲移民不同。……那些在美国出生的华人后裔由于经常要面对那些相互矛盾的价值观和必须应对社会同化的问题而通常过着一种双重的生活，背负着沉重的矛盾情感。即使他们中的大多数人已经完全适应了美国的社会文化，也仍然不能完全融入到美国社会中去。因此，他们的经历实际上是一种期望、奋斗和无法摆脱的迷茫与愤怒的混合体”②。

斯蒂芬·希恩斯托姆主编的《哈佛美国族裔群体百科全书》（*Harvard Encyclopedia of American Ethnic Groups*）和詹姆斯·塞门特主编的《美国移民百科全书》（*Encyclopedia of American Immigration*）是两部不能不提的综合性百科全书。收编在《哈佛美国族裔群体百科全书》中的莫娜·哈里顿的文章《忠诚：双重和分裂》（Loyalties：Dual and Divided）受到人们的极大关注并被广泛引用。该文详细精辟地阐述了移民族群的双重民族文化认同对美国对外关系的影响，认为移民的“根”使许多美国华人对祖籍国的感情和忠诚远远超过第一代移民；而美国自由的社会环境使美国人享有选择、移动、聚会和表达信仰的自由，同样也有表达对祖籍国的感情并为此而行动的自由；美国因此不得不学会包容美国人的

① Carl Wittke, *The Irish in America*, Baton Rouge: Louisiana State University Press, 1956, p. 150.

② Shy-Shan Henry Tsai, *The Chinese Experience in America*, Bloomington: Indiana University Press, 1986, Prologue, p. 15.

两种忠诚，即对美国和祖籍国的双重忠诚。[①] 在《美国移民百科全书》中，詹姆斯·塞门特在“族裔政治”中分专节对族裔群体与祖籍国政治进行了分析，总结了爱尔兰裔美国人、古巴裔美国人、朝鲜裔美国人等族裔群体的活动在不同历史时期的特征，认为现代族裔群体卷入祖籍国事务的主要特征是祖籍国政府的鼓励。

在美国，由于犹太人势力的强大影响，任何质疑或批评犹太人和以色列的言论在美国向来属于极度敏感的话题。2006 年，《大西洋月刊》（*The Atlantic Monthly*）约请芝加哥大学政治学家约翰·米尔斯海默（John Mearsheimear）和哈佛大学约翰·肯尼迪政治学院国际关系学教授斯蒂芬·沃尔特（Stephen Walt）撰写一篇有关以色列游说集团如何影响美国外交政策的评论文章。然而当两位作者完稿后，《大西洋月刊》却以该文争议过多为由拒绝发表。后来这篇题为“The Israel Lobby”（《以色列游说集团》）的长篇论文刊载在英国的《伦敦书评》（*London Review of Books*，Vol. 28，No. 6，2006）上，并在大西洋两岸引起了一场激烈的争论。米尔斯海默和沃尔特因为批评美国对以色列采取的无条件支持（unconditional support）政策，被指责为反犹主义者。一些大学和文化中心开始禁止他们在其所辖地方公开讨论这个话题。美国反诽谤联盟（The Anti－Defamation League）全国会长亚伯拉罕·福克斯曼（Abraham H. Foxman）迅速展开了对《以色列游说集团》的批驳和反击，甚至为此写了一部专著《最致命的谎言：以色列游说集团和“犹太人控制”的神话》（*The Deadliest Lies*：*The Israel Lobby and the Myth of Jewish Control*）。福克斯曼认为，将当前阿拉伯世界与西方之间的对立和全球反美主义高涨的原因归结为美国对以色列的支持，是媒体编造出来的一个神话；与美国支持以色列一事相比，冷战后美国的“独大”和世界警察的角色才是导致阿拉伯世界与西方对立以及全球反美主义高涨的真正肇因。福克斯曼等人认为，“美国外交政策被这些以色列游说集团劫持”乃至“美国被犹太人控制”之类的说法，是一种源远流长的神话的最新变体，中世纪欧洲对犹太人的歧视和迫害自不必去说了，最近的纳粹德国屠杀犹太人就是利用“犹太人控制了世界”之类的谎言，在他们看来这样的指责不值得一驳。但米尔斯海默和沃尔特积极应对这些批评，于2006 年秋在《中东政策》（*Middle East Policy*）撰文回应，[②] 深化对该问题的研究，并补充成书出版。[③]

① Mona Harrington，“Loyalties：Dual and Divided”，in Stephen Thernstrom，ed.，*Harvard Encyclopedia of American Ethnic Groups*，Cambridge：Cambridge University Press，1980，p. 676.

② 参见 John Mearsheimear and Stephen Walt，“The Israel Lobby and U. S. Foreign Policy”，*Middle East Policy*，Vol. 13，No. 3，2006，pp. 29－63.

③ 参见刘见林于2007 年9 月26 日发表在《华盛顿观察》的文章。

这里有必要对《以色列游说集团和美国外交政策》作进一步的介绍。《以色列游说集团和美国外交政策》对犹太族群影响美国中东政策制定的方式和作用进行了详细分析，就美国犹太族群对美国中东政策的影响作了深刻的批评。该书的主要观点是，自1948年以色列建国以来，美国在中东事务上一直奉行无条件地支持以色列的态度，实际上这不仅没有像以色列的支持者声称的那样增进了美国的利益，而且还在很多时候损害了美国的利益，对以色列自身的长期利益也只有坏处。在米尔斯海默和沃尔特看来，对以色列的支持破坏了美国在阿拉伯世界的信誉，助长了恐怖主义的滋生和蔓延，妨碍了中东和平进程，不仅无益于美国的国家利益，反而成为当前阿拉伯世界和西方国家日甚的对立情绪乃至全球越来越高涨的反美主义的最主要诱因。从国家利益角度，以色列已经成为美国的战略包袱，美国应该采取不留情面的现实主义态度，采取与美国对待中东地区其他国家一样的态度对待以色列，当以色列的利益与美国的利益相吻合时，就支持它，反之则不然。作者甚至主张美国摆脱以色列，至少应该回到1967年战争之前对以色列采取的中立政策。

米尔斯海默和沃尔特进一步认为，出现这种对冲突一方无条件支持，在旁人看来颇感奇怪的现象的原因，是类似“美国—以色列公共事务委员会”（The America Israel Public Affairs Committee，AIPAC，以下简称“美以委员会”）的以色列游说集团不断活动。这些以色列游说集团财力雄厚，势力强大，他们通过报刊、电影等各种媒体，精心构建了这样一个深入人心的神话：以色列被四周的敌人紧紧包围，处于孤立无援的境地，因此需要美国提供毫不吝啬的经济支持和军事支持。在这种神话的影响下，质疑以色列的言论成为敏感的话题：民主党和共和党总统候选人可以在税收、福利等其他任何议题上有不同的主张，却不敢在支持以色列的问题上发出不同的声音——因为提出反对意见往往就意味着输掉选举。简言之，米尔斯海默和沃尔特认为，美国外交政策已经被这些以色列游说集团“劫持”了。

（二）国内学者的研究

华人学者中涉及少数族裔群体与美国对外政策的著述主要有黄兆群的《熔炉下的火焰——美国的移民、民族和种族》、邓蜀生的《世代悲欢“美国梦”——美国的移民历程及种族矛盾（1607—2000）》、陈致远的《多元文化的现代美国》、李小兵等的《美国华人：从历史到现实》等。这些著述对美国社会民族种族结构的变化，以及由此推动的美国文化越来越多元化的发展给予高度的关注，并对族裔群体的民族文化认同给予了详细的分析，强调移民族裔群体保持各自文化认同对美国社会文化的影响，还对美国社会的“熔炉”论提出疑问。

近年来，一些国内学者也发表了相关文章，比较重要的有王希的《多元文化主义的起源、实践与局限性》（《美国研究》2000 年第 2 期），沈宗美的《对美国主流文化的挑战》（《美国研究》1992 年第 3 期），朱世达的《多元文化主义》（朱世达主编：《当代美国文化与社会》，中国社会科学出版社，2000 年），余志森、包秋的《浅论美国多元文化主义》［《华东师范大学学报》（哲学社会科学版）1995 年第 6 期］等。其他一些文章也有一定的参考价值，如王恩铭的《也谈美国多元文化主义》、高鉴国的《试论美国民族多样性和文化多元主义》、梁茂信的《美国的排外主义演变》、余志森的《试论美国文化多样性的成因与特征》和《美国多元文化成因再探索》、陆月娟的《论战后美国族群结构的变化及其影响》、李庆四的《试析少数族群对美国外交决策的影响》、金彩红的《美国犹太人对美外交政策的影响》、姬虹的《美国少数族裔的政治参与》、陈双庆的《美国犹太人对美中东政策的影响》等。较为集中的研究成果还体现在朱全红对美国族裔文化和多元文化外交政策的研究上，其在一系列研究中对美国多元文化外交政策的演变进程、原因、表现都作了详尽的研究。① 孙晓玲通过对美国利益集团及其在外交双层博弈理论中的角色的分析，探讨了犹太利益集团的性质、历史、现状、资源、策略及其对美国中东外交政策的影响。② 此外还有耿学鹏对影响美国对华政策的美国新、老“院外援华集团”进行的比较研究等。③

然而，上述研究多为对美国多元文化外交政策的总体研究，或是对美国利益集团影响美国外交政策的专门研究，或是以美国某一族裔群体，如美籍爱尔兰裔、犹太裔、古巴裔等为对象的个案研究。而以美国多元文化外交政策为背景，对美籍华人参与美中关系的整体性研究，尚未有专门而深入的研究成果。

二、对美国华侨华人的研究

（一）对美国华侨华人的研究

在美国华侨华人研究中，华人学者是一支重要的力量，一些学者的研究即以华人问题为选题，如吴景超的《唐人街：共生与同化》（芝加哥大学博士学位论

① 参见朱全红：《美国多元文化外交政策及其历史演变研究》，华东师范大学博士学位论文，2004 年；朱全红：《美国冷战后的多元文化外交政策》，《前沿》2002 年第 9 期；朱全红：《“9·11”之后的美国族裔群体与外交政策》，《南都学坛》2004 年第 5 期；朱全红：《美国多元族裔关系对战后外交政策的影响》，《华东师范大学学报》（哲学社会科学版）2002 年第 5 期；朱全红：《论美国族裔群体的双重文化认同》，《学海》2006 年第 1 期；朱全红：《资源与影响力——美国族裔群体影响美国外交政策的政治资源分析》，《外交评论》2006 年第 4 期。

② 孙晓玲：《犹太利益集团与美国中东外交政策（1967—1984）》，复旦大学博士学位论文，2005 年。

③ 耿学鹏：《新、老“院外援华集团”之比较研究》，外交学院硕士学位论文，2005 年。

文，1928年）、张庆松的《美国百年排华内幕》（上海人民出版社，1998年，根据其博士论文修改而成）。麦礼谦的《美籍华人》、沈己尧的《海外排华百年史》、宋李瑞芳的《美国华人的历史和现状》、陈依范的《美国华人发展史》、陈翰笙主编的《华工出国史料汇编》、朱杰勤主编的《美国华侨史》都可谓美国华侨华人研究的扛鼎之作。刘伯骥的《美国华侨史》，李春晖、杨生茂主编的《美洲华人华侨史》，吴元黎的《美国华人的经济状况》等也是本领域为人熟知的著述。

华人在美国的生存、发展以及与其他族群的关系引起了不同学科学者的关注，如葛力克对夏威夷华裔移民的讨论①、洛温对密西西比华人的研究②、廖宝昀对阿肯色州华人经济生活的阐述③、吴元黎对美国华人经济的探讨④、吴剑雄对美国华人社区和职业的讨论⑤、威廉（William F. Chew）对在美国修筑铁路的华人劳工生活状况的探讨⑥、令狐萍对美国华裔妇女史的深入研究⑦等。关于美国华人新移民的研究，陈祥水以纽约皇后区的新华侨为对象探讨了新华侨的社会结构⑧；彼得·邝（Peter Kwong）分析了美国唐人街的政治、经济和社会结构，揭示了其黑暗面和存在的问题⑨，并介绍了在美国的中国非法移民⑩。周敏通过对美国唐人街的研究，指出美国唐人街是一个深具社会经济潜质的华人社区⑪，其《唐人街——深具社会经济潜质的华人社区》、《唐人街》、《美国华人社会的变迁》等引起相关学者的广泛关注。

华人学者是有关美国华侨华人研究的主导力量，但也有一些美国的非华裔学者对华人作为美国的一个少数族裔群体如何协调与主流文化的关系给予了关注。如1974年，斯坦福德·M. 列兰的《美国华人》考察了散居在美国的中国移民的社会组织、血缘以及乡音、方言等。相较而言，国外非华裔学者主要研究华人作

① 参见［美］葛力克著，吴燕和、王维兰译：《夏威夷的华裔移民》，台北：正中书局，1985年。

② 参见［美］杰姆斯·W·洛温著，何翠萍译：《密西西比的华人》，台北：正中书局，1985年。

③ 参见廖宝昀：《旅美华侨社区个案研究》，暨南大学华侨研究所编：《华侨史论文集》（第三集），1983年，内部印行。

④ 参见［美］吴元黎主编，广树诚译：《美国华人经济现状》，台北：正中书局，1985年。

⑤ 参见吴剑雄：《海外移民与华人社会》，台北：允晨文化实业股份有限公司，1993年。

⑥ 参见William F. Chew, *Nameless Builders of the Transcontinental Railroad: The Chinese Workers of the Central Pacific Railroad*, Victoria: Trafford Publishing, 2004.

⑦ 参见［美］令狐萍：《金山谣——美国华裔妇女史》，北京：中国社会科学出版社，1999年。

⑧ 参见陈祥水：《纽约皇后区新华侨的社会结构》，台北："中央"研究院民族学研究所，1991年。

⑨ 参见Peter Kwong, *The New Chinatown*, New York: Harper Collins Canada , Ltd. , 1993.

⑩ 参见［美］彼得·邝著，王冰等译：《黑着——在美国的中国非法移民》，北京：世界知识出版社，2001年。

⑪ 参见［美］周敏著，鲍霭斌译：《唐人街——深具社会经济潜质的华人社区》，北京：商务印书馆，1995年。

为移民群体之一，如何协调与美国其他族裔尤其是主流族裔间的关系，探讨华人如何逐步改变自己的文化传统，融入美国主流社会，华人只是美国众多移民中的一个微观的群体和研究对象，是解释美国社会现象的一个研究视角。

总之，上述有关美国华侨华人的研究主要涉及华人的同化问题，美国的政治、经济、文化以及排华问题等方面，这些研究成果对全面了解美国华人社会的现状和华人社会存在的问题有重要的价值。

（二）对美国华人参政问题的研究

美国华人的参政问题是美国华人研究的热点之一，吸引了海内外华人学者的广泛关注，主要的研究成果有唐·T. 仲西（Don T. Nakanishi）、连培德、埃米·L. 弗里德曼（Amy L. Freedman）、戈登·张（Gordon Chang）、克莱尔·丁·金（Claire Jean Kim）、温迪·T. 卓（Wendy Tam Cho）、詹姆斯·赖（James Lai）、威廉·魏（William Wei）和徐军（Jun Xu）等人的著述。

国内学者中较突出的研究成果有庄礼伟的《美国华侨华人如何在中美政经关系中发挥作用》和《美国华裔社群的生存环境与参政路向》，陈奕平的《当代美国亚裔参政问题分析》，万晓宏的《“80/20 促进会”与美国华人参政新策略》，董娣的《亚裔美国人运动的缘起与影响》，沈立新的《美国华人参政历史与现状》，梅伟强的《世纪之交的美国华人：从漠视政治到积极参政》，郭玉聪的《美国华人的参政热潮及存在的问题》，孟令明的《九十年代美国华人参政剖析》等。

以下文章也具有较大的参考价值，如庄礼伟的《百人会在美中关系及华裔权益问题上所起的作用》和《美国政治环境与美国华裔：冲击与反应》，熊志勇的《美国华裔与美国对华政策》，郭玉聪的《美国华侨华人在中美关系中的重要作用》，张秀明的《移民与祖籍国的关系——美国华裔和印度裔的个案分析》，陈文鑫的《中美关系视野中的美国华人》，吴金平的《院外援华集团与中美关系》和《后冷战时期中美关系与美国华侨华人》，王子昌的《华人移民与美国政治的发展》，任东来的《寻找另一个中美关系：华人在美国》，吴前进的《华侨华人华族问题在中国对外关系中的持久性》等。

把华人问题置于美中关系中，将美籍华人作为研究对象，考察美籍华人对美中关系的影响，是研究的另一个方面，较为重要的研究成果有吴前进的《国家关系中的华侨华人和华族》，尹晓煌、兰志勇的《美籍华人：美中关系中一个日益重要的因素》，孔秉德主编的《1997—1998 年中美高峰会谈之后的中美关系展望》① 及其参与主编的《美籍华人与中美关系》。这些著述从国家关系互动的角度对华侨华人华族的角色和特征加以探讨，是以美籍华人与中美关系为研究对象的专著，涉及美中关系中与华人相关的政治、经济、文化交流、慈善救济等方面。

万晓宏的博士学位论文《当代美国华人政治参与研究（1965—2004 年）》以美国华人在美国的政治参与为研究对象，从历史学的视角，在对 1965 年以前美国华人的政治参与进行历史回顾的基础上，从非选举政治参与和选举政治参与两个方面进行分类分析，指出非选举政治参与是这一时期华人参政的主要特点；然后，分别从影响当代美国华人政治参与的主客观因素、当代美国华人精英参与选举政治的方式和模型、当代美国华人政治性社团的历史与现状及其参政活动、当代美国华人政治参与方式的多元化、当代美国华人与其他少数族裔政治参与比较五个方面进行详细分析。该论文总结了当代美国华人政治参与中存在的问题与障碍，并对未来美国华人政治参与的正确途径提出了独到的见解。万晓宏的研究探讨的主体是美国华人在美国国内的政治参与，而非美籍华人与美中关系，涉及美中关系的内容较少。

邵允振的博士学位论文《1980 年代以来的美国华侨华人与中美关系》，以美国华人与中美关系为研究对象进行相关研究。论文首先对华侨华人与中美关系的发展历程作简要的回顾，然后就 20 世纪 80 年代以来美国华侨华人关注中美关系的动因、美国华侨华人对中美关系的影响及表现、制约美国华侨华人在中美关系中的作用的内在和外在因素，以及美国华侨华人影响中美关系的前景进行分类分析，指出中美关系从宏观上影响美国华侨华人，华侨华人在微观上影响中美关系，华侨华人对中美关系的影响是多种力量的合力。该文主要从历史学的视角对美国华人与中美关系的历史、现状和各种表现加以梳理，对华人参与美国对外政策的国际、国内和族裔背景分析较少，对现阶段美国华人参与美国对华政策的原因、动机，具备的资源，所用的策略和途径等也缺乏分析。

三、概念与名词解释

（一）华侨、华人、华裔、美籍华人

华侨是指定居在国外的中国公民；华人泛指具有中国血统者，今专指加入外

---

① 孔秉德主编：《1997—1998 年中美高峰会谈之后的中美关系展望》，香港：香港中文大学出版社，1999 年。

国国籍的华人；华裔泛指华侨在海外的后裔。[①] 近年来，中国大陆对华侨与华人的称谓在政治上和法律上都非常明确，但往往倾向于把两者连用。本书的研究对象“美籍华人”（Chinese - Americans）是指拥有美国国籍的华裔美国公民。华人移民中的无证（undocumented）移民和未取得美国公民权的移民因为不具备公民权，不能通过公民的政治参与对美国内政外交施加影响，暂不包括在本书的研究范围之内。但在论述美国华人社会的总体状况和评析华人的资源时，由于资料数据的局限，未能对对象作深入区分，因此论述范围包括华侨、华裔以及无证华人移民。

（二）族裔群体

族裔群体来自英文著述中的“ethnic group”，其解释和定义在西方尚存争议，国内也有不同的译法，如“民族群体”、“民族集团”、“种族群体”、“族群”等。[②] 内森·格雷兹的《族裔：理论与经验》将“ethnic group”理解为“一个以公认的共同祖籍为基础的大的社会群体，它至少有时是人们自我意识的一部分，同时也是文化特性的标志”[③]。在本书中，笔者综合分析相关著述，认同朱全红的观点，即针对美国社会的移民属性，“族裔群体”（ethnic group）指的是美国社会中试图影响和参与美国外交政策的那些拥有共同祖籍文化的移民群体及其后裔。[④]

（三）多元文化外交政策

一些美国学者把冷战后缺乏全局性、连贯性和一致性的美国外交政策称为“多元文化外交政策”（Multicultural Foreign Policy），认为这一时期美国政府为了迎合选民而使美国外交政策受到美国国内少数族裔群体的诸多影响。[⑤] 多元文化外交政策是“多元文化主义”（Multiculturalism）在美国外交政策上的反映，是指由于美国少数族裔群体对美国外交政策影响力的不断增强，美国的外交政策已

---

① 周南京：《华侨华人问题概论》，香港：香港社会科学出版社有限公司，2003 年，第 1 页。

② 中国社会科学院民族学与人类学研究所所长郝时远发表了一系列文章，专门对“ethnic group”一词的演变、注释、译法与应用等进行考察，认为西方学者在众多用法中“普遍性地强调文化这一概念和认同原则”，但也“高频率地”涉及“种族”的属性。参见郝时远：《对西方学界有关族群（ethnic group）释义的辨析》，《广西民族学院学报》（哲学社会科学版）2002 年第 4 期。

③ Nathan Glazer and Daniel P. Moynihan, *Ethnicity: Theory and Experience*, Cambridge: Harvard University Press, 1975, p. 210.

④ 朱全红：《美国多元文化外交政策及其历史演变研究》，华东师范大学博士学位论文，2004 年，第 5 页。

⑤ Yossi Shain, “Multicultural Foreign Policy”, *Foreign Policy*, Issue 100, 1995, p. 69.

经越来越呈现出多元文化的特征。[①]“在一个多元文化主义的时代，美国官方不再强制要求它的成员进行文化上的同化，少数族裔的精英们也不再担心因鼓励他们的选民们认同祖籍文化而受到‘不忠’的指责。此外，美国政治制度对族裔政治的开放允许许多新近组织起来的族裔群体在美国外交政策上发出他们的声音，特别是在有关他们祖籍国的问题方面，更是如此。”[②]

（四）共有知识

共有知识（shared or consensual knowledge）是指“行为体普遍接受的关于事物因果判断、目标和手段之间联系等的解释”[③]。由于共有知识是被某一群体共同接受的知识，因此比个人知识更容易扩散，能够造成更为广泛的影响。在国际关系层面，社会共有知识主要是指个体之间共同和相互关联的知识，它是构成文化的主体，而文化包括规范、规则、制度、意识形态、组织和威望体系等。[④] 共有知识能够促进国家合作，当专家的共识成为官方决策者的集体共识时，问题的性质将被重新定义，人们就会认识到更为全面的政策协调成为必需。所以，共有知识的形成是认知共同体建构的基础和起点。

（五）中国观

通常认为，“观”就是“看法”，是看待问题的“特殊视角”。在《从〈中国新史〉看费正清的中国观》一文中，杨静林将“中国观”定义为一种文化上的互识现象，即“一种文化对另一种文化的体察”。[⑤] 本书的“中国观”包括三个方面，一是美国社会对中国的整体国家形象的看法，二是美国社会对中国在政治、经济、军事各领域的观点认知，三是精英与民众在涉华决议、政策决策过程中对中国的立场倾向。[⑥]

---

① 朱全红：《美国多元文化外交政策及其历史演变研究》，华东师范大学博士学位论文，2004 年，第 3 页。

② Yossi Shain, “Ethnic Diasporas and U. S. Foreign Policy”, *Political Science Quarterly*, Vol. 109, Issue 5, 1994, p. 811.

③ Robert L. Rothstein, “Consensual Knowledge and International Collaboration: Some Lessons from the Commodity Negotiations”, *International Organization*, Vol. 38, No. 4, 1984, p. 736.

④ ［美］亚历山大·温特著，秦亚青译：《国际政治的社会理论》，上海：上海人民出版社，2000 年，第 181 页。

⑤ 陶文钊、陈永祥主编：《中美文化交流论集》，北京：中国社会科学出版社，1999 年，第 74 页。

⑥ 有关“中国观”的阐述，参见赵国军：《美国国会议员中国观研究》，复旦大学博士学位论文，2007 年。

第一章　美国对华政策的影响因素

第一节　美中关系简要回顾

美中两国交往的历史并不算长，然而，再简短的历史也有丰富的内容。结合本书研究需要，在此只对美中关系的历史演进作关键词式的简要回顾。

一、1979 年前的中美关系

1804 年美国“爱丽华号”商船来华，一般被认为是中美开始正式交往的源头。清政府在第一次鸦片战争中失败，于 1844 年与美国签订《中美望厦条约》，美国从中获取了大量利益，并在第二次鸦片战争中继续谋取利益。1899 年，美国提出“门户开放”政策，主张利益均沾，与西方列强共同侵略中国。1900 年，美国作为八国联军之一侵华，与清政府签订《辛丑条约》后，美国利用赔款在北京创立燕京大学。“二战”期间，中美两国在中缅印战场并肩作战，留下了中美合作的难忘记忆与经受血火洗礼的友谊。抗战胜利后，美国支持国民党打内战，并充当国共内战调停者。1949 年新中国成立，美国开始对中国实施封锁、遏制，两国关系进入渐冻状态。1949 年至 1971 年，两国先后在朝鲜半岛和越南直接或间接交手，虽未全面宣战，但两国关系全面冰冻。

1971 年中国邀请美国国家乒乓球队访华，两国关系借由“乒乓外交”解冻，坚冰被打破。1972 年尼克松访华，中美双方在上海签订联合公报，美国承认“世界上只有一个中国”的原则，“台湾是中国的一部分”。1978 年中美发表建交公报，1979 年中美正式建立外交关系，邓小平应邀访美。

二、建交36年来的中美关系

建交36年来的中美关系可以分为三个阶段。[1] 第一阶段（1979—1988年）。这一阶段，中国开始吸引来自境外的投资，在制造业与科教等领域开展国际合作。中美建交也促使一批西方国家承认中国，进一步提升了中国的国际地位。1979年美国通过《与台湾关系法》，许诺美国有权力也有义务保障台湾的民主制度和安全，对华进行牵制。在美国对台军售问题上，中美分歧明显。

第二阶段（1989—1998年）。这一阶段从1989年两国关系处于低谷开始，随着中美交往的不断加深，中国逐步走出低谷，学习并借鉴美国在市场和法制建设中的经验与教训，双方启动了大量的交往与合作。第二个十年的中后期，中美关系总体平衡。1993年，在美国西雅图举行的亚太经合组织领导人非正式会议期间，中美两国元首举行正式会晤，恢复了中美领导人的峰会机制，但双方合作仍存四大障碍：一是双方在台湾问题上分歧严重，美国在冷战结束后提升对台售武规格，违背相关承诺；二是在人权问题上美国屡屡威胁将此与双方经贸挂钩；三是美国就双边贸易不平衡向中国施压，在市场准入、知识产权等问题上发难；四是美国在防扩散问题上对华一再制裁，自己却向台湾输出先进常规装备。1997年和1998年，中美两国元首互相进行国事访问，缓和了冷战结束以来的中美关系。美国逐步扭转中美经贸关系与人权问题挂钩政策，双方加强了在人权问题上的讨论与对话，为中国在21世纪初加入世贸组织创造了有利条件。双方还在关于朝核问题的“六方会谈”和伊核问题上开展合作。

第三阶段（1999年至今）。1999年以美国为首的北约轰炸中国驻南斯拉夫联盟大使馆和2001年中美撞机严重事件等冲突，尽管性质严重，但中美双方仍然实现了有效的危机管控，维护了两国关系的整体持续发展。2001年“9·11”事件爆发，国际恐怖主义成为美国的头号威胁，中美在国际反恐中开展合作，提升了双方互信程度。在台湾问题上，中美两国采取合作态度，在小布什执政的多数时候，两国关系有较长时间的稳定局面，中国预言并实现了“重大战略机遇”。而小布什执政期间创立的“中美战略（高级）对话”和“中美战略经济对话”在奥巴马时代被提升为“中美战略与经济对话”，使两国建立了较好的高层对话平台，中美关系发展成为更成熟的双边关系。

2009年奥巴马总统上任并于当年对中国进行国事访问，双方不仅确认继续推动中美战略与经济对话，而且推出中美人文交流高层磋商机制，包括中美互派

① 参见沈丁立：《潮起潮涌35年——中美关系的历史演进及其展望》，《当代世界》2014年第4期。

留学生的“十万强计划”。2013 年中美新一届政府产生后，双方首脑在美国洛杉矶举行非正式会谈，力图缓和与稳定双边关系。中国领导人提出了建立中美新型大国关系的倡议，勉力实现两国“政治互信、经济互利、文化互鉴”的理想。2014 年 11 月北京亚太经济合作组织（APEC）会议期间，美国总统奥巴马和中国国家主席习近平举行会晤，两国在温室气体排放、削减高科技产品关税等方面达成协议，中美两国关系及两国处理双边冲突、避免战略误判的方法日趋成熟。

第二节　美国的政治制度

一、美国的三权分立制度

美国政治制度对美国对外政策的影响，主要体现在宪法规定了国会与总统等在外交事务和安全事务的分权上。美国宪法规定了政治制度的基本原则和框架，如人民主权、有限政府、三权分立、法治、权力制衡等，这些基本原则和制度是美国政治生活的基础和最高权威，是美国至今牢不可破的根本治国准则。美国立法、行政、司法三权分立，均衡制约的机制在美国内政上日益成熟并积累了丰富的经验，但在外交领域，这一机制并不完全适用。由于美国司法部门一般不直接介入外交事务，总统与国会的合作和斗争对美国外交政策的形成及发展至关重要。

美国现行的宪法是 1787 年制定的，它只是“一个短小且语义模糊的文件，只有几页纸长，是世界上最短的成文宪法之一”①，该宪法有关外交权的内容很少，条文中甚至连“对外事务”（Foreign Affairs）这样的核心字眼都没有，在外交事务方面，界限经常是隐晦、含糊和不完整（cryptic，ambiguous and incomplete）的。② 美国宪法这种容易引起歧义的宪法权力划分，被美国宪法史研究专家爱德华·科温（Edward S. Corwin）认为是向总统和国会发出的一份“争权斗争的邀请函”③，使得总统与国会在外交权力上存在着相互竞争下的“半阴影区”

① ［美］杰里尔·A. 罗赛蒂著，周启明等译：《美国对外政策的政治学》，北京：世界知识出版社，1997 年，第 269 页。

② Arthur M. Schlesinger Jr.，*The Imperial Presidency*，Boston：Houghton Mifflin Company，1973，p. 2.

③ 徐更发：《美国总统和国会战争权之争》，《政治学研究》1985 年第 4 期。

(zone of twilight)①。这种相互竞争的决策模式使国会与总统在外交权力上总是不断变化，没有哪一方能长期占据支配地位。

总统在美国外交领域居核心地位，对外交政策的制定起着关键作用。美国宪法赋予总统六项与外交事务相关的权力，包括：行政首长、国家元首、武装部队总司令、缔结条约、任免官员和承认外国政府。美国宪法规定，总统是武装力量的总司令，他的职权包括对军事运作的控制，在军事战略战术上发挥重大影响。作为国家元首，总统可以象征性地正式代表美国和美国人民在国际上活动。宪法赋予总统及其任命的官员与外国政府谈判并达成协议和签订条约的权力，未经总统批准，任何人不能代表美国与外国进行谈判。此外，总统还有两项有关条约的重要权力：一是取消条约的权力；二是解释条约的权力。

美国宪法赋予国会在外交和安全政策上与总统分享权力的权利。从一定意义看，正是宪法导致了总统和国会在外交与安全问题上的权力斗争。② 国会根据美国宪法拥有广泛的外交权，其中包括征收税款和关税、调节外贸、宣战、征兵、供养军队，以及管理移民、确认外交使节和军事官员的任命、批准条约等。国会还可以通过动用立法权间接地影响政府的政策，或通过立法来改变行政机构的设置。多数议员不得不用大量时间去筹集资金和争取选票，他们常常把复杂的事务交给专业人员去处理，而国会委员会的一些资深专业人员出身于学术研究机构，又熟悉政府运行规则，因此他们在精深的外事问题上具有不可忽视的影响。

表 1-1　美国行政机构和立法机构分享的外交政策权力

	行政机构	立法机构
参与者	总统、内阁、国家安全委员会、官僚机构、白宫顾问	众议院、参议院及其下属委员会和次委员会
优势	连贯性、速度、保密、全国性、对信息的掌握	辩论、妥协、公开性
战争权	总统为武装力量总司令，机构拥有反击侵略权	宣战、按照《战争权力法案》授权现行军队部署

① “半阴影区”是指总统和国会拥有共享权力或权力分配不确定的地方。之所以会出现“半阴影区”，主要是因为国会的态度不明确（保持沉默），因此国会对“半阴影区”的归属掌握着主动权。即使总统在“半阴影区”内取得优势，国会和总统之间的权力关系也不是简单的此消彼长。参见刘文祥：《美国外交决策中的国会与总统》，北京：中国经济出版社，2005 年，第 27 页。

② Edward S. Corwin, *The President: Office and Powers*, 1787－1948, New York: New York University Press, 1948, p. 208.

（续上表）

	行政机构	立法机构
外交权	承认外国政府并与他们保持日常关系	派出“事实调查”团
任命权	提名大使和内阁官员	确认提名者的任命
条约权	谈判和签订条约	批准条约
行政权	监督内阁、官僚机构、白宫办公人员	拨款、监督行政部门
经济权	领导政府经济机构，制定财政、货币和贸易政策	调节商务、控制政府的钱袋
特殊权力	宣布国家进入紧急状态	弹劾总统

资料来源：Steven W. Hook, *U. S. Foreign Policy*: *The Paradox of World Power*, Washington, D. C.: C. Q. Press, 2005, p. 100.

二、美国的外交决策机构

一般地，外交决策进程主要由政策讨论、信息处理、决定政策、实施政策和记忆储存回收五个阶段组成，同时它还受到国内（如利益集团和舆论）和国际（如外国政府、国际政府组织、国际非政府组织、跨国公司等）的影响。[1] 在政策讨论阶段，政府对国际事务进行讨论，酝酿初步反应，界定国家利益并区分外交政策目标的轻重缓急。在实施政策阶段，政府运用其掌握的政治、经济、军事、外交等资源来实现政策目标，跟踪该政策的进程，并随时进行微调、修正甚至调整。与以往不同的是，近年来，一些国家的立法机构、思想库、媒体、利益集团纷纷介入外交政策，改变了以往由少数政府和决策精英决定外交政策的状况。

作为一个超级大国，美国的外交决策机构庞大，内容包罗万象，政府各部门之间关系错综复杂。

（1）总统府。总统行政机构中专门集中处理外交政策问题的是国家安全委员会，该委员会是根据 1947 年国家安全法创立的，其法定成员包括总统、副总统、国务卿和国防部长。另外，中央情报局局长和海陆空三军参谋长联席会议主席经常作为法定顾问出席国家安全委员会会议。其他成员包括白宫办公厅主任、

① 杨洁勉：《后冷战时期的中美关系：外交政策比较研究》，上海：上海人民出版社，2000 年，第 24 页。

总统国家安全事务助理、美国驻联合国代表、司法部长（出席与司法有关的会议）和其他受邀请参加的人员。

（2）国务院。国务院是美国政府中历史最悠久的部门。美国外交部建立于1781年，1789年被命名为国务院，其主要职能是协助总统制定与国际问题相关的政策，并执行外交政策，管理对外事务。国务卿是内阁的首席阁员，由总统提名、参议院批准任命，是总统在外交上的主要顾问和国务院的负责人。国务院中对外交决策最具影响力的是以地区划分的部门，如欧洲和加拿大司、东亚和太平洋司、南亚司、近东司、美洲司、非洲司。管理地区局的助理国务卿对制定和执行美国对该地区的政策有很大影响。国务院共有7 000多名职业外交官，他们多数来自美国东部的哈佛、耶鲁、普林斯顿和约翰·霍普金斯等名牌大学，被称为“东部精英”。国务院有四个半自主性的下属机构：美国常驻联合国代表办公室、军备控制与裁军总署、美国新闻总署、美国国际开发署。除了地区局之外，国务院还设有许多事务性的机构，如人权与人道主义事务局负责向国会提供年度人权报告；情报和研究局负责向国务院提供情报分析报告；立法事务局负责与国会联络，在与外交有关的立法工作中起着重要作用；公共事务局注重公共关系，努力向公众倡导政府的外交政策。

（3）国防部。国防部在美国的国际战略、国家安全政策方面起着关键作用，其总部设在五角大楼。美国实行文官控制军队的原则，军官必须服从于文官，如海陆空三军参谋长联席会主席向总统汇报工作，陆军参谋长向文职的陆军部长汇报工作。国防部长由总统任命，负责国防部的全面运作，是总统的首席国防顾问，并执行总统和国会制定的政策法令。

（4）中央情报局。中央情报局是根据1947年国家安全法创建的，其前身是1941年“珍珠港事件”后设立的战略服务办公室。中央情报局局长由总统提名任命，依法负责协调政府的一切情报活动。冷战后，中央情报局的编制和经费都受到削减，但仍然相当可观。此外，随着近年来经济因素在国际事务中地位的提升，一些负责经济事务的政府部门在对外关系中的作用也日益加强。

（5）国会外交事务委员会。与行政部门庞大复杂的对外机构相比，国会的外交事务委员会要精简得多。在三权分立的宪法架构下，国会在对外事务中具有独特的作用。国会中有众多与外交事务相关的委员会，如众议院的国际关系委员会、国家安全委员会等；参议院的对外关系委员会、拨款委员会等。这些委员会构成许多权力中心，使国会的外交事务权力显得更加分散。

第三节　美国的内政外交与政治文化

一、外交是内政的延续

外交是国内政治的国外溢出。对外政策是政府要在世界上实现的目标以及实现它们的手段和战略。[①] 在广义的政治学中，国内政治与国际政治被包含在一个系统中。阿尔蒙德（Gabriel A. Almond）和小鲍威尔（Bingham G. Jr. Powell）在政治学研究中，借用生态学的方法，在考察政治系统时指出："一项政治制度既存在于国内环境又存在于国际环境之中，改造这些环境而自身又被这些环境改造。政治制度从这些环境输入需求和支持，又力图通过其输出来塑造它们。"[②] 这样，国际政治成了国内政治系统的环境，而国内政治与国际政治通过输入、输出而彼此沟通；国内政治构成国际政治的子系统，而相对于一个国家行为体而言，国际政治的目标最终又服务于国内政治。因此，国内政治和国际政治之间并非彼此隔绝，不相往来，而是互通信息，相互影响，甚至是互为因果。在考察国内政治特征的同时，要考虑两个问题，即国内政治的国际化以及国际政治国内化在政策决策和制定过程中的影响。[③] 美国历史学家查尔斯·比尔德（Charles A. Beard）在其《美国外交政策》中写道："无论怎样按照世界的面貌制定外交政策，它始终是国内政策的一个方面，而且是无可回避的一个方面。"[④]

美国对华政策受到国内各种因素的影响，美国的政治制度、政治文化、政治气氛都影响着美国的对华政策。在美国，对外政策的提出一般始于总统和智囊机构，在制定过程中受到国会、政党政治、利益集团、媒体以及全国性公开辩论等因素的影响，是美国国内各种力量共同施力和作用的结果。美国学者杰里尔·A. 罗赛蒂（Jerel A. Rosati）认为，美国对外政策进程是"复杂"、"混乱"和"十分政治性"的，"政府内部和这个社会中许多其他人员和机构都参与对外政策进程"；而且"影响美国对外政策的个人和机构的分歧并非一成不变，而是不

---

① ［美］施密特、谢利、巴迪斯著，梅然译：《美国政府与政治》，北京：北京大学出版社，2005 年，第 368 页。

② ［美］阿尔蒙德、小鲍威尔主编，朱曾汶、林铮译：《当代比较政治学——世界展望》，北京：商务印书馆，1993 年，第 7 页。

③ 谢莉娇：《乔治·W. 布什对华政策研究——一种层次、系统分析》，中共中央党校博士学位论文，2007 年，第 52 页。

④ ［美］肯尼思·华尔兹著，倪世雄等译：《人、国家与战争——一种理论分析》，上海：上海译文出版社，1991 年，第 69 页。

断地相互作用和影响”；“美国对外政策的政治性涉及不同动机的个人和集团的竞争，涉及整个制度和社会的权力及其象征的流向，也涉及赢家和输家。换言之，美国外交政策往往反映那些对政府和整个社会的政治进程最成功地产生影响的个人和集团的目标和优先考虑”。[①]

二、美国的政治文化

美国是个移民国家，尽管建国时间并不算长，但仍然形成了其独特的政治文化。一代又一代人的生活方式、行为方式、思维方式等都不可避免地与本民族的文化传统联系在一起。这种文化传统塑造了他们在人类活动中的最基本的特征，也成为民族或国家相互区别的一个主要标志。[②]

（一）政治文化的内涵

阿尔蒙德和小鲍威尔认为，“政治文化是一个民族在特定时期流行的一套政治态度、信仰和感情。这个政治文化是由本民族的历史和现在社会、经济、政治活动进程所形成。人们在过去的经历中形成的态度类型对未来的政治行为有着重要的强制作用。政治文化影响各个担任政治角色者的行为、他们的政治要求内容和对法律的反应”[③]。《美国政府与政治学辞典》将政治文化定义为“一个共同体对它的政治进程和政府工作的性质、风格和活力的态度”[④]。政治文化是由本民族的历史和现在社会、经济、政治活动进程所形成的，具有相对的稳定性，并深深根植于人们的观念中，影响着每个政治角色的心理和行为。政治文化存在于人们的意识之中，潜在地对人们形成约束，因为“人是在文化氛围中长大的，受到其中的基本价值观、风俗习惯和信仰的熏陶。那些在每个社会中握有政治权力的人易受到社会文化的影响，他们的行为与态度将有许多文化根源。此外，在每个民族国家，统治者本身和外交政策的制定都是在一种文化背景下发生的”[⑤]。

---

① ［美］杰里尔·A. 罗赛蒂著，周启明等译：《美国对外政策的政治学》，北京：世界知识出版社，1997年，第3～4页。

② 王晓德：《美国文化与外交》，北京：世界知识出版社，2000年，第4页。

③ ［美］阿尔蒙德、小鲍威尔著，曹沛霖等译：《比较政治学：体系、过程和政策》，北京：东方出版社，2007年，第26页。

④ Jay M. Shafritz, *The Harper Collins Dictionary of America Government and Politics*, New York: Harper Collins Publishers, 1993, p. 362.

⑤ John P. Lovel, “The United State as Ally and Adversary in East Asia: Reflections on Culture and Foreign Policy”, in Jongsuk Chay, ed., *Culture and International Relations*, New York: Praeger Publishers, Inc., 1990, p. 89.

政治文化作为文化的政治层面，有两方面的内容：一方面是人们看待自己和外部世界特别是自己国家的观念；另一方面是人们处理同外部世界关系的方式方法和偏好。国家外交的基本出发点是国家利益，而政治文化是追求国家利益的工具。① 国家利益的界定和选择主要取决于国家领导集团的主观判断，而这种主观判断主要受国家政治文化影响。“政治领袖必须在符合国家价值观念的前提下形成政策，国家价值观念只是个人价值观念的集合，关于美国国家利益的问题只有研究国家价值观才能找到答案。正是这些价值观规定了国家的利益和国家安全。”②

正因为政治文化从认知心理、价值、情感和态度上对政治起着重要影响，所以，对一国的外交政策的分析应充分考虑该国的政治文化。美国学者伊莱恩·泰勒·梅（Elaine Tyler May）认为，“国内文化和意识形态本身并不解释美国外交政策如何形成和形成的原因，但文化的考察能给历史分析增加新的见解和深层认识”③；约翰·斯帕尼尔（John Spanier）认为，“我们的政治领袖们反映了美国社会的价值观念，每当他们在执行国家的外交政策中似乎要漠视这些价值观念时，他们总会受到政府行政部门、国会、反对派以及新闻界人士的批评”④；“美国几乎所有的政治家都毫无例外地考虑把文化因素作为其处理外交的组成部分。文化在决策中起着明显的、常常是决定性的作用”⑤；美国前国务卿奥尔布赖特（Madeleine Korbel Albright）认为，“美国的文化正是美国外交取得成功的核心因素”⑥。

（二）美国政治文化的内涵

1. 美国的核心价值观

美国是个多种族、多民族的移民国家。除本土的印第安人外，其余的美国人都来自欧洲、非洲、亚洲、拉丁美洲等地区。从 17 世纪到 1776 年美国宣布独

---

① 谢莉娇：《乔治·W. 布什对华政策研究——一种层次、系统分析》，中共中央党校博士学位论文，2007 年，第 55 页。

② Earl H. Fry，Stan A. Taylor and Robert S. Wood，*America the Vincible*：*U. S. Foreign Policy for the Twenty-First Century*，Upper Saddle River：Prentice-Hall，1994，p. 113，转引自王晓德：《关于美国对外关系的文化思考》，《世界经济与政治》1996 年第 12 期。

③ Elaine Tyler May，“Commentary：Ideology and Policy：Culture and Gender”，*Diplomatic History*，Vol. 18，No. 1，1994，pp. 71 –78.

④ ［美］J. 斯帕尼尔著，段若石译：《第二次世界大战后的美国外交政策》，北京：商务印书馆，1992 年，第 445 页。

⑤ Jongsuk Chay，ed.，*Culture and International Relations*，New York：Praeger Publishers，Inc.，1990，p. 103.

⑥ http：//www. state. gov/r/whconf/001128_whcon_partlist. html.

立，美国的移民主要来自欧洲北方，其中来自英格兰（英国）的殖民者占大多数。自1776年建国以来，这些被称为WASP（White Anglo－Saxon Protestant，白人盎格鲁—撒克逊新教徒）的人就在美国逐渐占据主导地位，支配着美国的政治权力，主导美国权势集团、主流社会，形成了美国以WASP的传统和价值观为基础的社会核心价值观。这些价值观包含：个人自由（individual freedom）、机会均等（equality of opportunity）和物质财富（material wealth），以及相对应的，为得到个人自由、机会均等和物质财富而必需的自我依靠（self-reliance）、竞争（competition）和努力工作（hard work）。这些价值观组形成三对对应关系。

一是个人自由与自我依靠。对于美国人来说，自由意味着每个人凭着自己的意志和力量掌握自己的命运，不受政府、教会、统治阶级及其他任何权力机构的干预，而得到自由的代价是自我依靠。由于美国人坚信自由和自我依靠，政府被认为是自由的天敌，1787年制定美国宪法时就规定，总统和国会由民选产生，采用三权分立的政治制度，通过实行分权制衡，避免三权中的任何一个权力过大，以致危及个人自由。因此，美国宪法的目的是限制政府干坏事，而不是促进政府干好事。宪法还规定，实行政教分离，不设立国家教会，并且禁止贵族头衔，以防止出现贵族统治的等级社会。

二是机会均等和竞争。机会均等指的是每个人都应该得到一个平等的机会去争取成功，与之对应的是鼓励与积极参与竞争。美国人把人生视为竞赛，每个人都应该有一个机会去参与竞赛，参与竞赛并且获得成功是每一个美国人的职责，成功的是赢家，否则就是失败者。孩子们从小就明白自由的代价是自立，只有自立才能真正获得自由，如果过多地依靠家庭、政府和社会，就会失去自由，并且失去同龄人的尊重。这种竞争意识与参与意识伴随美国人的一生。

三是物质财富和努力工作。在美国，物质财富取代了贵族特权与等级，成为衡量个人成功与社会地位的标准。通过努力工作，从赤贫到巨富，从无名小卒到成功人物，拥有物质财富成为美国人基本的价值理念，也是每个美国人的美国梦。

2. 美国的爱国主义与民族宗教

美国有罗马天主教和新教两个主要基督教派。天主教视教皇和神父为教徒的精神之父，代表上帝指点迷津。新教秉持上帝面前人人平等的观点，要求每个人独自直面上帝。两大教派中，新教占绝对优势，因为它是美国价值观念——自我依靠和物质财富——赖以形成的强大精神力量。新教的一个最重要理念是自我完善（self-improvement），物质上的成功又是美国人广为推崇的自我完善的形式。尽管美国实行政教分离，号称世俗化国家，然而，美国人却把宗教信仰与爱国主义相结合，逐渐发展形成所谓的“民族宗教”（national religion）[①]。这种民族宗教成为美国价值观的支柱，表达了对大多数美国人都至关重要的信念，即美国人是“上帝的选民”，美利坚民族被上帝关爱和佑护，这种信念成为美国人在急剧发展的世界变局中保持民族自信的心理基础。美国的民族宗教通过各种日常仪式、各种形式的爱国主义教育和潜移默化的影视文化进入美国人的日常生活。如总统就职典礼上，新任总统面对大法官宣誓时一定要将手放在《圣经》上；在总统就职演说以及每一次重要的公开讲话中，总统一定会说“上帝保佑美国”（God bless America）。各种体育盛会上，赛前全场数以万计的观众起身站立，聆听神职人员祈祷，然后齐声高唱国歌。《上帝祝福美利坚》、《美丽的美国》等歌曲脍炙人口，在各种仪式、庆典、公众聚会，甚至新教徒的礼拜上广为唱颂。这些歌曲有着一个共同的表达：美国及其价值观为上帝所祝福。由于缺乏血脉传承、历史积淀和深厚的传统文化底蕴，民族宗教成为唤起美国人历史记忆，使美国人在精神上凝聚在一起，强化社会内部认同和统一的黏合剂。

（三）美国政治文化对华人处境和美国对外政策的影响

美国的政治文化一方面强化了美国人的国家认同，赋予他们坚定的民族自信心；另一方面，容易走向极端，损害公民的思想言论自由，其助长各种形式的“麦卡锡主义”的负面效应也不可避免。如20世纪60年代，一些反对越战的人被视为“非美国的”（UnAmerican）、不爱国甚至对祖国不忠。“9·11”后，“非美国的”的字眼再度出现，反对攻打阿富汗的人（包括一些国会议员）都被冠以这一“罪名”。对华人来说，美国社会对亚裔美国人的偏见和种族歧视仍然一定程度存在，一些人对华裔的忠诚度表示怀疑，并且相信如果中美之间爆发战争，所有美籍华人都会站在中国一方。华裔的名声一度与“威胁美国安全”画上等号，从李文和事件到华人间谍案，都可以看到针对华人的“麦卡锡主义”的时代痕迹。

在对外关系层面，美国政治文化的一个负面效应是它使得很多美国人自我感觉良好，甚至忘乎所以，狂妄地认为美国是永远正确的国家，是世界的典范，甚至世界本身。这种狂妄自大，加上希望别国接受美国的思维方式和价值观念之传教士心态、近乎宗教的“使命感”，使美国在思想与外交政策层面越来越具有十字军东征式的圣战特征。美国人的这种使命感、爱国心和民族性，在国家面临危机或发生重大事件之时表现得尤为强烈。当国际争端发生并危及美国利益时，绝大多数美国民众便同仇敌忾，团结在总统的旗帜下（rally around the flag），总统

① 玛雅：《美国独特的文化政治与美国人的中国观》，《决策与信息》2010年第12期。

的声望也因此骤然提高，1991 年美国民众对海湾战争的支持率高达 96%，后来的阿富汗战争支持率高达 94%、伊拉克战争支持率为 70% 便是最好的例证。

第四节　美国对华政策的主要影响因素

研究影响美国外交决策机构的学者常用一种直观方法来描述不同压力集团或者群体对外交决策的影响，即“漏斗”理论①。漏斗上面宽，底部窄，层次分明，而美国的外交政策也是经过这种类似漏斗的三层筛选才得以出台。处于漏斗最上方、最宽的是美国的政治文化、公众舆论和大众传媒，他们对外交政策的产生及制定起着最广泛和最一般的影响；处于漏斗中间的是美国的政党、利益集团和思想库，他们把公众不同的观点汇总、糅合，形成自己的政治立场，从而通过影响决策层来影响外交政策的走向；处于漏斗最下方、最窄的是美国国会、政府部门和总统，他们是真正的外交决策者。这几个层次虽然在对美国外交政策制定中的作用有着直接或间接的区别，但是他们在影响上却是不能相互取代的；在不同层次的因素中可能会有重复或者叠加，但每一个层次都在特定的时间范围内，在特定的人群中发挥着指示性的作用。

一、政党与总统

（一）政党

美国实行两党制，共和党和民主党通过竞选轮流执政。与在内政上一样，民主党与共和党在外交上既有合作又有斗争。在冷战初期，两党多数人认为国家利益高于党派利益，但研究表明，从约翰逊总统以来，在国会中两党一致的投票率呈下降趋势。② 美国两大政党轮流执政，分别控制白宫和国会的局面由来已久，共和党在 1968 年至 1996 年间的 8 次总统竞选中 5 次获胜，而民主党在 1950 年至 1996 年的 24 次国会选举中 18 次赢得对参议院和众议院的控制权。在两党分治的政府中，要达成一致的外交政策并不容易，党派纷争对美国外交政策有明显的影响。

尽管共和党和民主党的对华政策都以美国国家利益为基点，但在许多方面仍

---

① Howard J. Wiarda, *Foreign Policy without Illusion: How Foreign Policy-making Works and Fails to Work in the United States*, New York: Scott, Foresman/Little, Brown Higher Education, 1990, pp. 38 – 39.

② James McCormick and Eugene Wittkopf, “Bipartisanship, Partisanship, and Ideology in Congressional – Executive Foreign Relations, 1947 – 1988”, *The Journal of Politics*, Vol. 52, 1990, p. 1085.

然存在不同。在对外政策风格上，民主党的理想主义色彩更浓厚，更强调和平演变、民主、人权、“西化”，更侧重使用“软”和“诱”的手法；共和党则更多地带有现实主义色彩，讲究实力，主张增强军事实力，加强西方同盟，更青睐战略包围和意识形态攻势。

由于中美双方在文化和政治体制等方面的不同，对华政策经常成为两党政治斗争的牺牲品。1949 年新中国成立后，在美国国内出现了“谁丢失了中国”的指责，矛头直指民主党；1972 年尼克松访华的一个客观条件就是他属于保守的共和党阵营，不必担心国内指责；1992 年美国总统大选，民主党人克林顿数次抨击布什总统的对华政策是“不明智的而且是不成功的”，是对中国的“过分骄纵”。而克林顿上台后，共和党人反过来又指责克林顿对华采取“绥靖政策”。这种政党政治还体现在行政部门与国会之间的关系上。当白宫和国会都由一党主导时，白宫和国会之间的关系相对融洽；反之，双方之间竞争激烈。1999 年轰动一时的《考克斯报告》的出台，在很大程度上也是党派政治的产物。由于两党在不同议题上的利益不同，党派政治在对华政策制定上的影响逐渐上升。针对中美两国在反恐、朝核等领域，以及双边经贸领域的政策，两党中的受益者竭力维护现状，受损者则力图改变现状，由此导致两党在对华政策上的博弈和争论。此外，在全球化背景下，意识形态的弱化也为两党打“中国牌”提供了一定的保障，使得两党因为玩“中国牌”而产生严重后果的危险性大大降低。

至今为止，美国国内在对华政策上依然没有达成共识，在如何应对中国崛起上也仍然存在分歧。这种分歧导致美国的对华政策变动明显，缺乏一贯性。正是在这种背景下，美中关系一有风吹草动，对华政策就成为两党相互指责的话题，这在百人会提交的政策建议中也有所体现。

（二）总统

总统是美国外交决策的核心。美国总统作为国家元首、行政首脑、三军总司令、头号外交家、首席立法者、司法官等，其在对外政策的方面应享有最有权威的政治行为者身份。在对外政策的制定过程中，总统行政部门比国会更重要，因为他们发起政策提议，负责被国会批准的协议的具体实施。但在行使权力过程中，总统仍然受到诸多制约，国会常常是其中最主要的制约因素。①

已故联邦最高法院的杰克逊大法官（Robert H. Jackson）对总统与国会两院权力关系有三种分类：一是总统借国会明确或暗含的授权行动时，其权力达到最

① ［美］杰里尔·A. 罗赛蒂著，周启明等译：《美国对外政策的政治学》，北京：世界知识出版社，1997 年，第 26 ~35 页。

大限度；二是总统举措既无国会支持也无国会反对，则权力分配存在不确定的“半阴影区”；三是总统与国会意愿明确相违背时，其权力处于最低点。[①] 而当国会党派不一致时，大大增加了第二、三种情况出现的几率。由于宪法条文不明而造成权力的“真空地带”，国会和总统在现实中对这些对外事务都有管辖的权力，并因各自党派利益不同而进行党派博弈，这在“分裂政府”时期是十分常见的。一般来说，被另一党派控制的国会为了达到向其反对的行政部门施压的目的，会采取四种活动形式：写信或发表演讲、提出议案、举行听证会和立法。前三者对于行政机构有影响和建议的作用，而立法则具有强制作用，但在这个环节上，总统可以动用否决权否决这一立法，如果参众两院同时以2/3多数投票再次推翻总统的否决，那么法案同样具有效力，但要做到这一点相当困难，一般来说，总统会利用党派政治鼓动国会中自己党派的成员投反对票，降低被否决的法案因达到2/3赞成票而获得通过的可能性。因此，从美国的宪政设计来说，总统仍是外交政策的主要制定者。近年来，美国总统的权力有扩张的趋势，国务院、国防部、国家安全委员会、海陆空三军参谋长联席会议、中央情报局等庞大机构都在总统的直接掌控之下。

具体而言，在战争权上，宪法一方面规定国会拥有宣战权；另一方面，宪法又规定总统是武装部队总司令，在美国军队或领土受到军事攻击时，总统不用经过国会讨论就可以做出反应。在外交活动上，总统及其任命的官员有权与外国政府谈判并达成协议和签订条约，但条约在总统签字后，还须经参议院2/3多数通过方才具有法律效力，亦即参议院反对派的反对可以让总统的心血付诸东流，1919年参议院拒绝批准《凡尔赛和约》就是典型的例子。在贸易问题上，国会议员往往比总统更加保守，因为国会议员代表本选区的利益，更多地受到保护主义的影响。当进口货物对美国商业界和工人造成威胁时，有关国会议员就会要求以关税、限额等壁垒来限制进口。总统和国会在贸易问题上经常上演“双簧”：先由国会举行听证会，让有关利益集团申诉它们在与外国竞争过程中存在所谓的不公平的理由，然后议员们提出对某国实行经济制裁的措施，议会警告将采取不可避免的行动通过制裁法案；总统根据法案可能引发的贸易战，要求当事国在贸易问题上做出让步。总统和国会在贸易问题上的“双簧”经常奏效。

总统与利益集团之间联系紧密，利益集团通过一些途径得以在一定程度上影响总统及行政部门的决策。美国的总统竞选，无论是首任还是连任，都需要大量的竞选资金，其主要来源之一就是争取利益集团的支持。而且总统以及其他重要

① 胡晓进、任东来：《美国总统与国会的对外事务权之争》，孙哲主编：《美国国会研究Ⅱ》，上海：复旦大学出版社，2003年，第7～8页。

行政官员作为决议发起人、主要外交政策的谈判者，十分需要支持动议的盟友，① 所以白宫也在开发各种渠道以期获得利益集团的支持，如设立白宫公共事务联络办公室（The White House Office of Public Liaison），加强白宫与利益集团的联系。客观上，“二战”后，总统行政部门范围、规模、权力的扩大便于利益集团发挥影响，主要有两方面：一是总统以及直接为他服务的办事机构；二是行政各部和独立机构。其影响手段主要有：直接与总统（多数时候与其助手）接触，与总统顾问委员会成员打交道，以影响官员即政策制定者的任命（这是通过影响政府政策人选来影响政策的迂回战术）；与行政部门的相关机构处理好关系（这是在政策孵化阶段提供建议的好机会）；② 参与政策制定或起草某些决议，成为顾问委员会成员（它的价值不仅在于可以随时接触到信息、发起政策建议，而且它提供了释放利益集团压力的渠道）；③ 利益集团成员在白宫任职，甚至一些大的集团可以成为有关机构的合作伙伴，如国防、农业、能源、劳工等部门，与军工、农业、石油、工会等相关企业集团，以及许多独立机构和他们所管理的行业、企业保持密切关系，刺激行政部门重组。利益集团通过上述一种或几种途径，经过长期的努力，使得政府决策者在决定国内大事和国际事务时，均需考虑利益集团的利益要求，使利益集团在客观上成为政策制定过程中的重要牵制力量。

二、国会

国会是美国的立法机构，根据美国宪法，“总统经咨询参议院和取得其同意有权缔结条约，但须经出席参议员三分之二的批准”，“参众两院通过议案需要三分之二的议员的同意”。④ 由于国会的这一特殊角色，它“成为许多利益集团发挥影响的第一站”⑤，在协议批准过程中利益集团既发挥了“压力集团”的作用，又是重要的“信息提供者”。国会议员尤其是众议员是由地方选举产生的，他们很大程度上代表着美国地方势力，人们为了强调其利益的分散性曾用“535

① Kay Lehman Schlozman and John T. Tierney, *Organized and American Democracy*, New York: Harper & Row, 1986, p. 233.

② Jeffrey M. Berry, *Feeding Hungry People: Rulemaking in the Food Stamp Program*, New Brunswick: Rutgers University Press, 1984, p. 96.

③ Kay Lehman Schlozman and John T. Tierney, *Organized and American Democracy*, New York: Harper & Row, 1986, p. 334.

④ 李道揆译：《美利坚合众国宪法》，李道揆：《美国政府和美国政治》（下册），北京：商务印书馆，1999 年，第 775 页。

⑤ 王传兴：《利益集团与美国的外交决策》，《国际观察》2000 年第 4 期，第 7 页。

名政治个体户”相类比。他们批准协议或做任何有关国际谈判的决定时不得不考虑其所代表的人们的利益，因为“事关选举”①。由于群众的声音往往很难直接上传，在很多时候，集中代表群众分散利益的利益集团的偏好就成为国会议员们不得不关注的重点。利益集团并非被动接受国会议员的关怀，在重大决议决策的过程中，他们是国会山最活跃的音符，其常用的手段有八种，即出席听证会、约见立法者并提出本集团的政策建议、与官员进行非正式的会面、提供研究报告或信息、帮助设计立法过程中的战略、帮助起草立法、提醒国会议员留心某项议案对其所在选区的影响、提供帮助等。② 另外，议员的政治利益需求和利益集团的追求是合拍的，因为“说客和立法者之间的关系是互利互惠的，信息、战略盟友、政治支持均是互相需要的，这种互相需求将利益集团与立法者紧密地联系在一起，从而使利益集团的代表几乎可以参与国会政治以及立法程序的每个细节”③。此为利益集团在美国外交决策中有如此巨大影响的根源所在。④

（一）国会的作用机制

国会对国家对外政策的影响主要是通过国会具体的组织结构、人员构成及他们所具有的特定功能来产生的。

1. 国会委员会

国会委员会是国会权力结构中最为关键的一级议事层级，是国会实行立法和监督等权力的核心机构。美国国会对外交和安全政策的最重要影响来自决定具体立法的各相关的委员会。⑤ 参议院各常设委员会中与对华安全政策相关的主要有对外关系委员会、军事委员会；众议院则为国际关系委员会、军事委员会和规则委员会等。乔治·W. 布什执政时期，经历了107届、108届、109届、110届四届国会，而参议院对外关系委员会和众议院国际关系委员会作为国会在对外政策和安全政策领域方面的常设机构，共举行过有关中国专题的听证会超过20次。⑥

---

① ［美］戴维·梅林著，蒋昌建译：《事关选举：美国国会的政治解读》，上海：复旦大学出版社，2001年。

② “Washington Representative Survey”, in Kay Lehman Schlozman and John T. Tierney, *Organized and American Democracy*, New York: Harper & Row, 1986, p. 291.

③ Kay Lehman Schlozman and John T. Tierney, *Organized and American Democracy*, New York: Harper & Row, 1986, p. 290.

④ 王传兴：《利益集团与美国的外交决策》，《国际观察》2000年第4期，第8页。

⑤ “Foreign and Domestic Policy in Congress: An Overview and Review”, in Randall B. Ripley and James M. Lindsay, eds., *Congress Resurgent: Foreign and Defense Policy on Capitol Hill*, Ann Arbor: The University of Michigan Press, 1993, p. 7.

⑥ 谢莉娇：《乔治·W. 布什对华政策研究——一种层次、系统分析》，中共中央党校博士学位论文，2007年，第87页。

听证会内容涵盖宽泛，从中国的能源政策、半导体等技术的转让出口到宏观的中国地缘政治影响、中国人权状况、中美关系前景等，可谓门类齐全，但就对美在华安全政策上，这些听证会大多起到负面的作用。①

2. 国会的辅助性机构

国会的辅助性机构在国会的对外政策决策中发挥着重要作用。国会的辅助性机构主要有三个：国会研究部（Congress Research Service）、总审计署（General Accounting Office）、国会预算办公室（Congress Budget Office），其中，国会研究部和总审计署对安全政策的影响较大。国会研究部负责政策分析，总审计署负责政策评估，两者都是国会参与外交和安全政策的有力辅助机构。

在国会研究部里，涉及对华政策的报告一般出自外交与国防研究处，而有些著名的中国问题专家即供职于其中，比如罗伯特·萨特（Robert Sutter）、克丽·邓搏（Kerry Dumbaugh）、简淑丽（Shirley A. Kan）等。自然，有关对华政策的报告也大都出自他们之手。

3. 国会中的非正式组织

除国会常设的委员会和辅助性机构外，非正式组织对国会发挥作用时，也能施展出很大的力量，其中以“国会联线”（Congressional Caucus）为代表。就美国对华政策而言，“参众两院台湾联线”（Congressional Taiwan Caucus）发挥的功效最为显著。众议院台湾联线小组于2002年4月9日成立，共有4位主席，这4位主席均来自国际关系委员会。2003年9月19日，在参议员艾伦（George Allen）等10人主张下成立了“参议院台湾联线”（Senate Taiwan Caucus），目前成员已发展为25人。

4. 国会议员

从议员角度看，国会535名议员来自50个州，代表不同选区选民的利益，就个人政治信仰、价值观念、对国家问题的独特看法，议员们各自为战，独立性很强，加剧了国会的分散性。议员工作的着眼点与总统不同，他们想得更多的是如何了解和迎合选民的意愿、口味，以便下一次选举时能够重新当选。对于两院议员来说，能够连选连任才是他们真正的政治，所以在外交领域议员与总统意见不统一也就不足为奇了，因为总统必须考虑国家整体利益，而议员则往往只需关注所在州或选区的地方利益。

随着选举费用的大幅上涨，竞选经费成为当选的先决条件。虽然美国选举法规定议员竞选开支大部分要自筹解决，但也允许公司、工会、特殊利益集团建立

① 谢莉娇：《乔治·W. 布什对华政策研究——一种层次、系统分析》，中共中央党校博士学位论文，2007年，第87页。

政治行动委员会向国会议员候选人和政党直接捐款，该规定使利益集团通过金钱参与政治成为可能，而利益集团也成为参选议员们筹集经费的重要渠道。正是因为利益集团在经费上的支持，议员们在当选或再次当选前会极力拉拢利益集团，当选后在制定法律和政策时自然也会考虑利益集团的要求。正是通过这种间接的方式，利益集团增强了其在外交政策领域的影响力。

（二）国会影响对华政策的主要形式

美国国会为影响行政部门外交和安全政策的拟定和执行，其采取的方式多种多样，包括立法、通过决议案、举办公开听证会、组成特别委员会行使调查权、要求行政部门提出报告、致函总统和其内阁成员、组成国会访问团、邀请国会领导人或主要政治人物到国会发表演讲等。而国会对华安全政策的主要手段则包括立法手段、调查监督手段、非正式手段等。其中最为直接而又最具影响力的方式是通过议员提出各种相关议案。如上述的国会议员提出对台湾官员访美解禁的决议案，并通过一种国会议员惯用的“搭便车”或“夹带”的方式把提案夹在国会的拨款法案或授权法案中提出，以便通过。①

国会影响对华安全政策主要是通过相关议案并努力使其上升为法案。这些法案根据其功能可分为指令性议案、限制性议案、程序性议案和意向性议案四类。其中，前三类一旦获得总统批准，都具有法律效力。这种具有法律效力的议案对美国对华安全政策的影响很大。

国会除了通过提出相关对华议案进而影响美国在对华安全政策中的决策外，还会运用调查监督手段，如我们熟知的“考克斯委员会”。近年来，国会为加强对对华政策的监督，还成立了专门机构，如“美中经济—安全评估委员会”和“国会行政中国问题委员会”等。就具体活动而言，美国国会还通过在媒体上发表舆论、给总统写信等非正式手段，对行政部门的决策形成压力；或经常性地组成国会访问团外出访问。

（三）国会影响对华政策的典型事例

美国国会在美中关系中一直积极发挥其独特的影响力，在一些对华问题上甚至起着主导作用，如 19 世纪末 20 世纪初的排华法案，1934 年的白银购买法案、“麦卡锡主义”，以及中美建交时的《与台湾关系法》等。冷战结束后，美国国

① 国会为了避免自己提出的一些法案遭到总统的否决，常常会把这些法案夹带在国会通过的拨款法案当中。因为拨款法案往往是很多条款的集合，总统不会因为其中的某款而给予拨款法案全盘的否决，从而形成了国会对其法案“夹带”通过的一种形式。

会在对外政策中的影响力进一步上升，在对华关系中的作用更加明显。国会在涉及中国领土、主权、人权和军控等问题上不断插手，指责中国政府；并借由举行听证会、通过法案或者决议案等方式，对行政部门施加压力，使行政部门在出台对华政策之前，不得不事先考虑国会的反应。围绕中国最惠国待遇的争论和1995年李登辉访美事件都与国会在对华问题上的主导作用紧密相关，给中美关系造成了重大冲击。

20世纪90年代以来，美国国会进一步插手台湾问题，谋求“提升美台实质关系”[①]，积极引导美国对台政策，制造台海危机，造成中美关系阴影，也加剧了解决台湾问题的复杂性和艰难性。在美国国会的巨大压力下，克林顿政府允许台湾“领导人”李登辉于1995年6月访问美国康乃尔大学，引起海峡两岸关系极度紧张，也严重破坏了当时的中美关系。尽管一些国会议员对中国的认识非常贫乏，没到过中国，甚至没出过国，但他们容易受美国国内消极氛围的影响，并以此为议题肆意攻击中国，讨好选民，捞取选票，获取政治利益。一些国会议员更是长期主张支持和扶植台湾，如1999年3月24日，参议院对外关系委员会主席赫尔姆斯和参议员托里赛里提出“加强台湾安全法”议案，依据所谓的《与台湾关系法》，要求美国政府加强对台湾防务力量的支持。该议案认为，尽管1979年1月1日美国与台湾当局断绝正式的外交关系，但是美国政府在当时和后来都没有在台湾最终地位的问题上采取正式的立场，而只是声明这一地位应该通过和平的方式加以解决，对台湾地位的最终决定应该得到台湾人民的公开同意。

三、媒体与舆论

（一）美国媒体与舆论概况

媒体通常是指拥有广大读者、听众和观众的新闻传播媒介，即报纸、期刊、广播电台、电视台和新闻社。美国是个典型的信息社会，对新闻媒体的依赖比其他国家要大得多。媒体能渗透进美国社会的各个阶层，在相当程度上能决定公众议事日程、引导和左右美国的公众舆论、监督政府、制造政治形象，[②] 有人将之称作继行政、司法、国会之外的政府“第四部门”。《外交季刊》、《纽约时报》、《华盛顿邮报》、《大西洋月刊》等著名的杂志和报纸成为媒体政治参与的先锋。有一些美国学者甚至夸张地形容道：“在华盛顿真正的外交政策的制定过程，不

① 张林军、吕其昌：《冷战后美国国会对中美关系的消极影响》，《现代国际关系》1996年第10期。
② 李道揆：《美国政府和美国政治》（上册），北京：商务印书馆，1999年，第147～149页。

是在白宫，而是在编辑室和记者的屋子里面。”①

美国媒体的存在和运作方式代表了美国人的政治理念，也影响了美国人的生活。美国媒体对政府有揭露、防范的一面，也有互相需要的地方，媒体需要政府官员提供消息，政府官员则需要通过媒体跟选民沟通，利用媒体为自己做政治广告。美国的领导人和精英阶层都深知信息与沟通的重要性，在国家安全等重大问题上，他们善于通过各种方式与公众进行沟通，而电视、报刊就是最好的渠道。新闻媒体使美国总统能将他们的外交政策公之于众，也给政府的对立面发表意见的机会，及时报道国外的危机和冲突，反映美国政府外交政策的重点以及社会各界对一些政策的意见。电视还提供了政府官员跟观众见面、宣传和解释政策的机会，如哥伦比亚广播公司（CBS）的“面对国民”（Face the Nation）、全国广播公司（NBC）的“会晤新闻”等，经常邀请总统内阁成员、参众两院代表做嘉宾。通过这些节目，媒体也能提高收视率，获得好处。媒体虽然不直接参与美国对外政策的制定，却往往是政策制定者必须考虑的重要因素之一。鉴于媒体的巨大作用，为了左右媒体的报道，许多利益集团会通过购买版面和广告时间，使舆论被动地集中到该利益集团的观点上来。美国媒体的巨大作用在导致尼克松总统下台的“水门事件”中可见一斑。

美国具有代表性的政论性新闻媒体主要有：月刊、周刊类的，如《时代周刊》、《新闻周刊》、《美国新闻与世界导报》；报纸类的，如《纽约时报》、《华盛顿邮报》。广播电视公司主要有：美国广播公司（ABC）、哥伦比亚广播公司、有线广播公司（CNN）、公众广播公司（PBS）、全国广播公司等。美国的媒体多为私营公司，其幕后老板通常是利益集团的领导人或顾问。这些媒体都有广泛的社会联系和消息来源，有些撰稿人本身即是政策制定的圈内人士，有些则与政府高层有密切联系。通过这些联系，新闻媒体得以对美国政府的内政外交进行密切跟踪。1952 年，美国传媒批判学者本·巴格蒂肯（Ben Bagdikain）研究发现，美国的全部新闻与娱乐业（包括电视、广播、电影、出版业等）实际控制在 50 家大公司手里；到 1996 年，传媒几乎垄断于 10 家公司的手中；到 2000 年，美国的传媒娱乐业几乎被 5 大财团垄断，即美国在线/时代华纳集团、沃特·迪士尼集团、通用电气集团、新闻集团和维亚康姆集团，其中，时代华纳、沃特·迪士尼、维亚康姆都掌握在犹太人老板手里；其下属公司的重要领导人大都是犹太人，② 尽管媒体常常以公众服务自居，但是在事关控股集团利益时，很难说它不

---

① 刘文祥：《考察影响美国外交决策的国内因素》，《世界经济与政治》1999 年第 8 期。

② 沈侃：《美国大众传媒的制造者与控制者》，http：//www. media. tsinghua. edu. cn/article. php/595。

会成为“主要政治与经济利益团体的代言人”①。相应地，选民在就某项政策发表自己的意见前，会被动地受利益集团的左右。

舆论是群众对国家的政治、政府政策、公共问题及负责处理这些政策和问题的人所公开表达的意见。由于美国社会的多元化，不存在所谓代表全体公众的舆论，舆论只是一部分人或集团对待特定事件、问题公开表达的意见。② 媒体与舆论密切相关，媒体既可以发起舆论，也可以引导舆论。舆论是公共政策的力量源泉之一，政治活动家和政府领袖无不重视舆论，并把它作为决策的依据之一。有研究表明，影响美国个人见解的主要因素有四个：社会文化、政治文化、事件和媒体。凡是利益集团均可在上述四个因素中渗透自己的力量，通过派发宣传品、刊登广告、游说议员和行政官员、组织请愿、游行和示威等方式，公开其成员的意见和要求。舆论相对来说是抽象的，它把意见直接向上传递到决策圈，“利益集团实际上在传达舆论的过程中起到了中介的作用”③，它潜移默化地左右了公众舆论，甚至直接影响领导人的选举。

（二）媒体对美国对外政策的影响

大众传媒自身的功能决定了媒体对外交政策制定的影响。首先，政府在外交政策尚未正式出台之前，通常会借用媒体的报道来渲染气氛，为政策的顺利出台作铺垫，这样一方面能测试大众对其的反应和认同程度，及时调整、改变策略；另一方面，通过媒介宣传外交政策，政府也能够寻求民众的理解和支持，有利于政策的制定和执行。其次，媒体参与外交事务的报道，通过对高层决策者、精英幕僚们的采访以及对某些全球性问题进行大篇幅的连续报道，提高了政府对这些问题的关注程度，使美国的外交政策议事程度更加全球化。再次，美国的外交政策制定受到来自国内各个利益集团、民间组织的压力，大众传媒为这些国内组织和利益集团提供了政治亮相的舞台，他们通过媒介进行公关和宣传，对国会和白宫进行游说，施加压力，最终达到影响权力层的目的，促使外交政策国内政治化。

大众传媒发挥着美国决策者与美国民众之间的沟通作用。一方面，它帮助决策者传递政策信息，使远离民众的外交信息决策自最顶层向下流通；另一方面，传媒又起着大众舆论代言人的作用，它把来自美国最底层民众的声音加以收集、总结，形成看上去统一的舆论，传递给决策层。在这其中，大众传媒有时并不只是简单的大众舆论的收集者，而是充分利用自己的影响力引导大众关注某一特定事物。

---

① 俞力工：《漫谈美国总统选举》，http：//www. clibrary. com/column/ligong/lg4 - 16. html，转引自孙晓玲：《犹太利益集团与美国中东外交政策（1967—1984）》，复旦大学博士学位论文，2005 年。

② 李道揆：《美国政府和美国政治》（上册），北京：商务印书馆，1999 年，第 73 ~ 74 页。

③ 林鸿宇：《美国公众舆论和美国对华政策》，《世界经济与政治》1997 年第 8 期，第 67 页。

在传媒的精心引导和诱惑下，民众很容易形成一种主流声音，再作用于外交政策的形成和实施，媒体也由此形成了自身影响外交政策制定的力量。此外，大众传媒还是美国外交政策的直接建议者，它通过自身的媒介精英（舆论领袖）直接为美国的决策层提供可行的意见，同时向美国民众传输它的决策。

1. 大众传媒成为外交政策的宣传机器

大众传媒最主要的功能就是传递信息，引导舆论。在美国对外政策的实施过程中，大众传媒成为对外政策的宣传机器，成为政府和公众的沟通者。即便是号称“世界上最自由的”美国媒体，也是美国决策层的“喉舌”。“美国之音”的一位负责人这样说：“我们的工作就是推行美国的外交政策。政策说我们和哪国关系好，我们的广播就得如此反映。”当有人问道：“如果美国政策喜欢某国，而那里的消息的确又是坏消息，你们怎么办?”他回答得很干脆：“那就找好消息说。”[①] 因此，即使是美国，传媒也并非像其所声称的那样拥有绝对自由。

2. 媒体信息成为外交政策的决策依据

通过看报纸，收听、收看新闻节目进行政策调研，是美国外交人员获取信息的主要形式，也成为他们制定外交政策时不可缺少的依据。美国很多高层决策者都有他们固定的看新闻的习惯。里根总统总是选择每晚与他的高级助理一起观看电视新闻，然后研究电视新闻对政府决策的评论，预测第二天将会有什么新的热点问题以及讨论如何对付这些问题。[②] 因此，大众传媒在外交信息的传递上起着不可替代的作用。

在美国，无论是广播电视，还是报纸杂志，各个传媒都有一支强大的信息分析和舆论制造队伍。这些人包括资深记者、专栏作家、社论编辑、学术专家、学者和社会活动家。他们对新闻题材进行透视描述和解释说明，对外交政策的走向进行深入浅出的分析，提出自己的观点和政策建议，或者批评现行的政策。这些人的观点也就是人们所说的“精英型舆论”[③]。美国的外交决策人员对这些“精英型舆论”很重视。一方面是因为这些舆论的提出者都是各行各业的专家，他们对外交政策的分析和批驳都是基于专业化的考虑，能提供很多决策层想不到的解决方案；另一方面，这一批精英很有代表性，他们或许是某个利益集团、社会团体甚至某个行业的代言人，所以高层决策者不得不考虑他们的意见，以平衡各个集团之间的利益关系，争取更广泛的支持。制造“精英型舆论”的知名美国媒体有《纽约时报》、《华盛顿邮报》、《洛杉矶时报》等，但对美国外交理论与实

① Robin Grey, “Inside the Voice of America”, *Columbia Journalism Review*, May/June, 1982.
② 刘继南主编：《大众传播与国际关系》，北京：北京广播学院出版社，1999 年，第 192 页。
③ 刘继南主编：《大众传播与国际关系》，北京：北京广播学院出版社，1999 年，第 194 页。

践影响最大的仍属《外交季刊》。1947 年 7 月，《外交季刊》发表了乔治·凯南的题为“苏联行为的根源”的文章，阐明了遏制政策，成为“二战”后杜鲁门政府的一项基本外交政策。

3. 大众媒体通过舆论影响外交政策制定过程

公众舆论是指舆论对国家政治、政府政策、公共问题以及处理这些政策和问题的人所公开发表的意见。[①] 公众舆论是外交决策的依据之一，决策者在制定某一外交政策时必须考虑公众的态度和反应，在政策制定上要寻求公众的支持。但是，公众舆论具有分散性和不集中性的特点，所以需要大众传媒的引导。大众传媒集中的、有针对性的舆论意见直接或间接地影响决策层的政策制定。事实上，大众传媒有相当的自主性，它可以在相对较短的时间内集中对某一事件和相关政策进行报道及评论，调动公众舆论，以引起决策者的注意，最后达到修正政策和政策定型的目的。

（三）美国媒体的中国镜像

1. 中国媒体镜像的转变

“二战”期间，中美两国并肩作战，曾有良好的友谊与共同的记忆。但“二战”后，美国为了反对共产主义运动，遏制苏中，曾利用媒体大肆诋毁、丑化中国，为其遏制中国的外交政策作宣传。《时代周刊》社论曾这样写道：“另一个外部集团以及眼下与中国人美好生活概念基本不相干的观念，依然统治中国大陆……孔子的伦理观念在过去已经成为令人钦佩的中国人特征的一部分。在过去处于中国社会正中心的个人和家庭忠诚，如今在共产主义世界已无任何位置。如今幽默和慷慨、耐心和善良、道义和内心的热情已无任何位置……”[②] “是一小股被人疏远的中国激进派接受苏联人的帮助和唆使，利用战争的混乱状态，在战争过后掌握了这个国家，并迫使人们进入新的相异的模式”；“他们具有资源和共产主义思想以及基于他们扩张传统的外交政策，它对美国形成了重要的威胁”。[③] 在这种宣传的影响下，美国的公众舆论发生了显著变化。美国民意调查中心 1947 年的民意测试表明，当时美国人对中国人的评价仅次于英国人、瑞典人和法国人，而高于希腊人、德国人、苏联人和日本人。在 1951 年 3 月 20 日的另一次全国民意调查中心的民意测试中，全国抽样的 64% 表明对中国人具有“良好的印象”；而到了 1955 年 3 月 11 日，在一次同样的民意测试中，这个数值减少到 45%。

---

① 刘文祥：《考察影响美国外交决策的国内因素》，《世界经济与政治》1999 年第 8 期。

② 该内容见 1955 年 10 月 10 日《时代周刊》上的相关论述。

③ Harold R. Isaacs, *Scratches on Our Minds: American Views of China and India*, New York: M. E. Sharpe, 1980.

1951 年，只有 21% 的人说他们对中国“没有好印象”；而在 1955 年，这个数值却上升到 40%。

在中美对抗的年代，美国媒体的对华报道将中国看作邪恶的化身；中美和解和建交之后，则将中国描述成“可以拥抱的共产主义国家”。1989 年之后，报道的倾向再次发生逆转，对华报道呈现出浓厚的情绪化色彩，报道以消极、负面的一面为主，过多地局限在中国的人权、军控、贸易等他们所认定的存在问题的议题上，而对中国改革开放以来积极、正面的一面却很少给予报道和认可，没有对中国的发展状况给予全面而平衡的报道和评述。这一现象如今尽管有所好转，但并没有实质性的改观。美国媒体的报道使大多数美国人形成了对中国的偏见，即使是仅有的为数不多的关于中国的正面报道，也作了特殊的处理。美国媒体对中国正面报道和负面报道的取舍是在一定框架内的，这个框架就是美国主流社会所信奉的价值观。

2. 美国媒体的对华标签与热点事件炒作

美国媒体在报道中国时经常使用“这个共产党国家”、“北京的共产主义政权”、“中共政权”等具有强烈意识形态偏见的字眼，而共产主义在美国媒体眼里是“极权”的代名词。对此，美国威斯康星大学历史学教授哈维·戈德堡尖锐地批评美国传媒的双重标准：“根据几乎任何判断标准，（20 世纪）50 年代和 60 年代台湾地区蒋介石的独裁政权比目前北京的毛（泽东）后时代的政权更具镇压性。而且，蒋介石实行了更有效的镇压。然而，美国不仅给了蒋介石以承认、贸易和友谊，而且还给了他军事保护和数十亿美元的经济和军事援助。难得正式听到关于它没有民主和大规模侵犯基本人权的任何事情。在大多数熟悉自（20 世纪）40 年代以来的中美关系的不愉快历史的中国人看来，美国政府对人权问题的干预在道德上起不了什么作用。”①

美国媒体的涉华报道倾向于跟踪“热点事件”而忽视对两国实质性关系的具体分析，中美之间复杂的交往过程因而常常被所谓的“突发事件”所造成的宣泄和渲染所笼罩②。“中国威胁论”一再被美国媒体炒作，中国几近被“妖魔化”。2001 年中美撞机事件发生后，美国一些主流媒体和政府一唱一和，配合默契，煽动民众的民族主义情绪。美国当年一期《人物》杂志选出“全球 50 位最俊美人物”，在中美军机碰撞风波中驾驶美军 EP-3 侦察机的奥斯本竟然榜上有名。该杂志赞扬他“勇敢、沉着”，在海南降落时，冷静地操作侦察机，救了全

---

① ［美］哈维·戈德堡：《美国对中国有多大影响?》，《洛杉矶时报》，1997 年 12 月 15 日，转引自李希光：《中国有多坏?》，南京：江苏人民出版社，1998 年，第 382 页。

② 孙哲：《崛起与扩张：美国政策与中美关系》，北京：法律出版社，2004 年，第 277 页。

体机乘人员的性命。2001 年 4 月 25 日的一项民意调查结果显示，2/3以上的被调查者认为中国终将威胁美国。中美撞机事件发生后，布什政府蛮横无理，进退失措。尽管如此，仍有高达 61% 的美国人支持布什的处理方式，布什的民众支持率从 2001 年 3 月底的 53% 上升到 59% 。[①]

四、思想库和学术机构

（一）美国思想库概况[②]

思想库又称智库、脑库，是“独立的、没有利益倾向的非营利性组织，它们提供专业知识或建议，并以此获得支持，影响决策过程”[③]。1900 年成立的“全国市民联盟”是第一个与政府决策有联系，而且还能对政府决策施加影响的研究机构。美国历史上第一批真正现代意义上的思想库产生于 20 世纪头 20 年间，其中，比较著名的有卡内基国际和平基金会（1910 年）、对外关系委员会（1918 年）、胡佛研究所（1919 年）等。

美国思想库的发展可分为四个阶段：第一阶段为 20 世纪初至 40 年代，是思想库的诞生时期。多个思想库在这一时期建立，运作资金来自大企业家的私人捐助。这一阶段，思想库主要从事政策性研究，侧重前瞻性和中长期战略性研究。“受到进步主义观念的影响，往往追求学术上的客观与中立，各个思想库最为重视自身的学术可信性。”[④] 第二阶段是 20 世纪 40 年代至 60 年代。这一时期出现新型思想库，它属于政府合约型思想库，主要完成政府的“合同政策”研究。这类思想库根据官方的立场做研究，有明显的官方倾向。这一时期诞生了被公认为“真正的思想库”的兰德公司。第三阶段为 20 世纪 60 年代后期至 80 年代，此阶段美国思想库发展迅速。思想库带有“政策推销”的突出特点，为更有效地推销其思想政策，思想库还带有党派倾向和浓厚的意识形态，通过游说等手段去主动影响政府的决策过程。这一时期还有一个特点是，保守派思想库数量不断增多，保守色彩浓厚的思想库在政府决策中的影响力不断增强，[⑤] 以传统基金会、企业研究所等最为典型。第四阶段为 20 世纪 80 年代后期至今，是思想库不断深化发展时期，美国思想库在美国政治、外交层面都发挥着重大作用。大型思

---

① 袁征：《美国民族主义又抬头》，《环球时报》，2001 年 5 月 11 日。

② 由于学术机构与思想库的联系非常紧密，部分学术机构本身即是思想库，因此，不对学术机构的对华政策另作阐述。

③ Andrew Rich, “US Think Tank and the Intersection of Ideology and Influence”, *NIRA Review*, 2001, p. 54.

④ 张春：《美国思想库与一个中国政策》，上海：上海人民出版社，2007 年，第 9 页。

⑤ 张春：《美国思想库与一个中国政策》，上海：上海人民出版社，2007 年，第 11 页。

想库的研究内容向国际化方向延伸，且一些主要思想库纷纷在国外设立分部，与其他国家的学术机构学术联系密切。这种国际范围内的学术交流，提升了思想库的研究水平。冷战后，私营的思想库开始出现，并逐渐增加。

美国有2 000多个大大小小的思想库①，一般按照起源、规模、资金、隶属关系、职能性质进行划分，但更多的是根据职能性质分为学术型、政府合同型、政策鼓吹型三类②。学术型思想库的首要目标不是介入决策过程，而是作为一个提供政策专才的渠道，为政府提供专业研究，而不主动游说政府采纳思想库的研究成果。政府合同型思想库是指与政府签订研究合约，根据政府的需要而展开有针对性研究的思想库，其研究重点是政府关注的国家经济、国家安全与防务环境保护等问题。这类思想库接近权力核心，与政府要员关系密切，更容易影响政府的决策。与此同时，由于与政府签订了合约，资金方面有保障，政府合同型思想库可以更专注于研究而不被分心。政策鼓吹型思想库是指那些重点不是放在政策研究上，而是强调推销政策主张的思想库。这一类思想库为了更有效地宣传其研究政策及思想，提出的政策和思想往往具有强烈的党派倾向和浓厚的意识形态色彩。强烈的政策主张有利于影响舆论，改变决策者的既定政策，它们主要提供报告和政策简报，而不是长篇资料或著作。

思想库具有以下四个重要特征：一是从事政策性研究，注重实效性、实用性和对策性，力求及时提供解决问题的战略和战术。二是以影响政府的公共决策为目标，通过专家组深入研究，得出有效的政策研究报告，供决策者参考。三是强调非营利性质，思想库提供的产品和服务不以获利为目的，研究成果不直接转化成财富。四是强调独立性，即不受公司、政府党派、利益集团或政府的影响。尽管思想库强调独立性，但受其支持资金及服务对象的影响，仍然有其专业侧重的领域和倾向性。

思想库发挥作用的方式有三种：一是通过推销思想观点和政策理念影响政府公共政策，甚至直接充当“外脑”，为政府出谋划策。思想库既是外交精英思想交流碰撞的场所，也是外交政策的鼓吹者和外交政策的咨询机构，它们通过将研究结果送到政府有关部门、国会有关委员会来影响政府的决策。二是为公共政策部门培养、储备、输送人才，即通常所说的“旋转门”和“孵化箱”作用，亨利·基辛格便是其中的典型代表，其外交思想和战略理论对美国外交政策和世界政治格局都产生了深刻影响。三是借助各种正式或非正式渠道和关系网络，对决

① ［加］唐纳德·E. 埃布尔森：《历史简介——智囊机构与美国外交政策》，http：//usinfo. state. gov/regionaFea/mgck/arehive02/ej1I02abelson. htm。

② 邱伟、吕其昌：《美国思想库的分类》，《国际资料信息》2003年第6期。

策者施加影响。思想库将研究结果送到政府有关部门的同时，通常也会送到新闻媒体，借助媒体力量制造舆论气氛。此外，他们还通过举办研讨会和演讲会，出版著作、研究报告等形式教育和引导公众，影响舆论走向，扩大社会影响。

与作用方式相对应，美国思想库有三种对外传播渠道：向上（决策层）输送策略建议；向下（社会公众）传递动态资讯；横向面对大众传媒，扮演意见领袖，这构成了美国三位一体的信息传播体系。随着传播渠道的进一步拓宽和全球化进程的进一步加快，思想库影响力的传播速度和透明度有了进一步提升。[①]在具体操作层面，思想库发挥影响力的做法又可以分为“学术研究”和“主动营销”两种路径策略。“学术研究”指的是通过发表、出版著作、论文集，撰写媒体专栏的形式体现思想库研究的广度和深度。“主动营销”则指建立在相应学术研究和政策倡议基础之上的主动传播策略。美国国会经常举办各类听证会，涉及诸多热点话题，这给思想库提供了极好的自我展示机会。值得指出的是，近年来美国思想库在提高影响力方面又有新的举措，特别是在新媒体和扩大思想库在社交媒体上的应用，发挥移动互联网在收集采纳网民意见等方面，还将不断采取不少新的动作。[②]

成立于1918年的对外关系委员会（Council on Foreign Relations）是美国思想库中对美国外交影响最大的一个。该机构现有3 300多名成员，大多来自美国最有实力、跟政府关系最密切的大公司、名牌大学、基金会、新闻媒体和政府机构。许多外交界的名人都是其成员，如史汀生（Henry L. Stimson）、杜勒斯（John F. Dulles）、艾奇逊（Dean Acheson）、凯南（George F. Kennan）、哈里曼（Averell Harriman）、黑格（Alexander Haig）、舒尔茨（George Shultz），以及美国的前总统布什、卡特、克林顿等。对外关系委员会的主要功能之一就是对美国的对外关系和政策进行研究，在必要的时候向政府提出修改外交政策的建议。如第二次世界大战期间，它建议美国全力支持中国抵抗日本的侵略以及为盟国提供租赁物资服务；“二战”后，它提供了包括对共产主义的遏制、成立北约、提出马歇尔计划、建立国际货币基金组织和世界银行等建议。

（二）美国思想库对中国的研究

1. 美国思想库对中国问题的关注

美国思想库关注的热点在冷战时期主要是苏联，冷战后则是中东。对中国问题的关注度最近几年才逐渐上升。北京奥运会和金融危机提升了中国的国际地位

① 贾敏：《世事如棋局局新：海外智库对“中国梦”的解读与前瞻》，《对外传播》2013年第12期。
② 贾敏：《美国智库“中国观”的演进路径及对策》，《对外传播》2014年第7期。

和影响力，美国思想库对中国的关注度显著上升，越来越多的思想库新增研究中国问题的部门和人员，例如布鲁金斯学会在东北亚研究中心之外另设中国研究中心，网罗了一批长期研究中国问题的专家。一些中国问题研究机构则加强了其研究力量，新一代中国问题专家逐渐成长，例如美国海军分析中心下属的“亚洲项目部”就吸收了一批在中国学习或访问过，并且能说中文的年轻研究人员。相应地，有关中国问题的各类研究成果也明显增多。思想库的“中国观”对美国政府，乃至整个国际社会“中国观”的形成、发展和变化，具有非常重要甚至在一定意义上是决定性的影响。

2. 美国思想库的中国问题专家

在美国学术界和思想库有一批中国问题专家，他们以接受政府咨询、提供政策建议的形式对美国的对华政策产生重要影响。美国老一辈中国问题专家包括费正清、罗伯特·斯卡拉皮诺、鲍大可和唐纳德·扎戈里亚等，一些人曾长期担任美国对华政策的重要顾问。20 世纪 60 年代初，肯尼迪—约翰逊政府打算调整对华政策时，美国国会以听证会的形式广泛听取了他们的意见。

美国新一代中国问题专家中，迈克尔·奥克森伯格、哈里·哈丁、肯尼恩·利伯索尔（中文名李侃如）、理查德·鲍姆、安德鲁·奈森（中文名黎安友）、斯坦利·罗思（中文名陆士达）、苏珊·谢克（中文名谢淑丽）等都颇有声望，在老布什、克林顿和小布什执政期间都曾积极献计献策。此外，总统、副总统、国务卿、国防部长等高级行政首长还经常通过“吹风会”或共同进餐等形式，与专家学者们共同商讨美国对华政策。思想库与学术界紧密联系，通过培养学生的方式影响美国对华政策的制定和贯彻落实。美国一些著名的中国和东亚问题专家，其学生遍布美国政府、报界、社团和企业，师生间形成了一张无形的网络，对美国对华政策有着不可估量的影响。[①]

冷战结束后，美国的中国问题专家的研究领域从单一型向复合型方向发展。一些当代著名的中国问题专家，如傅高义和哈里·哈丁等人，除了对中国问题有很深的研究外，还对亚洲问题有很高的造诣；不仅在中美两国的政治、安全、外交等问题上颇有研究，还非常关注经济、贸易、金融乃至文化等问题。此外，他们还积极充当沟通媒介，发挥“第二轨道”[②] 的作用，尤其在以政府间谈判为主的“第一轨道”不畅通时，其沟通作用更为突出。

① 杨洁勉：《后冷战时期美国学术界在对华决策中的作用》，《外交学院学报》1998 年第 4 期。

② “第二轨道”是指由非官方的组织、团体、学术界和思想库等组成的对话机制，一般具有较长的延续性和专门目的。

（三）美国思想库的中国观[①]

1. 美国思想库中的“知华派”

美国思想库中的“知华派”既有在大学或研究机构的，也有在思想库或政府部门任职的。根据所处时代，美国思想库中“知华派”大致可分为三代。[②] 第一代“知华派”的典型代表是费正清和鲍大可，以及介乎第一、二代间的傅高义。

费正清专攻清代以来中国与周边国家的朝贡体系，在牛津大学取得汉学研究博士学位，是著名汉学家，中国对外关系研究中“冲击—反应”模式论的首创者。1949 年新中国成立后，研究中国成为美国当时政治上的敏感区，费正清顶住压力在哈佛大学成立了研究东亚和中国问题的研究中心，为美国培养了众多中国问题专家。如今，这些专家不仅是美国各大高校研究中国问题的核心力量，也是美国政府延揽的重要目标。此外，费正清在提升美国公众对中国认知等方面亦有卓越贡献，其所著的《美国与中国》至今仍在中美两国拥有大批读者，也是尼克松准备访华时的案头读物。

与费正清相比，鲍大可则在更为具体和实际的操作层面影响美国决策者的对华认知。在 1949 年至 1955 年间，鲍大可目睹新中国从贫弱的东亚落后国家一跃成为在国际舞台发挥重要影响力的大国，他采写了中国参加日内瓦和谈、印尼万隆会议的系列新闻和人物报道，得以近距离了解新中国领导人的国际观、外交观和国家利益观，并留下深刻印象。1966 年，鲍大可提出对华“遏制但不孤立”的政策建议，主张在恢复进行大使级谈判的基础上与中国寻求建立正常关系的可能，激活了华盛顿对华政策的新选项。1968 年，鲍大可和其他中国问题专家一道，通过基辛格向尼克松提出美国走出越战困境和改善对华关系的具体建议。20 世纪 70 年代中美关系的破冰之旅，鲍大可起到了舆论和政策双助推的重要作用。[③] 鲍大可先后在密歇根大学、哥伦比亚大学、约翰·霍普金斯大学执教，并创立多个中国研究项目，对当代中国，特别是新中国的政治和外交政策都有专深研究，奥克森伯格与李侃如便是鲍大可众多门生中较为知名的两位，李侃如至今仍不时就中美关系发表看法。

傅高义身处两代知华派之间，是极少数同时精通中国和日本事务的东亚问题专家之一。与费和鲍一样，傅高义也曾在中美关系最困难的时候，帮助美国社会

---

① 参见高祖贵：《智库，影响世界“中国观”的重要力量》，《对外传播》2010 年第 2 期；贾敏：《美国智库“中国观”的演进路径及对策》，《对外传播》2014 年第 7 期。

② 参见贾敏：《美国智库“中国观”的演进路径及对策》，《对外传播》2014 年第 7 期。

③ 贾敏：《美国智库“中国观”的演进路径及对策》，《对外传播》2014 年第 7 期。

化解对中国的偏见和敌视。20 世纪 90 年代末，随着中国国际地位的提高，有美国右翼人士提出新的“中国威胁论”，主张对华“遏制”，对此，傅高义在《与中国共存：21 世纪的中美关系》一书中进行了驳斥，主张中美应在政治、经济各个领域保持全面合作，美国应该支持中国加入世界贸易组织。1987 年，傅高义曾深入广东各地进行为期 7 个月的实地考察和研究，其《先走一步——改革中的广东》从广东的经验折射中国改革开放的历程，《邓小平时代》则从西方观察者的视角解读了中国改革开放波澜壮阔的历史画卷。

第一代知华派开启了冷战时代美国研究中国问题的两种主要介入模式：中国历史文化的传承代际角度和当代中国政治文明的演进发展角度。这两种角度的共同点就是深刻了解中国及其文明的深度和广度，进而充分意识到与中国这样的文明国度交往的重要性。这种重要性的具体表现就是：美国视恢复和建设中美关系为全局性和永久性的战略举措，并深深扎根于美国外交决策者的思维之中。①

由于年龄关系，第一代知华派已经逐渐淡出人们的视野。目前，占据主流影响中美双边关系的是第二代知华派，主要代表人物有何汉理、包道格、卜睿哲、李侃如、谢淑丽、杰夫·贝德、兰普顿、沈大伟等人。第二代知华派的共同特点是多出生于 20 世纪四五十年代，具有博士学位，普遍有在中国访学研究的经历，很多都经历过思想库“旋转门”的角色转换，即曾在一流高校任职后进入美国政府高层，离职后回归高校或转投有影响力的思想库，或若干年后重新出任两党政治人物的中国问题智囊。第二代知华派普遍能用普通话与中国政学界交流，研究兴趣开放、多元，乐于接受中国媒体的专访，积极扮演中国问题领域的“公共意见领袖”角色。

与第一代知华派相比，第二代知华派更看重中国崛起为大国过程中涉及美国利益的重叠部分，诸如经济贸易、军事、地缘政治、地区合作等议题。这代人普遍倡导对华“缓和对抗，增进合作”，具有典型的外交现实主义理念。他们目睹了改革开放以来中国社会的巨大变迁，对中国积极推动政治和经济领域的改革精神持褒扬态度。随着年龄的增长，第二代知华派目前也逐渐从决策层和学术界离开。目前的状况是，美国思想库中的中国研究梯队正面临第二代和第三代之间的代际交替，研究视角和理念正经历着微妙调整。

第三代知华派以“60 后”与“70 后”为主，他们大多有着较好的跨学科研究背景（包括政治学、经济学、人类学等），或有在中国的商业或新闻媒体从业经历，抑或有过长期的田野调查或外交服务资历，对中国问题有着更为广泛的兴趣，运用汉语交流不存在障碍。同时，华裔面孔和女性比例较之以往也有增加。

① 贾敏：《美国智库“中国观”的演进路径及对策》，《对外传播》2014 年第 7 期。

这代知华派的价值共识在于：能够普遍接受中国社会的复杂多样，但对作为大国崛起的中国抱有较为强烈的警惕心态，遏制中国的冷战思维亦有相当的意见市场。这种思想态势在目前的美国思想库表现为在涉华问题上愈来愈多地从现实政治和地缘政治博弈的角度出发进行思考，战略竞争和“零和观念”较为盛行，而并非像前两代那样更多从战略格局和追求伙伴关系的视角来审视。这种看似“激进”的思想库，其中国观在当下和未来会向哪个方向发展，需要引起我们的高度重视和评估。[①]

2. 美国思想库的中国观

美国思想库对中国问题的研究从汉学、历史文化到中美关系、美国对华战略、台湾问题，再到中国的政治、经济、战略、军事、安全、社会等诸多方面，涉及的点越来越多，面越来越广，已经接近于“立体性的扫描和透视”了。

美国思想库对中国问题的关注点主要有两大类：一是中国发展面临的各种问题；二是中国在地区和国际事务中扮演的角色和发挥的作用。围绕上述关注点，美国思想库对中国国内发展的看法大致可分为两种：一种是悲观主义，认为中国的发展受到各种问题制约，面临的风险很大，可能遭遇重大挫折；另一种看法则比较乐观，认为中国已经创造了太多的例外，很有可能克服各种障碍而实现崛起。美国思想库对中国外交的看法同样可以大致归为两类：一种看法比较积极，认为中国能够坚持走和平发展道路，在相当长的时期内不会在地区和全球范围内对美国等发达国家的主导地位发起挑战，可以被纳入西方主导的地区和国际体系中；另一种看法比较消极，认为中国将像其他霸权国家崛起一样，采用包括战争在内的各种手段，颠覆美国等发达国家的领导地位，重新构建符合其利益的地区和国际体系。这些相互对立的看法总体上尚处于僵持状态。

随着对中国问题研究的全面深入，美国思想库的中国观也先后经历了“中国崩溃论”、“中国威胁论”和“中国无足轻重论”的演变，逐渐发展为当前的“中国责任论”；中国在美国对外关系中的角色也从潜在的敌人和非敌非友，逐步发展成“利益攸关方”和如今“多伙伴世界”中的“伙伴”之一。

五、权力精英

权力精英泛指美国社会各界的高层人士，[②] 除了政府里的高级官员和民主

---

① 贾敏：《美国智库“中国观”的演进路径及对策》，《对外传播》2014 年第 7 期。

② 此处的权力精英包括了前文论及的思想库与学术机构的部分成员，但两者的范围及成员并不完全相同。

党、共和党两党的领袖人物外，还包括企业界、新闻界、学术界、劳工界、宗教界以及众多利益集团的核心人物。这些权力精英包括总统和他的内阁成员，尤其是国务卿和国务院的高级官员、国防部长、商业部长，以及国会，特别是国会的对外关系委员会。一些权威人士认为，两亿七千万美国人民对战争与和平的取舍，实际上由几千人来决定。[①]

美国的权力精英通常是一些政策顾问组织的成员。这些组织包括经济发展委员会（Committee for Economic Development），该委员会由两百名大企业的领导人组成；企业委员会（Business Council），该组织由最大的金融、银行和工业巨头组成；对外关系委员会，该组织包括了摩根财团和美国大通等金融巨头。这些企业巨头与美国政府保持着千丝万缕的关系，通过影响美国政府的组成和政策的制定来保护自己的利益。这些组织里产生了美国总统、副总统、国务卿、国防部长等，几乎垄断了国家安全委员会。在福特总统的政府里有 14 名对外关系委员会成员；卡特政府里的 17 名高级官员，包括卡特总统和蒙代尔副总统都是赫赫有名的美、欧、日“三方委员会”（Trilateral Commission）的成员。[②] 多年来，进入美国外交决策圈的人往往来源于极其有限的社会阶层。这些人在美国最好的大学接受教育，有强大的社会关系，在自由社会的竞争中往往占据与生俱来的优势。美国外交精英中大多数为盎格鲁—撒克逊人后裔，大部分学习法律专业，很多人是企业家，有的则是名牌大学的教授，这些人多半担任委派而不是选举的职务。这一精英阶层借助自己的社会地位和经济实力，成功地维护了自己的权力，为美国政府和决策机构输送人才。由于美国外交精英的社会政治和文化背景相似，政治观点和外交思想也非常接近，他们对历届美国政府外交政策的建议遵循着同一套原则，而历届总统也只会依靠这样的人来管理国家，掌握外交事务，这样一来，美国外交政策也就具有相对的稳定性和连续性。[③]

另外，在外交领域，一些身份特殊的个人由于其显赫的背景和经历，对美国对外交往和对外政策有着重要影响，如美国前总统布什、尼克松、卡特，前国务卿基辛格等。在美国与其他国家的关系出现危机，政府之间的联系中断时，他们经常充当特使，转达彼此的意图，使双方在保持体面的情况下互相妥协。

---

① Thomas R. Dye and Harmon Zeigler, *The Irony of Democracy: An Uncommon Introduction to American Politics*, Belmont: Wadsworth Publishing Company, 1996, pp. 1 – 2.

② Michael Parenti, *Democracy for the Few*, New York: St. Martin's Press, 1988, pp. 196 – 200.

③ 邓鹏、李小兵、刘国力：《剪不断理还乱——美国外交与美中关系》，北京：中国社会科学出版社，2000 年，第 80 页。

第五节　美国政治制度下的利益集团

一、利益集团概述

（一）利益集团的概念与特征

利益集团是人们分析国内政治生活时使用的一个概念，有时也称为“压力集团”、“院外集团”。“利益集团”一词最早出现于美国宪法的制定和批准过程中。詹姆斯·麦迪逊曾说：“由于这一切对各财产所有人的感情和见解的影响，从而使社会划分成不同利益集团和党派。”[①] 加里·沃塞曼认为，“‘利益集团’又称‘压力集团’，也就是一群人组织起来为追求共同利益而对政治过程施加压力”[②]。《美国政府》一书中对利益集团的定义是“试图影响政府决策的有组织的集团”[③]。罗伯特·达尔在《美国的民主》一书中认为：“从最广泛的含义上来说，任何一群为了争取或维护某种共同的利益或目标而一起行动的人，就是一个利益集团。”我国的端木义万教授认为利益集团“是指那些为了改善自己的地位，维护共同的经济、政治利益或其他方面的利益而组织起来的人或机构的集合”[④]。

一般认为，利益集团有以下三个显著特征：一是利益集团都有一个明确的政治、经济或社会目的；二是利益集团都有自己的组织结构，无论其组织是松散还是紧密；三是利益集团都以影响包括议会、行政、司法三权在内的美国政府决策作为实现自身目标的主要手段。尽管利益集团经常把自己扮演成广泛民意的代表，通过对立法、行政机关的游说和斗争，迫使政府改变或者修改政策以实现本集团的利益，然而，与总统、国会、法院等政策决策核心这些“最直接的政策制定者”不同，利益集团虽然是“带有政治目标的会员组织”[⑤]，但其最大的目标是影响政策制定，是“致力于影响国家政策方向的组织，它们自身并不图谋推翻

---

① ［美］汉密尔顿、杰伊、麦迪逊著，程逢如等译：《联邦党人文集》，北京：商务印书馆，1980年，第46页。

② ［美］加里·沃塞曼著，陆震纶等译：《美国政治基础》，北京：中国社会科学出版社，1994年，第181～182页。

③ Karen O'Connor and Larry J. Sabato, *American Government*, Boston: Allyn & Bacon, 1996, p. 497.

④ 端木义万主编：《美国社会文化透视》，南京：南京大学出版社，1999年，第129页。

⑤ H. R. Mahood, *Interest Groups Politics in America: A New Intensity*, Upper Saddle River: Prentice-Hall, Inc., 1990, p. 2.

政府"[1]，不图谋直接进入政府决策权，最多只能被称为"第二圈的政策制定者"[2]，这一点使它明显区别于政党。

利益集团在美国有很长的历史，早在美国建立之前就有以争取独立为目的的团体，此后，美国的利益集团数量迅速增加，成为美国政治生活中的普遍现象，"一旦公民个人开始体验到某种社会或经济问题，并认识到他们同其他人患难与共，那末（么），对他们来说，建立一个能代表他们共同利益而与政府打交道的正式组织是天经地义的事"[3]。美国学者诺曼·杰·奥恩斯坦论述道："南北战争之后的几十年间，随着大批欧洲移民定居美洲，美国工业和经济发展起来了，政府规模扩大了，代表着广泛民意的利益集团也陆续出现，农业集团、劳工组织和其他更为广泛的集团一起开始活跃在美国的政治和社会生活当中。利益集团与院外活动成为华盛顿政治参与的固定搭配，什么问题都管。"[4] 据《协会百科全书》统计，1993 年美国利益集团有 2.3 万个，较 1980 年增加了 50%，是 1955 年的 5 倍[5]；从 1961 年到 1982 年，利益集团驻华盛顿办事处的数量增加了 10 倍之多，20 世纪 90 年代在华盛顿被雇佣的说客达 9.1 万人[6]。

利益集团也成为联系公民与社会、公民与领袖的主要渠道。在复杂的现代美国社会中，公民要直接参政实现利益诉求并不容易，而利益集团成为联系个人和社会、公民与领袖的主要渠道。"在多元社会中，领袖需要依赖人们的广泛支持，这种支持通过选举和利益集团的政治参与来体现，当利益集团较为强大，能够使个人不受煽动蛊惑时，社会就能保持稳定。"[7] 利益集团作为"政府及其中的关键性齿轮"，在决策过程中发挥着重要作用，它可以将各种利益需求及时传达给政府决策层。

（二）利益集团的生存空间

美国是利益集团非常兴盛的国家，正如法国著名学者托克维尔所说，"美国

---

① ［英］戴维·米勒、弗农·波格丹诺编，邓正来译：《布莱克维尔政治学百科全书》，北京：中国政法大学出版社，1992 年，第 362 页。

② ［美］希尔斯曼著，曹大鹏译：《美国是如何治理的》，北京：商务印书馆，1986 年，第 89 页。

③ ［英］亚当·库珀、杰西卡·库珀编：《社会科学百科全书》，上海：上海译文出版社，1989 年，第 373 页。

④ Norman J. Ornstein and Shirley Elder, *Interest Groups, Lobbying and Policymaking*, Washington, D. C.: C. Q. Press, 1978, p. 248.

⑤ Jonathan Rauch, *Demosclerosis: The Silent Killer of American Government*, New York: Times Books, 1994, p. 39.

⑥ Kevin Phillips, *Arrogant Capital*, Boston: Back Bay/Little Brown, 1995, p. 43.

⑦ 谭融：《美国利益集团政治研究》，北京：中国社会科学出版社，2002 年，第 28 页。

是世界上最便于组党结社和把这一强大行动手段用于多种多样目的的国家”[①]。人们因为多元文化下的利益分歧和冲突形成对政治、经济及社会问题的不同立场和观点，组成不同的利益团体。美国的政治制度为利益集团提供了生存的空间。

首先，美国宪法赋予利益集团存在的法理空间。各利益集团在宪法庇护下，通过向政府和社会请愿、施压达到利益诉求。美国宪法第一修正案规定：“国会不得制定关于下列事项的法律：确立国教或禁止宗教活动自由、剥夺言论或出版自由、剥夺人民和平集会和向政府请愿申冤的权利。”[②] 该修正案是利益集团得以合法存在和开展活动的宪法依据。此外，宪法还赋予政府许多权利，如与企业相关联的决策等由国家政府、地方政府和州政府做出，这客观上为利益集团展开利益游说提供了条件。

其次，美国的政治制度为利益集团提供了生存的空间。美国在建国之初就创立了一套联邦制和三权分立的政府权力结构。在中央，立法、行政、司法互相制衡；在地方，联邦和州分权，各级地方政府实行小规模的三权分立，“美国的政治体系具有很大程度的灵活性。……有助于根据地理条件使政府和各政党分散权力，上下各行其事”[③]。亨德里克·史密斯（Hedrick Smith）在《权力游戏》中用“浮在水面上的球”[④] 来比喻这种权力的浮动性。权力极其分散的政治制度为美国利益集团的活动及其兴旺发达创造了极为有利的政治环境，利益集团既可以向各级政府施加影响，也可以向同一级政府的立法、行政和司法部门分别施加影响。若某个利益集团在某一级或某一政府部门遭受挫折，还可以在另一级或另一政府部门取得成功。美国的政治制度在总统与国会、联邦政府与州政府、地方政府与议会之间建立和保持着一种以相互制约为基础的力量平衡，从而使美国人民拥有“由分离的机构分享权力的政府”[⑤]。而对分离应达到什么程度，宪法条文简约而又含糊其词，然而，正是分权体制本身的模糊性，为利益集团的游说活动提供了舞台，使它在政府政策制定过程中有施加影响的空间。

再次，美国的民主选举制度使利益集团的出现成为客观需要。从政府和候选人的角度看，利益集团可以为政府和候选人提供所需的资讯（如选民意见、政治信息、相关的数据及分析等）、政治支持和金钱（主要是竞选费用）。利益集团还在一定程度上为政府和候选人完成了将部分选民的偏好汇总的工作。由于中位

① ［法］托克维尔著，董果良译：《论美国的民主》（上卷），北京：商务印书馆，2002年，第213页。

② 美国宪法全文见 http：//www. senate. gov/civics/constitution_ item/constitution. htm。

③ ［美］M. J. C. 维尔著，王合等译：《美国政治》，北京：商务印书馆，1981年，第110页。

④ Hedrick Smith, *Power Games: How Washington Works*, New York: Random House, 1996, pp. 14 – 15, 转引自王勇：《试论利益集团在美国对华政策中的影响》，《美国研究》1998年第2期，第61页。

⑤ 转引自赵可金：《美国式民主与国会游说：制度空间分析》，《国际观察》2002年第5期，第53页。

选民的投票偏好很难确定，参加投票的人数也很难确定，而利益集团的存在具有一定的稳定性，其成员偏好具有一定的可预测性，所以候选人往往会对利益集团的大量要求做出反应，以取得选票的最大化。① 从选民的角度看，为选出自己满意的领导人，必须收集大量的选举信息，但每个单独的选民收集信息的成本是高昂的，如果组成利益集团，利益集团的成员可以分摊信息成本和交易成本。②

（三）利益集团的分类

美国利益集团繁多，其种类、动机、会员数量和性质、存在时间长短、直接卷入政治的程度、资本的大小及其活动水平和范围等都存在很大的差异。据此，一般将利益集团分为四种类型：

第一类是寻求成员经济利益或物质利益的集团，它在各类利益集团中是最为重要和突出的一类，如工商企业利益集团、工会、农场主利益集团、专业人员协会，其中如美国商会、洛克菲勒石油、劳联—产联等都非常出名。

第二类是寻求成员政治、社会权益的集团，有时也称种族、民族、宗教等政治利益集团，其目的在于争取成员的政治权力，改善成员的社会地位，同时致力于改善成员的经济状况，如全国有色人种协进会、美国印第安人运动、种族平等大会等。同时，由于种族、民族、宗教等问题的跨国界性，该类集团还与国外有着千丝万缕的联系，从而使此类集团也广泛涉及美国对外政策的制定，如美国犹太人委员会等。本书探讨的美籍华人亦属此类利益集团。此类利益集团中以非洲裔人利益集团和犹太人利益集团的影响力最大。

第三类是公共利益集团，它包括两类：一类是那些游说所争取的利益“不是为其成员和组织行为者的局部利益和物质利益，而是有利于全社会公众”的组织，③ 如环保组织、消费者利益组织、和平组织等，其中以“共同事业”最著名；另一类是宗教和慈善组织，其存在往往基于某种信仰，表达许多公民在过去未曾得到充分表达的价值观和关怀④，道德多数派、全国基督教会理事会、希伯来公会联合会等属于此类。

第四类是寻求其他目的的利益集团，它可以是寻求某一时段利益，也可以是某一单一问题的利益集团，如外交国防利益集团等。由于很多公司、组织、个人的自身利益与美国的对外政策息息相关，因此美国存在着很多以影响美国对外政

① 樊勇明、杜莉编著：《公共经济学》，上海：复旦大学出版社，2001 年，第 94 页。

② 樊勇明、杜莉编著：《公共经济学》，上海：复旦大学出版社，2001 年，第 94 页。

③ Jeffery M. Berry, *Lobbying for the People*, Princeton: Princeton University Press, 1977, p. 7.

④ ［美］艾伦·D. 赫茨克著，徐以骅、黄凯、吴志浩译，徐以骅校：《在华盛顿代表上帝》，上海：上海人民出版社，2003 年，第 12 页。

策、国防政策为目的的利益集团，如海军同盟、空军协会、美国安全理事会等与军火商联系紧密的军事组织，以及对外关系委员会、三边委员会等外交类组织。

（四）利益集团具有影响力的原因

利益集团对美国现实政治和政府的内外政策都有重大的影响，特别是在冷战结束后，由于外交涉及的领域越来越宽，国内政策和国际政策的界限越来越模糊，美国的国内政治呈现出日益外化为国际政治的趋势，导致利益集团在美国外交决策中的影响进一步扩大。利益集团在美国政治中之所以占据如此重要的地位，主要有以下三个原因：第一，美国政治中的阶级影响力微弱，由于不受阶级或意识形态的拘束，美国的选民易于对他们所在的利益集团的政治争议做出积极的反应；第二，政党的不断弱化消除了利益集团获取权力的障碍，候选人发现利益集团比政党组织更能提供组织支持和竞选帮助；第三，美国的三权分立给利益集团的蓬勃发展提供了沃土，由于总统和国会委员会等组织机构间的责任分担，利益集团得以趁机渗透到整个政府结构中，在国会委员会的议员支配某一利益集团时，情况更是如此。[①] 利益集团影响美国政府决策的合法手段可归纳为以下五种：直接游说、法院诉讼、间接游说、影响选举、抗议示威，它们同样适用于利益集团影响美国的内外决策。[②]

利益集团对决策有着重要影响，也因而引起争议。对此，乔纳森·罗奇在其著作《美国政府的无声杀手》中指出："过去 30 年利益集团和游说的散布及其职业化，代表着美国社会结构深刻而根本的改变……事实是，无一例外地，所有利益集团都声称为某些更大的利益服务，而且几乎所有人都相信这一点。同样没有例外的是，几乎所有利益集团都在以非议员的利益为代价来满足某些议员的要求。每条法律、规则、补贴和项目都在制造失败者和胜利者，无论你是否以为正义得到了维持，都取决于谁为账单付费。"[③]

在外交和国家安全领域，美国不仅受到国内利益集团的影响，还受到国外利益集团和外国政府的影响。各国驻华盛顿大使馆的重要职能之一就是游说美国政府和国会，广泛接触美国各界人士，争取同情和支持。许多国家和外国利益集团还在美国雇佣公关公司或游说代表为其服务，就与他们相关的重大问题施加影响。近年来，台湾当局在美国影响力上升的一个重要原因就是其不惜将重金花在美国国会和民间的游说与公关上。

---

① 王传兴：《利益集团与美国的外交决策》，《国际观察》2000 年第 4 期。

② 李道揆：《美国政府和美国政治》（上册），北京：商务印书馆，1999 年，第 301 ~ 310 页。

③ K. B. Rai, David F. Walsh and Paul J. Best, *America in the 21st Century: Challenges and Opportunities in Domestic Politics*, Upper Saddle River: Prentice-Hall, Inc., 1998, p. 238.

需要特别指出的是，种族利益集团是利益集团的一种，有关美国少数族裔影响美国对外政策的研究一般将少数族裔群体纳入利益集团范畴，本书的研究对象——美籍华人是美国少数族裔群体之一，其对美国对华政策的影响属于利益集团影响美国对外政策的范畴。

二、利益集团与美国对华政策

利益集团“对美国的现实政治和政府的内外政策都有重大的影响”①，与政党一起被视为“第二圈的政策制定者”。利益集团在对美国内政外交产生重大影响的同时，也对美国对华政策产生影响，冷战后美中关系的波动和美国对华决策过程中都可以看到利益集团的影子。罗伯特·苏特尔的研究证明，利益集团在美国对华政策中正在发挥越来越大的作用。②

（一）利益集团对美国对华政策影响日益增大的原因

利益集团在美国对华政策中影响增大的原因包括利益集团所在的美国自身的状况以及中国自身的环境两个方面。

（1）从美国自身的状况看，利益集团是随着美国国会在对华政策中的影响的壮大而壮大的。这个层面的原因属于体制性原因。冷战结束后至今，美国在对华政策上，缺乏连贯而一致的政策。美国国内在对华态度上也一直存在“接触”或“遏制”的分歧。从克林顿对老布什在中国政策上的更改到小布什对克林顿对华政策的变化，再到奥巴马对小布什对华政策的改革，都反映出美国对华政策没有形成一种确定的方向，对中国未来的发展仍存有深深的不确定性。与此相对应，决策者主导对华决策的决心和能力受到很大牵制。在这种情况下，各种利益集团纷纷通过影响公众舆论、政策分析等不同途径对美国的对华政策施加影响。在这方面，利益集团对国会的影响要远远大于其对行政部门的影响，使对华政策的制定有利于利益集团。除体制性原因外，美国利益集团在对华政策中影响增大的另一个原因是现实需求。美中两国在世界舞台上日益发挥愈来愈重要的作用，两国间相互依赖的需求也在增大。在此过程中，依赖不仅有协调与合作，也存在着竞争和摩擦。在这种状况下，涉及的利益集团更为广泛，从而使其在中美双边关系中产生影响的领域也在增加。如在对华政策上，利益集团的分歧不仅存在于

---

① 李道揆：《美国政府和美国政治》（上册），北京：商务印书馆，1999年，第27页。

② 参见 Robert G. Sutter, *U. S. Policy toward China: An Introduction to the Role of Interest Group*, Lanham: Rowman & Littlefield, 1996.

异质集团（如商贸型与军工型之间、人权性质和经贸性质之间）中，还存在于同质集团（如同属经贸性质利益集团中的贸易集团和生产企业集团）之间。

（2）从中国自身的环境看，由于中国作为社会主义国家的特殊性，美国国内一些利益集团力图利用对华关系问题来实现各自的目标。中国经济的迅速发展，中美贸易逆差逐年拉大，美国的一些劳工组织和利益集团把美国国内的一些经济问题如经济赤字、失业增加等的原因归结在中国身上，从而对美国政府施加压力，要求采取贸易保护主义政策。此外，一些人权组织也将主要矛头对准中国，以争取更多的支持者，拓展自身的影响，并试图影响美国的对外政策。如美国国内反对堕胎极右势力将国内的政治斗争延伸到对华政策上来，攻击中国的计划生育政策。而那些热衷于防止武器扩散的利益集团也将矛头指向中国，以此来呼吁人们对军控的注意。

（二）利益集团影响美国对华政策的层面

利益集团对美国对华政策的影响主要表现在政治层面和经济层面。政治层面以人权为重点。人权是美国对外政策意识形态目标的集中体现，冷战后人权因素在美国外交中的地位呈上升趋势，苏联解体使美国具备了推行这一价值观的更为有利的条件。许多利益集团以人权为议题，对公众舆论产生很大影响，并对美国政府的人权政策产生巨大压力。各种人权组织、劳工组织、环境保护组织、右翼宗教团体和支持“藏独”、“台独”的利益集团等构成反华力量，为实现其特殊利益，极力煽动美国公众对中国的反感和敌意。他们极力宣传中国的负面形象，不断对中美关系进行干扰和破坏，甚至诋毁中国的人权状况，阻碍中国获得国际金融援助等。这些活动对美国国会对华负面立场的形成有着重要影响。除人权议题的利益集团外，还有一些以商业利益为主导的利益集团，如美国工商业、进出口业、农业和零售业组织等，主张与中国接触，采取更为温和的对华政策。这类利益集团与要求对华施压的以人权、劳工、极右宗教势力和军控组织为主体的利益集团，经常就中国问题展开拉锯战。比如，围绕中国最惠国待遇问题，双方都投入了大量人力、物力，通过各种手段游说美国行政部门和国会。

而在美中经贸关系问题上，支持发展双边关系的主要利益集团包括商业集团、运输工业、通信工业和金融集团等。对中国与美国经贸关系持消极态度的则有人权组织、环保组织、宗教团体和工会等。① 具体来说，与对华政策较为密切

---

① Steven W. Hook, “Sino-American Trade Relations: Privatizing Foreign Policy”, in Ralph G. Garter, ed., *Contemporary Cases in U.S. Foreign Policy: From Terrorism to Trade*, Washington, D.C.: C.Q. Press, 2005, pp. 303 – 329.

的有代表性的利益集团和组织主要有：①劳联—产联（AFL - CIO）。该组织包括86个工会，代表着近3/4参加工会的工人，对中国的人权状况和劳工政策持批评态度，主张对中国出口美国的产品实行限制和其他贸易保护政策。②大赦国际（Amnesty International）。该组织在华盛顿、旧金山、芝加哥等许多城市设有分支，在美国相当活跃。该组织要求中国认真履行国际人权公约，反对死刑和强制性的计划生育政策。③亚洲基金会（Asia Foundation）。它组织和资助美国与亚洲的交流和研究项目，重点是与中国的交流。④美中关系全国委员会（National Committee for the United States - China Relations）。该组织致力于促进美中关系的教育、交流和政策研究。⑤美国制造商协会（National Association of Manufacturers）。其成员分两种情况：在中国的投资迅速增长的成员，对中国市场十分重视；一些传统产业的成员则对美国传统产业的衰落和制造业向海外的转移深表担忧。⑥美国商会（Chamber of Commerce）。该组织大力支持广泛深入地发展美国与中国的经贸，对美中关系的全面发展持积极的态度。在对华态度上，利益集团分为对华温和与对华敌视两个派别。

表1－2　美国主要对华利益集团分类简表

	经济类		意识形态类	公共利益类
	经贸类	劳工类		
常见利益集团	香港美国商会、美国国际协会、美中贸易全国委员会、玩具商协会、北美贸易出口商协会	劳联—产联、全国成衣及纺织品协会、全国卡车司机联合会	台湾人公共事务会、美国保守派联合会、自由之家、民主精神联合会、人权观察	环保组织、动物保护组织、知识产权保护组织等
对中美关系发展的影响	正面影响居多	正面影响居多	阻碍、延迟中美关系发展	负面影响居多

利益集团对美国对华政策的影响具有局限性。冷战结束后，利益集团在对华政策方面的影响呈扩大趋势，但利益集团毕竟不是决策核心，它主要通过游说等手段间接地影响美国的对华政策，其实际影响力不仅取决于它们之间反复较量的结果，而且受制于国内外政治态势的发展，尤其是国际政治环境。冷战结束初期，中美战略关系的削弱使反对发展对华关系的利益集团的影响力上升，但随着中国的发展及中国实力的增强、中国对美国的重要性的上升，上述影响始终被控制在一定范围内。出于国家利益考虑，美国政府不得不在迎合一些利益集团的同

时，做一些客观和善意的调整，在国内政治和国际需要之间维持一定的平衡。因此，对利益集团的影响既不能忽视，也不能过分夸大。一方面，利益集团中有推动中美关系发展的积极因素，但其作用有限；另一方面，利益集团也对中美关系产生消极和负面影响，这种影响同样不能过分夸大。另外，由于美国利益集团的利益追求是多元的，其对华立场也并非固定不变，随着形势的变化和利益目标的转换，利益集团对美国政府对华政策施加影响的立场也会变化。

第二章　族裔群体对美国对外政策的参与

第一节　美国的多元文化主义与多元文化外交政策

一、美国的多元文化主义

美国的多元文化主义①直接起源于20世纪六七十年代的民权运动，它从美国传统的民主平等价值观念出发，反对将白人文化定为一尊，要求尊重并平等对待少数族裔群体及其文化，容许它们保留自己的民族文化认同，并有权提出自己的政治和社会诉求。② 反映在美国外交政策上，多元文化主义要求改变欧洲裔美国人在美国外交事务决策中一统天下的局面，重新界定冷战后美国的国家利益，增强少数族裔群体在涉及其祖籍国事务的外交政策制定过程中的特别权利等。③

美国是世界上最典型的移民国家。在19世纪90年代美国西部开发结束前，美国的移民主要来自西欧和北欧；西部开发结束后至20世纪30年代，美国的移民主要来自东南欧和南欧的斯拉夫民族；“二战”后，特别是20世纪60年代以来，亚洲和拉丁美洲成为美国新移民的主要来源地，其中又以中国、日本、东南亚地区、墨西哥和古巴的移民为主。1965年美国新移民法通过后，早期向美国输送大量移民的欧洲被亚洲、拉丁美洲所替代。据统计，1960—1990年的三十年间，共有1 600万新移民抵达美国，其中墨西哥人400万，中南美及加勒比海

---

① 有关美国多元文化主义的研究请参阅王希：《多元文化主义的起源、实践与局限性》，《美国研究》2000年第2期；沈宗美：《对美国主流文化的挑战》，《美国研究》1992年第3期；朱世达：《多元文化主义》，朱世达主编：《当代美国文化与社会》，北京：中国社会科学出版社，2000年，第165~188页；余志森、包秋：《浅论美国多元文化主义》，《华东师范大学学报》（哲学社会科学版）1995年第6期；王恩铭：《也谈美国多元文化主义》，《国际观察》2005年第4期。

② 王希：《多元文化主义的起源、实践与局限性》，《美国研究》2000年第2期。

③ Tony Smith, *Foreign Attachments: The Power of Ethnic Groups in the Making of American Foreign Policy*, Cambridge: Harvard University Press, pp. 43－44.

人400万，亚洲人600万。[①] 尽管欧洲移民，尤其是盎格鲁—撒克逊人在美国长期占据主导地位，但是新移民也在不断地改变美国的种族构成，这必然对美国社会产生深刻的影响，导致文化和外交政策的变化。1960年美国人口的85%是白人，但有预测称到2060年，白人人口将只占43%。美国大选中白人选民在选民总人数中的比例已经连续六次下降，2012年美国大选时白人只占选民总数的72%，并将以每次大选减少2%的比例递减。

美国作为移民国家，民族、种族的多样性非常明显，移民的“多源性”决定了美国文化的多元性。长期以来，美国的文化和权力精英把美国描绘成一个“大熔炉”，即美国的人口组成虽然包括了来自世界各地的移民，但美国的政治制度和生活方式却能够使新来的移民脱胎换骨，汇入所谓的“主流社会”。然而，“大熔炉”的构成要素中，盎格鲁—撒克逊人占绝大多数，所以，“大熔炉”冶炼出来的“成品”，大多带有鲜明的WASP印记。[②] 因此，以WASP为主导的社会强势群体，不仅乐此不疲地用“大熔炉”来比喻美国的国民性，而且还精心制订“冶炼”计划，让亚文化群体在“大熔炉”里彻底“熔化”，这也就是所谓的“美国化”计划。尽管人们对“大熔炉”的一元文化主义的做法不以为然，但直到20世纪60年代，“大熔炉”之说才在民权运动、女权运动和其他社会运动的冲击下受到真正的严峻挑战。[③] 取而代之的是“文化多元主义”（Cultural Pluralism），“一种弘扬少数民族文化、捍卫少数民族利益的民族理论”[④]。与此相对应，“色拉大拼盘”（salad bowl）取代“大熔炉”，成为概括美国国民性的形象比喻。根据这一比喻，美国这个“色拉大拼盘”里，各民族和各族裔群体像色拉拼盘里的各个组成部分一样，保持各自的文化特色，但同时又通过独特的“调拌”（blending），拼合成一道完整的“色拉菜”。[⑤] 代表文化多样性的“色拉大拼盘”显然比代表文化单一性的“大熔炉”更为客观地描述了美利坚民族的构成，也更加接近美国民族构成的本质。然而，仅仅指出文化的多样性是不够的，因为除了承认不同文化的和平共处外，还必须反对任何文化群体以任何借口凌驾于其他文化群体之上，即文化之间有差异，但互相之间的地位和关系是平等

---

① 转引自余志森、包秋：《浅论美国多元文化主义》，《华东师范大学学报》（哲学社会科学版）1995年第6期，第11页。

② 余万里：《美国面临认同危机》，《环球时报》，2004年9月17日。

③ Arthur M. Schlesinger Jr., *The Disuniting of America*, New York: W. W. Norton, 1998, pp. 112－114.

④ 李小兵等：《美国华人：从历史到现实》，成都：四川人民出版社，2003年，第96～97页。

⑤ C. W. Watson, *Multiculturalism*, Buckingham: Open University Press, 2000, p. 4.

的，这就进一步要求重新定义美国的国民性，抛弃一元文化价值观。[①] 在这种背景下，多元社会在美国逐渐形成，冲击着美国社会的各个层面，也影响了美国的外交政策。

二、美国的多元文化外交政策

多元文化主义的逐渐形成和少数族裔群体经济、社会地位的提升，使少数族裔群体在祖籍国与美国关系中的作用也随之变化。冷战结束后，美国乃至整个西方世界没有了共同而明确的敌人，加之全球化的快速发展，国际政治中的意识形态因素趋于隐蔽和淡化，身份认同政治在国际政治中的作用却愈发彰显，其作用机制也逐渐形成。

美国少数族裔作为一个重要的利益集团进入美国外交决策领域主要始于 20 世纪 60 年代末 70 年代初。冷战结束后，这一情况不仅没有改变，反而有加强的趋势。冷战的结束具有划时代的意义：一方面，冷战期间因为紧张的对峙格局而被抑制的苏联和东欧国家之间的各种民族、种族和宗教矛盾在冷战格局崩溃后充分释放，导致了苏联和东欧国家的地区混乱；另一方面，冷战的结束也使美国失去了明确的敌人，国家利益的重新界定出现了模糊和争议，美国外交政策的一致性面临崩溃。有数字表明，1964 年，60% 的美国人基本上无条件地支持自己政府的外交，1993 年持这种态度的人下降到 10% 。[②]

随着少数精英对美国外交垄断权的逐渐丧失，美国市民社会的发展，国际关系民主化潮流的兴起，以及信息时代社会划分细化和小团体归属感的加强[③]，美国的各少数族裔群体纷纷打着国家利益的旗号，通过各种途径对美国外交政策施加影响，使之朝有利于祖籍国或民族的方向发展。一些美国学者把冷战后这种

① 文化多元主义只是描述不同民族和不同文化共处的情况或共处的原则，而没有明确不同民族和不同文化之间的从属关系。多元文化主义（Multiculturalism）不仅指不同民族、不同文化的共存，而且强调不同民族和不同文化的平等地位，这个词本身就是一种价值观的表述，宣称人类社会中的不同文化群体在公共领域里是相互平等的，不存在一种文化优于另一种文化的情况。也就是说，一个社会也许实行着文化多元主义，但这并不意味着多元文化主义已是该社会的主导思想，更不意味着多元文化主义已成为一种现实存在。甄别两者的试金石是，不同文化群体和他们所代表的不同文化是否处于平等的地位及享受平等的权利。总之，作为一种社会政治理论，多元文化主义希望通过提高社会弱势文化群体的政治、经济和文化地位来确立各社会文化群体在社会权力结构中的平等权利。参见王恩铭：《也谈美国多元文化主义》，《国际观察》2005 年第 4 期。

② 邓鹏、李小兵、刘国力：《剪不断理还乱——美国外交与美中关系》，北京：中国社会科学出版社，2000 年，第 131 页。

③ 王缉思主编：《高处不胜寒——冷战后美国的全球战略和世界地位》，北京：世界知识出版社，1999 年，第 127 页。

“缺乏全局性、连贯性和一致性”的美国外交政策称为“多元文化外交政策”(Multicultural Foreign Policy)，认为这一时期美国政府为了迎合选民而使美国外交政策受到美国国内少数族裔群体的诸多影响。① 多元文化外交政策是多元文化主义在美国外交政策上的反映，由于美国少数族裔群体对美国外交政策影响力的不断增强，美国的外交政策已经越来越呈现出多元文化的特征。② 早在 1975 年，美国学者内森·格雷兹就指出，“美国少数族裔的影响已成为外交决策中唯一的最重要的决定性因素”③。更有学者指出：“在一个多元文化主义的时代，美国官方不再强制要求它的成员进行文化上的同化，少数族裔的精英们也不再担心因为鼓励他们的选民们认同祖籍国文化而受到‘不忠’的指责。此外，美国政治制度对族裔政治的开放，允许许多新近组织起来的族裔群体在美国外交政策上发出他们的声音，特别是在有关他们祖籍国的问题方面，更是如此。”④

1995 年，以色列特拉维夫大学政治学教授约赛·西恩在美国《外交政策》杂志上发表了《多元文化外交政策》（Multicultural Foreign Policy）一文，认为“移民融入到盎格鲁—撒克逊清教文化中去的‘熔炉’观已经被多元的观念所取代，这种多元观承认族裔是美国生活的一部分，从而不再要求移民成为美国人就必须放弃他们的民族认同、语言或者割断与其祖籍国的联系”⑤。美国前总统克林顿的特别助理和撰稿人、现任美国《华盛顿月刊》总编的保罗·格拉斯特利斯（Paul Glastris）在 1997 年 7 月 12 日的《美国新闻与世界报道》上发表了《华盛顿的多元文化外交政策》(Multicultural Foreign Policy in Washington）一文，认为族裔群体影响美国外交政策贯穿于美国历史的始终，并通过一些具体的事实指出，“族裔群体试图影响美国外交政策的努力现在已经达到了一个全盛时期”⑥。塞司尔·科拉布等编著的《国会与外交政策过程》对犹太裔美国人和希腊裔美国人分别在中东问题和塞浦路斯问题上表现出的巨大政治影响力进行了分析，认为他们在外交政策上所追求的政策目标得以实现的一个重要原因就是它们

① Yossi Shain, “Multicultural Foreign Policy”, *Foreign Policy*, Issue 100, 1995, p. 69.

② 朱全红：《美国多元文化外交政策及其历史演变研究》，华东师范大学博士学位论文，2004 年，第 3 页。

③ Nathan Glazer and Daniel P. Moynihan, *Ethnicity: Theory and Experience*, Cambridge: Harvard University Press, 1975, pp. 23 – 24.

④ Yossi Shain, “Ethnic Diasporas and U. S. Foreign Policy”, *Political Science Quarterly*, Vol. 109, Issue 5, 1994, p. 811.

⑤ Yossi Shain, “Multicultural Foreign Policy”, *Foreign Policy*, Issue 100, 1995, p. 69.

⑥ Paul Glastris, “Multicultural Foreign Policy in Washington”, *U. S. News & World Report*, Vol. 123, Issue 3, 1997.

在美国没有一个相应的与之匹敌的族裔群体来削弱它们的影响力①。约翰·斯奈辛格尔则在亚历山大·迪孔德主编的《美国外交政策百科全书》中以“种族与族裔”为题，从历史上移民的情况和美国的移民政策变化等对美国族裔群体参与美国外交政策的原因、现状进行分析，认为美国人口结构的变化会使族裔群体在21世纪对美国外交政策中产生比以往任何时候都更加强大的影响。这些研究也从另一个侧面反映了美国多元文化外交政策的现实。

美国的多元文化外交政策在美国引发广泛争议。美国的保守主义者和外交政策精英们对美国的多元文化外交政策持强烈批评的态度，一些西方本位主义者更是为此忧心忡忡，为日益多元化的身份意识变得愈加敏感和不安。② 他们批评少数族裔群体对美国对外政策的参与使美国外交政策的决策过程变得十分复杂。近年来，有关美国犹太人对美国中东政策的影响更成为美国各界争议的热门话题③。由于美国移民国家的特性，它比任何国家都更需要一个“外部敌人”来保持内部的凝聚力。美国的外部敌人最早是“霸道”的英国，随后是“堕落”的欧洲，冷战期间是“邪恶”的共产主义世界。20世纪90年代，随着苏联解体和东欧阵营的瓦解，美国人在欢呼之余却出现了一种滑稽的“失落”感。因此，反对者认为，美国社会和文化的多元化不仅不利于美国国内凝聚力的增加，反而将导致美国文化、价值观的相应调整和国家利益的重新界定，政治理念和外交思想也随之受到冲击，国家利益的共识更加难以形成。“由于美国政府企图兼顾所有族裔群体的感情和意见，美国的国家利益将受到威胁”，“美国外交政策已经成为不同利益集团讨好的大拼盘”。④

多元文化主义的支持者则对少数族裔群体参与美国对外事务持赞成态度。他们认为，美国社会的多元化趋势是正常的现象，族裔群体对美国外交政策的兴趣和参与也是水到渠成的事，并认为这是美国民主制度的一大成功；族裔群体对美国对外政策的参与虽然给美国的传统外交政策带来挑战，但也带来新的机遇；族裔群体对美国对外政策的参与只是重新解释美国的国家利益，不仅有助于传播美国的民主精神，也有助于增进美国与其他国家的了解，如果能因此而促进和平、减少冲突，不仅完全符合美国的利益，也是世界和平与进步的福音。

---

① Cecil V. Crabb, Jr., et al. *Congress and the Foreign Policy Process*, Baton Rouge: Louisiana State University Press, 2000, p. 146.

② 参见［美］塞缪尔·亨廷顿著，程克雄译：《我们是谁？——美国国家特性面临的挑战》，北京：新华出版社，2005年。

③ 有关美国犹太族裔群体影响美国中东政策的研究请参阅 John Mearsheimear and Stephen Walt, “The Israel Lobby and U. S. Foreign Policy”, *Middle East Policy*, Vol. 13, No. 3, 2006, pp. 29 - 63；孙晓玲：《犹太利益集团与美国中东外交政策（1967—1984）》，复旦大学博士学位论文，2005年。

④ Schlesinger, “Fragmentation and Hubris”, *The National Interest*, Fall, 1997, pp. 3 - 9.

自从美国1965年通过新的移民法后，美国移民的来源和结构都发生了很大变化。有鉴于此，笔者认为，随着美国人口结构的进一步发展变化，族裔群体参与美国对外政策是一种趋势，美国应对这一状况加以研究，妥善应对，一味的批评并不明智。

第二节 美国族裔群体的双重文化认同

美国是个移民国家，来自世界各地的移民来到美国的同时，也带来了不同的文化，保持着对祖籍民族和文化的认同。美国历史学教授斯奈辛格尔指出，“移民（许多情况下还包括他们的后裔）保持了对他们祖籍民族的忠诚。在几个世纪的时间里，一个接一个的移民潮将数不清的族裔群体、成千上万的移民带到美国，并将他们对祖籍民族的认同一代代地传至今天。这些少数族裔群体，如意大利裔美国人、犹太裔美国人和波兰裔美国人，在对美国热烈地表示新的忠诚的同时，仍然紧紧地抓住他们过去的亲情纽带，这一现象过去一直存在，而且现在依然十分普遍”[①]。美国族裔群体的双重文化认同无论在国内政治、经济和文化教育，还是在涉及祖籍国的对外事务上都普遍存在。现实表明，那些有着重要影响力的少数族群也正是那些在多元文化的美国社会中保持着强烈文化认同的族群，正如美国密西西比州立大学政治学副教授阿拉里（Mohammed E. Ahrari）所指出的，“在美国，一个族裔群体的影响力取决于它的那种‘自相矛盾的能力’，即实现同化、融入美国文化，同时又保持足够的族裔认同……”[②] 也正是因为如此，美国社会对美国认同的内涵也已经从最早的盎格鲁—撒克逊文化发展到现在的“后多元文化主义”理念，[③] 即既保持传统的美国信条作为美国认同的基础，也承认美国各民族、种族群体之间的文化差异。

一、产生和保持双重文化认同的原因

族裔群体产生和保持双重文化认同的原因主要有以下四个方面：

---

① John Snetsinger, “Race and Ethnicity”, in Alexander De Conde, ed., *Encyclopedia of American Foreign Policy*, New York: Charles Scribner's Sons, 2002, p. 289.

② Mohammed E. Ahrari, ed., *Ethnic Groups and U. S. Foreign Policy*, New York: Greenwood Publishing Group, Inc., 1987, p. 16.

③ Desmond King, *The Liberty of Strangers: Making the American Nation*, Oxford: Oxford University Press, 2005, pp. 167 - 176.

第一，生存的需要。对许多初到美国的移民来说，获得有着共同语言、文化的族群的帮助是他们在美国立足的第一步。来自世界各地的人们聚族而居，在美国形成了一个个“国中之国”，如“小意大利”（Little Italies）、“小波兰”（Little Polands）、“犹太人区”（Jewish Ghettos）、“唐人街”（China Town）等；同时，在族群内部建立各种族裔组织，如希伯来移民助济社、中华会馆、波兰人全国委员会、爱尔兰人联合会等。这些族裔社区和组织互相救济，客观上起着凝聚族裔成员、保持本民族文化认同的作用。邓蜀生在研究美国犹太人的同化进程时指出：“初来乍到的正统派犹太移民，更多地受到老派犹太移民组织的照顾，并在他们中间挑选和训练会说英语的正统派犹太教士，来吸引和团结源源不断的东欧犹太移民。”①

第二，种族歧视和排外主义是族裔群体保持双重文化认同的最直接原因。②由于种族主义和排外主义的影响，移民在就业和教育等方面受到歧视，只能聚族而居，依靠族群救济相互帮助并发展族群经济来立足生存。格尔森（Louis L. Gerson）在分析移民对祖籍民族认同产生的原因时非常精辟地指出：“移民的民族主义产生的根源不仅在于他们对祖籍国的情感（这种情感在他们移民美国时往往是不存在的），而更多的可能是产生于那些拥挤不堪的贫民窟中，因为在那里，孤独、贫困、偏见以及本土主义者和其他族裔群体对他们经常性的攻击使他们培育了群体意识。”③ 如早期到美国淘金的华裔劳工所遭受的歧视不仅来自占据社会统治地位的盎格鲁—撒克逊群体，更多的还来自像爱尔兰裔等这些自身同样受到歧视和排斥的白人少数族群。

第三，对祖籍民族与文化认同所带来的满足感是移民融入美国社会过程中不可缺少的心理需要。正如肖斐尔（Richard T. Schaefer）所指出的，“族裔群体不仅给予它的成员所需要的经济帮助，同时也为他们提供了在更大的社会中与他人竞争所需的心理力量和积极的自尊。这就是为什么我们可以看到人们在积极投身到族裔群体之中的同时努力跨过族际之间的桥梁跻身更广阔的社会之中的现象”，因此，他认为“保持族裔群体认同可能是成功同化过程中最关键的一步”。④

第四，祖籍国政府对美国同族裔群体的支持和鼓励是族裔群体保持文化认同的一个重要因素，并越来越受到人们的重视。随着美国社会的不断发展和繁荣以

① 邓蜀生：《美国犹太人同化进程初探》，《世界历史》1989 年第 2 期，第 30 页。

② 朱全红：《论美国族裔群体的双重文化认同》，《学海》2006 年第 1 期。

③ Louis L. Gerson, *The Hyphenate in Recent American Politics and Diplomacy*, Lawrence: University Press of Kansas, 1964, p. 5.

④ Richard T. Schaefer, *Racial and Ethnic Groups*, Boston: Addison – Wesley Educational Publishers, Inc., 1998, p. 129.

及在国际舞台上作用的不断增强，许多美国移民及其后裔的祖籍国政府认识到他们的美国同胞对本国或民族利益的益处，非常注重保持与移民族裔群体的亲密联系，并利用移民及其后裔对祖籍国的亲情依附而采取许多措施加强与他们的文化交流，强化他们对祖籍国或民族的文化认同。许多国家的领导人到美国访问的一个重要活动就是与在美国的同族裔群体领导人或代表进行接触，“向他们各自的族裔群体直接发出爱国主义的呼吁，主动给予他们祖籍国的公民身份，鼓励他们对祖籍国给予经济和政治上的支持”①。

此外，美国开放的代议制民主体制在很大程度上也为族裔群体长期保持其文化认同提供了适宜的政治环境。

二、双重文化认同的表现

美国族裔群体的双重文化认同，在美国国内主要表现在他们对涉及本族群利益的各种政治、经济和文化事务的关注；在美国对外事务中，则主要表现在涉及其祖籍国利益的事务上。

在美国国内，移民及其后裔最关心的是争取自身的政治权利和平等地位。他们在接受美国主流文化的自由、平等和民主观念的同时，也将保持自身的文化传统和价值观念作为凝聚族群、增强政治力量的黏合剂，以群体的力量反对主流文化中种族主义的歧视与排外主义，不断争取和提高本族群的政治、社会及经济地位。历史上的德裔、爱尔兰裔和非洲裔美国人等族群的经历表明，他们若要真正获得与盎格鲁—撒克逊主流族群平等的政治权利和经济地位，无不首先要表现出他们对其祖籍文化的强烈认同，并以此为凝聚力团结一致地争取政治权利。这种以祖籍国文化认同为基础而积聚的族群力量在美国政治进程中始终呈现出不断扩大的态势。20 世纪 60 年代的民权运动是这一进程的里程碑，而 80—90 年代盛行的多元文化主义是族群双重文化认同最充分的表现，其范围已经远远超出了政治和经济领域。

在美国对外事务上，族裔群体在涉及其祖籍国的事务上日益活跃。美国研究民族与种族问题的权威学者内森·格雷兹指出：“移民是美国外交政策唯一最重要的决定因素。……外交政策也对其他的因素做出反应，但它首先会对最基本的民族因素做出反应。”② 只要美国外交政策涉及某一族群的祖籍国或具有象征意

① Yossi Shain, “Ethnic Diasporas and U. S. Foreign Policy”, *Political Science Quarterly*, Vol. 109, Issue 5, 1994.

② Nathan Glazer and Daniel P. Moynihan, *Ethnicity: Theory and Experience*, Cambridge: Harvard University Press, 1975, p. 23.

义的祖籍民族，这个族裔群体便会迅速做出反应，并通过各种途径试图影响美国外交政策的制定过程，追求有利于祖籍国或民族的政策目标。族裔群体对涉及祖籍国事务的外交政策比美国社会中的其他利益集团反应得更敏感，这也是族裔群体与美国其他利益集团的重要区别。

祖籍国或民族的生死存亡和同胞的安危，是最容易激起族裔群体民族意识的因素，几乎任何移民群体都不例外。它是族裔群体对祖籍民族最基本的情感，也是美国外交政策中族裔群体所关注的经久不衰的主题。在美国对外事务中最活跃的少数族群往往是祖籍国或民族受到外来入侵或者与邻国有着各种民族矛盾和冲突的族群。如老移民中的爱尔兰裔美国人长期高度关注爱尔兰的民族解放事业，为了使爱尔兰从英国的殖民统治中解放出来，他们利用各种手段积极推动美国实施敌视英国的外交政策，在美国的外交史上留下了许多反对英国的印记。在新移民中，犹太裔美国人在20世纪尤其突出，自以色列建国以来，以色列的安危福祉是他们关注的唯一核心民族问题，几乎美国有关中东问题的一切都渗透着他们的影响；而波兰在经历外国长期占领和分裂之后能够在第一次世界大战后重新独立，波兰裔美国人在美国所做的贡献举足轻重。冷战结束以后，在新兴的少数族群中，亚美尼亚裔美国人在亚美尼亚与阿塞拜疆的民族冲突中表现出来的政治影响力，也充分说明了族裔群体与祖籍国的血肉亲情。美国的外交政策在不同的时期，特别是20世纪美国在全球政治舞台上发挥重要作用以来，反映了世界各地区不同的民族冲突与矛盾，其实就是世界多元文化社会民族关系的缩影。

冷战后，祖籍国的经济发展和民族福祉已经成为族裔群体在美国对外政策上关注的首要问题。“移民离开祖籍国时的经济、政治和文化状况对于他们在美国政治生活中的融入程度有着重要的影响；祖籍国的经济窘境和政治灾难难以轻易地从记忆中抹掉。对祖籍国或民族的政治和经济福祉越是怀着一颗强烈的同情心，就越是对它的国内和国际政治状况抱着深深的感情依附。”① 祖籍国或民族的经济和政治状况越差，在美国的同族群往往就越积极地参与在美国的各种政治活动，越多地关注涉及祖籍国的外交政策。

第二次世界大战之前，在美国的政治生活中比较活跃、对美国外交政策十分关注的一般都是来自西欧的“老移民”；而“二战”后西欧各国被纳入美国的势力保护范围，经济蓬勃发展，因此除了爱尔兰裔美国人还时常对北爱尔兰问题表示关注外，其他族裔群体基本上被认为已经“同化”，在美国外交政策上不再经常见到他们特别的表现。只有那些来自较为贫穷落后的发展中国家的“新移民”

---

① Louis L. Gerson, *The Hyphenate in Recent American Politics and Diplomacy*, Lawrence: University Press of Kansas, 1964, p. 8.

才在“二战”后开始活跃起来，关注祖籍国的经济发展和民族的兴盛。尤其是在冷战之后，他们在美国外交政策上时常有不俗的表现，突出的例子如在北约东扩问题上东欧国家和苏联的族群所表现出来的热情，华人族群在美国给予中国永久最惠国贸易待遇上所表现出的民族意识，以及墨西哥裔美国人在北美自由贸易协定上所发挥的重要作用。

第三节　族裔群体参与美国对外政策的资源

一般而言，美国族裔群体要想在外交领域有所作为，需要有三方面资源：一是在关键性地区的选举意愿和能力；二是对政治候选人提供资金捐助的能力；三是在关键性问题上的组织和动员能力。这些资源及能力往往与该族裔的人口规模和分布（居住地和集中程度）、经济上的成功程度、族裔的团结程度和凝聚力等因素密切相关。此外，该族裔所游说的政策目标与美国价值理念的契合程度也很关键。

具体地说，族裔群体参与美国对外政策的效果受到以下多种因素的影响：从外部因素看，有国际局势（如冷战格局）、美国与族裔群体祖籍国关系（敌对、盟友、战略伙伴等），以及美国国内政治、经济和社会文化状况等；从内部因素看，族裔群体所拥有的资源以及组织程度是关键因素。由于外部因素非族裔群体所能控制，内部因素就成了决定族裔群体实现其外交政策目标的决定性因素。本节将决定族裔群体对外交政策影响力的因素分为六个方面[①]：人口规模与分布、社会融入程度和经济地位、组织能力与政策目标、政治资源、人文资源、战略资源。

一、人口规模与分布

（一）人口规模在美国政治参与中的意义

人口规模是族裔群体参与政治的基础。美国少数族裔人口数量的增长使其在参政上朝着有利的方向发展。美国政界人士也越来越重视少数族裔选民的选票。

---

① 理论上，人口规模与分布、社会融入程度和经济地位、组织能力与政策目标三个条件都是族裔群体影响美国外交政策的必要条件，但在现实中也有一些人口很少的族裔群体因为一些特殊情况成为“关键的少数”而具有重大政治影响力。相关的研究成果参见朱全红：《资源与影响力——美国族裔群体影响美国外交政策的政治资源分析》，《外交评论》2006 年第 4 期；朱全红：《美国多元文化外交政策及其历史演变研究》，华东师范大学博士学位论文，2004 年；孙晓玲：《犹太利益集团与美国中东外交政策（1967—1984）》，复旦大学博士学位论文，2005 年。关于利益集团资源的种类参照 Norman J. Ornstein and Shirley Elder, *Interest Groups, Lobbying and Policymaking*, Washington, D. C.: C. Q. Press, 1978, pp. 69 – 70.

尽管少数族裔的参政意识和能力还受到诸多限制，但其潜力受到政界人士的关注。进入21世纪，美国少数族裔的政治影响力愈发彰显，奥巴马成为美国首位且连任的非洲裔总统既是少数族裔政治能量不断积累和释放的结果，也成为美国少数族裔参政的一个重要标志。

在美国的利益集团政治中有“大就是力量”的说法，在许多情况下，拥有众多成员、人口规模庞大的族裔群体本身在组织上就具有它存在的合法性，并使之在参与政治决策的过程中处于有利的地位。[①] 谭融认为，“总统和国会议员常常会认真听取一个拥有10万名成员的组织的要求”[②]。族裔群体众多的人口数量可以保证其在寻求实现其政策目标的过程中所需要的广泛的政治基础，相比之下，人口数量规模小的族裔群体则往往因为代表性不足，提出的诉求难以得到政策制定者的重视。

美国是个移民国家，但不同时期移民的来源和结构差异很大。“二战”前，德裔和爱尔兰裔是美国人口规模较大的少数族裔群体，“二战”后，拉丁裔和亚洲裔成为数量增长最快的族裔，有的人口学家甚至认为欧洲移民的后裔在21世纪会成为美国社会的少数。人口结构的变化必然导致美国的文化和外交政策的变化，那些在数量上占据优势的族裔群体始终是美国政客们不敢忽视的政治力量。一些组织有力并对祖籍国或民族有着强烈文化认同的族裔群体，尤其擅长利用这种优势对美国的政策制定过程施加影响，如美籍爱尔兰裔和美籍波兰裔。美籍爱尔兰裔是美国最早也是人口规模最大的族裔群体之一，其众多的人口成为他们争取各级政府职位、参与各种政治活动的重要基础，也是历届美国政府都不敢轻视的选票。爱尔兰裔也因而在较长的历史时期内成为美国与英国关系走向亲密的重要牵制力量，并在反对英国、争取爱尔兰民族独立过程中发挥重大影响。类似地，美籍波兰裔是所有东欧裔美国人中人口最多的族裔群体，也是美国天主教徒中最主要的族裔群体之一，这一人口优势为波兰裔美国人在第一次世界大战末期争取美国政府支持波兰的重新独立提供了强有力的政治保证；而冷战期间为使波兰从苏联的势力范围中脱离出来，波兰裔作为东欧裔美国人中的主要力量给美国政府造成过极大的政治压力。[③]

（二）人口分布在美国政治参与中的意义

除了人口规模外，族裔群体的人口分布也具有重要意义。美国的总统选举实

① 谭融：《美国利益集团政治研究》，北京：中国社会科学出版社，2002年，第128页。

② 谭融：《美国利益集团政治研究》，北京：中国社会科学出版社，2002年，第128页。

③ Stephen A. Garrett, “Eastern European Ethnic Groups and American Foreign Policy”, *Political Science Quarterly*, Vol. 93, No. 2, 1978.

行选举人制度，参议员由各州选民选举产生，众议员则根据人口实行选区划分制度。这也正是每10年一次的国会选区划分成为美国民主、共和两党进行争斗的重大政治事项的原因。为了使国会选区中的人口构成对本党有利，美国的民主、共和两党都会竭力争取使支持各自政党的利益群体在某一个选区占据优势。在一些势均力敌的选举中，即使是一些人口极少的族裔群体，如果恰巧成为决定天平倾向的砝码，也可以对选举结果产生关键的影响。族裔群体也因为充当了“关键的少数”，受到政治候选人和政策制定者的高度关注，而获得影响力。如阿尔巴尼亚裔在美国人口中的比例是微不足道的，但他们在纽约北部的一个众议员选区占有17%的人口，因此，这个选区的众议员最关心的问题就是阿尔巴尼亚裔的诉求，而通过这位众议员，阿尔巴尼亚裔就能够在美国的政治进程中发出他们的声音。① 犹太裔虽然只占美国总人口的3%，但他们集中在包括加利福尼亚州和纽约州在内的12个关键州，影响着273张选举人票；② 古巴裔则主要集中在佛罗里达州和新泽西州，特别是在佛罗里达州的270万西班牙裔人口中占据31%，2002年的资料显示，他们控制了除1名国会议员以外的所有佛罗里达州的国会议员席位；③ 亚美尼亚裔也只有100万人，但他们集中居住在加利福尼亚、马萨诸塞、纽约和新泽西4个在选举中有着重要影响的州。④ 所有这些人口分布优势，对于在选举中靠一个州或一个选区赢得胜利的政治候选人来说无疑是不容忽视的政治力量，因而也就成了这些族裔群体可资利用的重要政治筹码，一些精明的族裔领导人正是充分利用这一点作为其基本的政治资源，团结族裔成员去积极争取实现本族裔群体的外交政策目标。这也正是那些在人口数量上并不占据优势的族裔群体能够在美国外交政策上表现突出的原因，同时，这也使得族裔群体除了人口数量的规模外，人口的分布状况也非常重要。

二、社会融入程度和经济地位

金钱是政治的母乳。族裔群体在美国的社会融入程度和相应的经济地位是决定其对外政策影响力的又一重要因素。通常情况下，族裔群体的人口状况是在移民过程中自然形成的，而族裔群体成员在美国社会中的整体融入程度则与他们移

① Laurence Halley, *Ancient Affections: Ethnic Groups and Foreign Policy*, New York: Praeger Publishers, 1985, p. 99.

② Paul Y. Watanabe, *Ethnic Groups, Congress and Foreign Policy*, Westport: Greenwood Publishing Group, Inc., 1984, p. 22.

③ Cecil V. Crabb Jr., et al., *Congress and the Foreign Policy Process*, Baton Rouge: Louisiana State University Press, 2000, p. 28.

④ Keith Russell, “Ethnic Politics is the Name of Their Game”, *The Washington Times*, September 15, 1997.

民美国后的发展历程相关，并直接影响到族裔成员的经济地位。族裔群体的经济状况很大程度上又影响了族裔成员的社会地位和名望，最终决定他们能否真正融入美国的主流政治生活，发挥其政治影响力，实现其所追求的政策目标。正如布鲁金斯外交政策项目高级研究学者詹姆斯·M. 林赛（James M. Lindsay）所指出的："并非是巧合，有着突出影响力的游说群体，像亚美尼亚裔、古巴裔、希腊裔以及犹太裔美国人等，在经济上也是属于最成功的族裔群体。那些贫穷的族裔群体往往太专注于如何改善他们自身的社会处境，而无暇顾及他们的故乡。经济上的窘境，加上没有流亡意识和安全威胁，使得拉丁裔美国人（古巴人除外）的组织通常游离于美国外交政策之外。"①

美籍犹太裔的坎坷道路被认为是族裔群体融入美国主流社会最典型的例子。犹太裔大都来自有着强烈排犹主义的欧洲，他们来到美国的目的就是脱离遭受歧视的社会环境，摆脱贫困的生活状况，因此，为了去美国他们义无反顾地卖掉了所有的家产。然而，美国并非遍地黄金，初来乍到的犹太人与其他族裔群体一样生活在社会底层，为了生存而艰苦拼搏。19 世纪末的一个调查显示，纽约市从事有报酬工作的犹太裔中，10% 是街头小贩，60% 在制衣行业工作。② 经过第一、二代人的努力，犹太裔在美国社会迅速崛起。据 1985 年《福布斯》杂志统计，当时美国的 400 个大富翁中近 1/4 是犹太人，他们的财产总额共约 200 亿美元，其财产所占的比重比其人口所占的比重高出 10 倍。③ 1990 年美籍犹太人家庭年收入为 3.9 万美元，当时的美国家庭年收入仅为近 2.9 万美元④，美籍犹太人在美国的经济地位由此可见一斑，令许多族裔群体难以企及。

美籍古巴裔的迅速崛起也十分引人注目，其政治影响力几乎可与犹太裔相媲美，是所有美籍拉丁裔中社会融入程度和经济地位较高的族裔群体。古巴裔移民美国的历史并不长，1930 年时仅有 1.9 万人，到 1960 年有 7.9 万人，1973 年时有 27 万人，1980 年也才达到 80 万人。⑤ 古巴裔在美国的生存和发展完全得益于美国冷战时期敌视古巴的政策。卡斯特罗上台后，美国政府对古巴难民采取"全部接受"的政策，接纳了几乎所有踏上美国领土的古巴难民，后来的政策虽然有所调整，但对古巴移民仍然实施特殊的难民政策，其用意完全是将古巴难民视作

---

① James M. Lindsay, "Getting Uncle Sam's Ear", *The Brookings Review*, Winter, 2002.

② Ronald Takaki, *A Different Mirror: A History of Multicultural America*, New York: Little, Brown & Company, 1993, p. 288.

③ 参见朱威烈、金应忠编：《'90 中国犹太学研究总汇》，上海：生活·读书·新知三联书店上海分店，1992 年，第 194 页。

④ 陈致远：《多元文化的现代美国》，成都：四川人民出版社，2003 年，第 163 页。

⑤ 陈致远：《多元文化的现代美国》，成都：四川人民出版社，2003 年，第 210 页。

遏制共产主义在西半球"扩张"的一张王牌。[①] 美国政府还在社会融入方面给予古巴裔许多特殊的关照，使之成为所有拉丁裔中经济实力最强、平均教育水平最高、家庭收入也最多的族裔群体。据 1993 年统计，古巴裔美国人中有 62% 高中毕业，16.5% 大学毕业，未读满五年小学的只有 5.3%，古巴裔年均家庭收入为近 3.1 万美元，只有 15% 的家庭生活在贫困线之下。[②] 美籍古巴裔的经济地位、社会融入和美国政府的特殊政策，使他们在美国的古巴政策上发挥了特殊的作用。

然而，族裔群体的经济地位和社会融入程度也只是其影响美国对外政策的必要条件，而非充分条件，族裔群体的政治影响力还与其政策目标、组织动员能力紧密相关。

三、组织能力与政策目标

族裔群体的组织能力关系到它能否充分动员其内部成员，形成强有力的族裔凝聚力，最大限度地集中内部现有的各种资源参与到美国的外交决策中去。[③] 如果没有很好的组织动员能力，即使在人口规模与分布、社会融入程度和经济地位上具有优势的族裔群体，其政治影响力也十分有限。因此，人口状况与经济实力是一个族裔群体参与政治和外交决策过程的基础，而组织能力则是族裔群体能否充分利用这些资源来发挥其影响力的关键。具体地说，族裔群体的组织能力主要体现在族裔成员对祖籍国的民族文化认同、有效的族裔组织和政策目标三个方面。

族裔群体的文化认同是移民从祖籍国带来的文化遗产，是维系族裔群体成员在美国保持群体关系的纽带，同时它也是"人们形成群体和进行有组织政治活动的自然基础"[④]，是族裔群体与美国其他社会利益群体最主要的区别。在美国的外交决策过程中，族裔群体的组织力量首先表现在它能否保持族裔成员的文化传统和民族认同，在涉及祖籍国的外交政策时能够很快在族裔成员中间激发起广泛的民族意识，从而团结一致地以集体的力量向决策者施加政治压力，力争实现与祖籍国利益相关的外交政策目标。族裔成员的民族认同越强烈，就越容易被动员

---

① 钱皓：《美国西裔移民研究》，北京：中国社会科学出版社，2002 年，第 66 页。

② 钱皓：《美国西裔移民研究》，北京：中国社会科学出版社，2002 年，第 214 页。

③ 参见朱全红：《资源与影响力——美国族裔群体影响美国外交政策的政治资源分析》，《外交评论》2006 年第 4 期。

④ Patrick J. Haney and Walt Vanderbush, "The Role of Ethnic Interest Groups in U. S. Foreign Policy: The Case of the Cuban American National Foundation", *International Studies Quarterly*, Vol. 43, Issue 2, 1999, p. 341.

起来共同参与到外交决策过程之中。

在这个方面，希腊裔美国人在有关塞浦路斯问题上的表现为我们提供了一个很好的例证。希腊和土耳其在20世纪70年代就塞浦路斯问题发生冲突之前，希腊裔美国人被美国社会普遍认为是同化程度高、经过“熔炉”锻造的白人族裔群体。然而，当涉及与希腊利益息息相关的塞浦路斯问题出现时，他们在短时期内对美国在塞浦路斯问题上采取的政策所表现出来的强大政治影响力让美国社会惊讶不已，着实让美国人领略了族裔群体双重文化认同的魔力。而实际上，希腊裔在接受美国文化价值体系、融入美国社会的同时，仍然通过其语言、宗教和各种族裔组织长期保持着强烈的民族文化认同，其中以宗教为核心的族裔组织的作用最为关键。据研究显示，他们在美国的325个城镇分布着400个希腊教堂①，可以想象这一文化纽带对保持希腊裔对希腊的民族认同具有多么重要的意义。

族裔组织是体现族裔群体组织能力的另一个要素，它和族裔成员的民族文化认同相互作用，共同推动和组织族裔成员在美国外交决策过程中的有效参与。只有在高效、有力的族裔组织领导下，族裔群体成员才能长期保持民族文化认同；而族裔成员强烈的民族文化认同则是族裔组织发挥高效、有力作用的基础。一个有着强大的人口和经济资源的族裔群体如果不建立有力的族裔组织就等于一盘散沙，毫无力量可言，只有建立起代表族裔成员的族裔组织才能合理调动族裔资源，以集体的力量去与政策制定者进行交涉。

有学者对族裔组织的作用进行考察分析后认为，族裔组织是政府与族裔成员之间的中介：对于个人而言，族裔组织可以帮助关注有着共同利益的事务，并代表个人向政府表达建议，同时监督政府实施族裔成员共同关心的政策；而对于政策制定者来说，族裔群体是他们了解公众态度、收集相关信息和寻求政策建议的接触点。② 因此，高效有力的族裔组织是族裔群体组织能力的最重要体现，在保证族裔内部的团结、代表族裔群体提出明确一致的政策目标、统一调配族裔资源、协调与社会其他利益组织的关系，以及向政府和国会集中进行游说等诸多方面发挥至关重要的作用。

犹太裔美国人的“美以委员会”被认为是外交政策方面最强大的族裔游说组织，是其他族裔群体纷纷效仿的榜样。“美以委员会”拥有会员55 000人，工作人员150人，年预算额超过1 500万美元，有近80个亲以色列的政治行动委员会，并与其他犹太组织保持着紧密的联系，无论是在地方和全国选举中的作用，

① Laurence Halley, *Ancient Affections: Ethnic Groups and Foreign Policy*, New York: Praeger Publishers, 1985, p. 35.

② Paul Y. Watanabe, *Ethnic Groups, Congress and Foreign Policy*, Westport: Greenwood Publishing Group, Inc., 1984, p. 71.

还是在与两大政党和社会各界有影响的人物的关系上，其他族裔群体组织都难以望其项背。[①]“美以委员会”属于典型的“单一问题”组织，在外交政策上它只关心以色列，对美国的中东政策长期保持着十分巨大的影响力。“美以委员会”的一位工作人员曾表示：“国会议员和他们的工作人员在需要信息时通常不是先去找国会图书馆、国会研究机构、委员会工作人员或者政府专家，而是首先向‘美以委员会’求助。他们经常要我们起草发言稿，研究立法提案，就策略问题提出建议、开展研究，召集共同提案人并帮助他们争取更多选票。”[②]

对此，托尼·史密斯教授表示，“仅仅用金钱和选票是不可能买到这种亲密接触关系的。它靠的是耐心、智慧、决心以及为建立这一影响力基础所必需的时间。这些除了一个内部机制十分高效的游说组织外，其他单独的个人或者整个族裔群体都是不可能具备的”[③]。因此，美国许多其他族裔群体都以“美以委员会”为榜样建立起各自的游说组织，如古巴裔的“古美基金会”、亚美尼亚裔的“美国亚美尼亚人联合会”和“美国亚美尼亚人全国委员会”，以及希腊裔的“美国希腊人协会”等，它们在涉及各自祖籍国利益的外交政策上都有十分突出的表现。

除了民族文化认同和族裔组织外，政策目标是影响族裔群体在外交政策上发挥作用的另一个重要因素。对于族裔群体来说，提出恰当的外交政策目标是组织能力的重要体现。在美国这样一个利益群体众多的社会，每个利益群体都会有各自不同的利益诉求，特别是在外交政策上，族裔群体涉及其祖籍国的利益千差万别，美国政府不可能满足每一个利益群体的外交政策诉求，因此，对于族裔群体来说，提出明确有效的外交政策目标是一个十分复杂的政治技巧。从族裔群体内部来说，政策目标关系到能否最大限度地得到族裔成员的广泛支持，从而保持内部团结和民族凝聚力；从族裔群体的外部社会环境来说，政策目标关系到能否获得政策制定者和其他社会力量的接受及认可，从而在没有太大政治阻力的情况下顺利地实现它。

外交政策目标是否有效、可行，主要看以下两个方面。首先，族裔群体的外交政策目标如果与当时美国的国家安全目标、经济的繁荣发展以及民主政治体制的稳定相一致，那么这一目标就有可能得到政府的大力支持，族裔群体也就能搭

① Cecil V. Crabb Jr. , et al. , *Congress and the Foreign Policy Process*, Baton Rouge: Louisiana State University Press, 2000, pp. 145 – 146.

② Tony Smith, *Foreign Attachments: The Power of Ethnic Groups in the Making of American Foreign Policy*, Cambridge: Harvard University Press, 2000, pp. 123 – 124.

③ Tony Smith, *Foreign Attachments: The Power of Ethnic Groups in the Making of American Foreign Policy*, Cambridge: Harvard University Press, 2000, p. 124.

上美国外交政策的顺风车，展现并增强其政治影响力。古巴裔美国人在冷战时期便是充分利用美国对古巴的敌对政策而迅速崛起的。相反，如果外交政策目标与上述国家核心利益相违背，则政策制定者不大可能在这些涉及美国社会所有人切身利益的问题上为了某个族裔群体的狭隘利益而随意做出让步，公众也会对超越这些国家利益的政策目标提出爱国主义的疑问，这在美国处于战争或受到明显外部安全威胁的情况下尤其如此。

其次，如果外交政策目标与美国传统的文化价值体系相呼应，那么大多数情况下会获得政策制定者们的积极响应与认可，有时也会得到政府或公众的大力支持。美国传统的文化价值观（或“美国精神”、“美国象征”、“美国信条”等）一般被人们理解为自由、民主、平等、个人主义以及市场经济等，是一种“关于道德和自尊的普遍感情，是对未来的信心和对这个国家的自豪感”①。然而，这是一个十分宽泛和模糊不清的问题，正是由于这个问题的不确定性，许多族裔群体在制定其所追求的政策目标时大做文章，竭力在涉及其祖籍国利益的外交政策上将本族裔群体的政策目标与美国的文化价值观联系起来，以期得到政策制定者或美国公众的响应和支持。如犹太裔将支持以色列的政策目标与美国对以色列民主社会制度的认同相结合；非洲裔将支持南非黑人反种族隔离制度的运动与美国价值体系中的民主、自由和人权等观念相联系；而希腊裔在塞浦路斯问题上则极力强调塞浦路斯的希腊族人民在土耳其的武装占领下所受到的痛苦遭遇，呼应了美国的民族自决和人权价值观。

因此，一个族裔群体在涉及其祖籍国利益的外交政策上提出其政策目标时往往要考虑到以上两个方面的因素；否则，它会因遇到各种阻力而难以发挥影响。有如美国迈阿密大学的帕特里克·J. 汉尼在分析古巴裔美国人的影响力时所比喻的“推一扇开着的门明显比推一扇关着的门要容易”②，在这个方面，它在很大程度上反映了一个族裔群体组织和族裔领导人的政治技巧，因而是族裔群体组织能力的重要表现。

显然，在同一社会文化背景、政治体制和国际环境下，族裔群体对美国外交政策的影响力在很大程度上取决于上述族裔群体的各种内部政治资源。虽然一个族裔群体的某一优势可以弥补其他方面的不足，但犹太裔美国人的表现足以证明族裔群体各个方面综合能力的重要性。因此，如何有效地整合族裔群体的内部资源，提出与美国社会政治文化环境相适应的族裔政策目标，是决定族裔群体在美

---

① Stephen A. Garrett, “Eastern European Ethnic Groups and American Foreign Policy”, *Political Science Quarterly*, Vol. 93, No. 2, 1978.

② Patrick J. Haney and Walt Vanderbush, “The Role of Ethnic Interest Groups in U. S. Foreign Policy: The Case of the Cuban American National Foundation”, *International Studies Quarterly*, Vol. 43, Issue 2, 1999.

国外交决策过程中充分发挥相应的影响力，实现其政策目标的关键。

四、政治资源

族裔群体政治资源的整体状况对其政治参与效果起着重要作用。政治资源包括族裔群体的政治热忱、政治素养和任职状况等方面，具体体现在选举投票率、对政治架构和程序的熟悉程度，以及担任议员、政府官员的数量等。

美籍犹太裔在政治参与方面堪称典范。虽然犹太裔在美国人中所占的比例不到3%，但是他们在总统选举中的投票率达到90%以上，而美国的平均水平不过40%~50%。因此，不到美国人口总数3%的犹太投票人的比例往往占投票人总数4%~5%，加上其他亲以色列人的选票，大致可占选民总数的20%，这么高的参选率与犹太人巨额的捐款影响力叠加起来，其功效可想而知。[①] 美籍犹太裔的参政活动是维系美国社会文化多元性的重要支柱，其参政模式也成为亚裔等其他少数族裔借鉴和学习的榜样。如1998年美国亚裔成立了“80/20促进会”（80/20 Initiative）。该组织的成立标志着以华裔为主体的亚裔美国人对美国选举政治的认识已经超越盲目及无所作为的阶段，参政意识趋于成熟和理性化，并取得良好的效果。[②]

族裔群体对政治架构和政治程序的熟悉程度也非常重要。族裔群体成立的各种政治性组织及类政治性组织对他们提高参政意识、熟悉政治程序、习得政治参与技能、提高组织参与程度等很有帮助。据统计，在21世纪初期，美国代表妇女、种族族裔群体以及低收入群体的全国性政治组织有700多个，其中非洲裔美国人的组织超过40个，亚太裔美国人组织有30多个，而妇女组织有百余个。其中较有影响力的族裔组织有“美国有色人种进步协会”（The National Association for the Advancement of Colored People）、“拉丁民族全国委员会”（The National Council of La Raza）等。[③]

再以美籍犹太裔为例，犹太人利益集团中的专职人员对立法程序、相关委员会的分工、主要执行人员都非常熟悉，并能适时把握时机，快速反应。许多专职人员还曾在国会做过助手，在游说活动中游刃有余。在担任议员和官员的人数上，以美国98届国会为例，参议院对外关系委员会38名成员中就有8名是犹太

---

① Lee O'Brien, *American Jewish Organizations and Israel*, Beirut: Institute for Palestine Studies, 1986, p. 155.

② 孙逊：《美国华侨华人与台湾当局侨务政策》，北京：九州出版社，2012年，第179页。

③ Burdett A. Loomis, *Interest Groups and Lobbying in the United States*, Washington, D. C.: C. Q. Press, 2012, p. 81.

人，占21%，包括斯蒂芬·J. 苏尔茨（Stephen J. Solarz，五连任）、霍华德·沃尔普（Howard Wolpe，非洲小组委员会主席），还有3名成员在其第一任期就表现出强烈的亲以倾向，他们均在对外关系委员会的核心委员会中工作。①

五、人文资源

人文资源主要包括社会文化、宗教信仰和舆论环境等方面，更多属于软性的、价值观的范畴，对决策的舆论环境和决策心理有重要影响。同样以美籍犹太人为例，犹太人的政治影响力离不开犹太利益集团拥有的丰富的人文资源。相较于阿拉伯国家，美国人普遍比较亲以色列。美国传统中的希伯来基因使奉行宗教宽容、自由和多元主义的美国社会对犹太人怀有一种天然的亲切感，这对美国的政制有着重要影响。“二战”后基督教与犹太教的对话逐步消除了基督教对犹太教的误解，消除了基于宗教信仰的隔阂与矛盾。对犹太人所遭遇的大屠杀的忏悔，也使人们在补偿心理下对以色列予以更多的偏爱。上述因素形成了美国社会良好的亲以氛围，美国人中有35%～80%的人比较亲以（犹太人与普通美国人在以色列问题上唯一的不同就是犹太人比后者对以色列有更深的义务感），② 是犹太利益集团发挥影响力的重要的人文资源。

六、战略资源

战略资源是指族裔群体在影响美国与其祖籍国关系时，其政策目标与美国战略目标的一致性程度。国家利益在国家的对外政策中具有决定性的作用，任何利益集团均不能突破美国国家利益这一底线展开活动，族裔群体作为利益集团和非国家行为体也只有在不违背美国国家利益和战略目标的前提下，才能有效发挥作用。族裔群体的政策目标与美国战略目标的一致性程度越高，族裔群体将其政策目标上升为国家利益和国家战略的机会就越大，并因此而越可能获得支持。

举例来说，美国国务院、国防部和白宫都非常看重以色列在美国捍卫中东地区稳定、防止出现激进政权和遏制俄罗斯等方面的重要作用，犹太利益集团也正是利用这一有利因素，在游说中打着“以色列是美国的战略资产”的旗号，强调支持以色列符合美国的国家利益。台湾游说团在游说美国对台政策时也对台湾

① Nimord Novik, *The United States and Israel: Domestic Determinants of a Changing U. S. Commitment*, Boulder: Westview Press, 1986, p. 64.

② A. F. K. Organski, *The 36 Billion Dollar Bargain: Strategy and Politics in the U. S. Assistance to Israel*, New York: Columbia University Press, 1983, p. 53.

地区对美国的战略意义和民主价值广为宣传，其作用非同小可。

第四节 族裔群体参与美国对外政策的合法性与途径

一、族裔群体参与美国对外政策的合法性

在美国，利益集团参与美国对外政策具有合法性。族裔群体影响美国对外政策是通过组成族裔利益集团的途径进行的。利益集团为了达成自己的目的，必须开展一系列的活动，其中，院外活动是最核心的部分。利益集团的存在和院外活动是合法的，其政治权利受到美国法律的保护，这也是利益集团尤其是国外利益集团存在的基础。

美国宪法第一修正案规定，“国会不得制定关于下列事项的法律：确立国教和禁止信教自由、剥夺言论自由或出版自由、剥夺人民和平集会和向政府请愿申冤的权利”①。这一宪法修正案是利益集团得以合法存在并频繁活动的根本法律依据。美国宪法中虽然没有关于公众结社权的明确条款，但是美国人一直把宪法看作保障结社权的根本法律依据。美国学者霍恩曾指出，“结社自由是美国宪法所保护的公民权利中最重要的一项”②。

为了规范和监管院外活动，美国国会于 1946 年制定了《联邦院外活动法》。这是美国第一部综合性院外活动法，该法规定了游说者的定义，要求游说者按规定登记活动记录以及向国会汇报活动情况。之后，美国国会又在 1978 年、1988 年和 1989 年四次（其中 1989 年内先后两次）对该法进行补充立法，而且还以《联邦税收法》和《联邦竞选法》对利益集团的院外活动进行了补充限制。如《联邦竞选法》规定，任何政治行动委员会在一次选举中给任何一个候选人的捐款不得超过 5 000 美元。1995 年，美国国会通过了《院外活动公开法》，进一步明确界定了游说者、游说机构、委托人、游说活动等术语，对游说者的登记和报告、指定作了详细规定，同时对管理机关的职责、违规处罚等方面也进行了规范。

此外，美国还允许外国利益集团在国内的存在和发展，外国利益集团的活动也历来被视为美国利益集团及其院外活动的一部分，受宪法第一修正案的保护。

---

① James M. Smith and Paul L. Murphy, ed., *Liberty and Justice: A Historical Record of American Constitution Development*, New York: Alfred A. Knopf, Inc., 1958, p. 84.

② Robber A. Horn, *Groups and Constitution*, Redwood City: Stanford University Press, 1956, p. 1.

不同的是，外国利益集团的院外活动除了必须遵守《联邦院外活动法》之外，还要遵守专门的《外国代理人登记法》。该法于1938年颁布，后经多次修订，其将外国代理人定义为在美国境内为外国利益进行政治活动的代理人，其身份可以是公关咨询人员、政治咨询人员或信息公司雇员等，还包括所有受外国委托人控制和资助的人员；同时规定，凡是外国政府的代理人都须向美国司法部门注册，汇报代理情况及委托人情况等。另外，修正案还明确指出，政府对外国利益集团及其代理人院外活动的管理重点不再是“监视纳粹德国和苏联等国的颠覆活动”，而是“辨明其在美国寻求特殊影响的活动来自国外何方”，防止它们干扰国会的正常立法。

二、族裔群体参与美国对外政策的途径

（一）族裔利益集团参与美国对外政策的背景

族裔群体参与美国对外政策的途径是组成族裔利益集团。族裔利益集团之所以能对美国与其他国家关系施加影响，首先得益于美国政治中院外游说机制的发展。少数族裔作为一个重要的利益集团进入美国外交决策领域主要始于20世纪60年代末70年代初。冷战结束之后，美国外交决策结构和议程发生深刻变化，主要体现在：一是国会在外交决策中的作用加强，决策权力更为分散；二是决策者愈发看重维护公众对政府政策长期支持的重要性而对公众态度更为敏感；三是冷战结束后美国外交政策上的一致性不复存在，决策部门缺少一个统一的容易被认可和接受的战略理念，美国在处理同其他国家的关系时有了更大的灵活性和摇摆性。① 这些变化的出现为包括少数族裔在内的各种利益集团的活跃创造了更大空间。“二战”之后，很多族裔群体主动参与到游说的行列，使美国的外交呈现出更为复杂的局面。美国大多数族裔都有规模不等的游说群体，其中影响较大的有美籍犹太人、美籍古巴人、美籍亚美尼亚人、美籍希腊人以及非洲裔的游说群体，来自东欧的美国移民、美籍印度人和美籍墨西哥人成为游说群体的后起之秀。

（二）利益集团参与美国对外政策的途径

从外交政策的具体制定和执行上看，尽管美国外交政策制定者们在总的原则和方向上竭力保持一致，但在一些具体的政策措施的制定和执行上常常出现分歧。例如联邦行政机构中，国防部往往从美国的战略利益出发考虑问题，商务部

① 周琪：《奥巴马连任后的美国内外政策评估》，《外交评论》2013年第1期。

往往从促进美国的对外贸易出发，农业部往往从农业利益集团角度出发，而国会议员更多地从选区和有关利益集团的利益出发考虑问题。

表面上看，利益集团并不直接参加对外政策的制定，处于外交决策的边缘位置。但是利益集团可以通过各种方式将自己的意见和倾向施加于国会和总统，争取总统和议员对于自身政策主张的支持，从而间接影响外交的走向。在外交事务中，总统和国会议员在很大程度上受到院外利益集团的影响。一般来说，院外利益集团向国会和总统施加影响的途径主要有三种：

第一是游说，包括直接游说和间接游说。直接游说是各个利益集团向美国政治施加压力和影响的基本手段，依赖的主要是利益集团的政治关系网、个人对个人的游说及巧妙的社交活动。游说活动的目标，在 19 世纪末多以议会和司法机构为主；罗斯福新政及第二次世界大战后，行政部门的权力逐渐增大，利益集团也随即加强了对总统及整个行政部门的游说。间接游说是指“以刊登广告于大众传媒，发表谈话和演说，向新闻界发布消息、评论和新闻解说，发行影片以及向选民直接寄送材料等方式，宣传自己对某问题的立场和主张，争取民众的了解和支持，形成舆论压力”，利用民众和媒体影响政府决策。① 如果上述手段达不到其预期目的，有些利益集团就会采取抗议示威等手段，向决策者施压。

第二是影响选举。美国是典型的选举政治国家，总统选举与国会选举为利益集团提供了广阔的活动空间。利益集团通过向候选人提供捐款、号召本集团选民投票或不投票给某位候选人、向候选人提供志愿者和其他组织资源等方式，介入选举进程，使总统和国会议员对利益集团予以重视。

第三是出席听证会。国会的立法工作实际上是在各委员会进行的，一个议案的命运也是由委员会决定的。委员会、小组委员会在审查重要议案时，往往举行听证会，邀请政府官员、相关利益集团和公众代表出席，发表意见。利益集团可以在听证会上借机提出支持、反对或修改意见，提供材料和证据，以达成自己的目标。

可见，利益集团与美国总统和国会之间有着紧密的联系，利益集团可以通过多种渠道，将自己对外交政策的倾向和选择直接或间接地传达给国会和总统，并施加压力，从而在外交决策中发挥其影响力。

---

① 李道揆：《美国政府和美国政治》（上册），北京：商务印书馆，1999 年，第 306 页。

第五节　族裔群体影响美国对外政策的现状

一、族裔群体参与美国对外政策的原因

在美国，移民族裔群体的地位和处境深受移民祖籍国与美国关系的影响。最典型的例子是“二战”期间美籍日裔的遭遇。第二次世界大战期间，日本偷袭珍珠港引发太平洋战争，美国朝野立即掀起仇视美籍日裔的浪潮。政客和媒体借题发挥，大肆宣传日本对美国领土的野心和美籍日裔对美国构成的威胁，宣称美籍日裔大部分效忠天皇，是日本帝国在美国的“第五纵队”等。西海岸的白人居民对美籍日裔的成功的嫉妒由来已久，对其财产也早已垂涎三尺，因而充分利用美日交战之机打击美籍日裔。1942 年 2 月，罗斯福颁布了一项命令，以维护国家安全为理由，将居住在美国西海岸的 10 万余美籍日裔强行送进所谓的“拘留营”（Relocations Camps），实际是集中营。该政策使美籍日裔的身心受到严重摧残，经济上蒙受惨重损失。直到 20 世纪 80 年代，这一违反美国宪法的历史才得到纠正。

另一个典型的例子是以色列和阿拉伯国家与美国的关系。美籍犹太人在美国的影响除了他们自身的能量之外，还大大借助了美国公众对以色列和阿拉伯国家的迥然不同的态度。在大多数美国人的心目中，以色列是地处亚洲的国家，但跟美国有相同的政治制度和文化渊源。犹太人长期受到迫害，背井离乡，值得同情。以色列国家虽然小，但内部团结，军队训练有素，以色列是美国在中东地区唯一忠实的盟友。相比之下，阿拉伯世界在美国人的心目中不仅信仰异教，而且政治保守、文化落后，阿拉伯国家内部不稳定，阿拉伯人不仅不老实，而且利用石油威胁西方等。[①] 阿拉伯世界内部的矛盾甚至战争，也使美籍阿拉伯人难以形成统一的声音。20 世纪 80 年代末期以后，美籍阿拉伯人的一些组织出现了比较温和明智的声音，主张接受美国的民主，积极参与民主进程，提倡美国与阿拉伯国家的和解。在中东问题上，他们一方面与该地区的阿拉伯激进恐怖组织拉开距离；另一方面，在巴基斯坦问题上采取“以子之矛，攻子之盾”的策略，高唱威尔逊总统提出的民族自决的原则，要求美国政府支持巴基斯坦人民的人权，实

① Mohammed E. Ahrari, “Domestic Context of U. S. Foreign Policy toward the Middle East”, in Mohammed E. Ahrari, ed., *Ethnic Groups and U. S. Foreign Policy*, New York: Greenwood Publishing Group, Inc., 1987, pp. 1 – 22.

现“一个地区，两个国家”（即以色列的巴基斯坦国）的解决方案。他们还向美籍犹太人社会抛出橄榄枝，谋求和解与合作。这种融合主义（Integrationism）的路线果然奏效，犹太人集团中也出现了温和派，双方的努力促成了1993年的巴以和平协议。

二、族裔群体参与美国对外政策状况

种族和民族的迁移形成了美国特有的文化多元主义，工业化的发展则使人们的经济需求和社会地位发生深刻变化，社会结构呈现出多元化色彩，单个人的利益诉求各不相同，这为各个利益集团的诞生提供了先决条件。过去几十年里，族裔群体对美国外交政策的影响日益增强已经是客观的事实，如“二战”前的美籍爱尔兰裔、德裔、波兰裔，“二战”后的犹太裔、古巴裔、希腊裔和墨西哥裔等，他们积极对美国与其祖籍国的对外事务施加影响。

早在19世纪，美国族裔群体出于民族感情和自己的利益判断，对政府的外交政策做出反应就已初见端倪。在1846—1848年美国与墨西哥的战争中，不少美籍爱尔兰人出于对英国的反感，主张孤立，反对美国卷入欧洲事务，并跑到墨西哥一边。“一战”期间，虽然支持英国的势力在1917年占了上风，让美国参加了欧洲战场，但战争结束后，美籍爱尔兰人却成功地阻止了美国政府加入国际联盟，阻止国会批准《凡尔赛和约》。美籍爱尔兰人还对1919—1920年的爱尔兰民族运动给予了道义和物质上的支持。美国政府近年来支持英国政府跟北爱尔兰共和军的谈判、追求和平解决爱尔兰问题的努力，同样是美籍爱尔兰人影响美国外交事务的结果。[①]

在两次世界大战之前，美籍德裔是倡导孤立主义的力量，他们与支持英国的势力成为美国国内两大对立的族群，威尔逊总统因为担心国内的种族冲突迟迟不敢介入欧洲战场。第二次世界大战期间，随着欧洲局势的恶化，美国的种族文化认同现象再次出现。1941年美国政府的一份报告显示，美国国内90%以上的德文报纸都支持德国纳粹政府，美籍德裔对祖籍国的同情直到美国对德国宣战后才被压制下去。[②] 20世纪美籍德裔和美籍爱尔兰裔的反英情绪一直牵制着美国的外交政策，阻挠了美国跟英国建立更和睦的关系。而来自东欧，包括波兰、罗马尼

---

① Robert J. Thompson and Joseph R. Rudolph, “Irish - Americans in the American Foreign Policy Making Process”, in Mohammed E. Ahrari, ed., *Ethnic Groups and U. S. Foreign Policy*, New York: Greenwood Publishing Group, Inc., 1987, pp. 135 - 153.

② 邓鹏、李小兵、刘国力：《剪不断理还乱——美国外交与美中关系》，北京：中国社会科学出版社，2000年，第120页。

亚和捷克的移民则多半支持英国，以便借用美国的力量来对抗德国、奥地利和沙俄，解放他们的祖籍国。

除了人多势众的爱尔兰裔和德裔外，在特定的历史条件下，一些弱小的移民族裔群体也能对美国外交政策施加重大的影响。1974 年土耳其—希腊战争期间，福特总统出于对中东局势的考虑，对入侵塞浦路斯的土耳其视若不见（因为土耳其是北约成员国，一旦挫伤了土耳其的锐气，得利的是土耳其北边的苏联）。虽然美国公众对战争有所了解，但政府隔岸观火的态度却激怒了希腊裔。他们一方面在各地举行游行示威，大造舆论以吸引新闻报道；另一方面，对国会议员发起猛烈的信件和电话攻势，一些议员在短短几天里花费了四五十个小时在电话里倾听美籍希腊人的愤怒抗议，甚至有些议员一天就收到 300 多份美籍希腊人发去的电报。与此同时，希腊裔的国会议员在国会大声疾呼，敦促美国政府出面干预。美籍希腊人的强大攻势终于迫使美国国会通过了对土耳其实行武器禁运的法令。

美籍犹太裔对美国对外政策尤其是中东政策的影响是更为引人注目的案例。犹太利益集团是以犹太人为主体的亲以色列利益团体，由于特定的历史、文化、宗教，犹太利益集团一直将在外交上关怀以色列视为集团最高事业，犹太人的自我奋斗精神、极高的参政热情和雄厚的经济地位构建了犹太利益集团的实力基础，经过近百年的历练，无论从组织结构还是游说技巧来评判，犹太利益集团均是美国最优秀的利益集团之一，它成功地影响着美国的中东外交。[①] 第三次中东战争爆发后，美国犹太人为支持以色列，在游说美国政府、动员美国社会方面释放出前所未有的能量。与此前动员美国政府支持国际犹太人以及犹太复国运动更多依靠“悲情牌”的被动做法不同，美籍犹太裔作为一个族裔利益群体，更加主动积极，有组织地参与到支持以色列的游说活动中。犹太利益集团以灵活的游说策略与强大的政治动员力将以色列的利益始终置于美国人关注的前台，使以色列利益成为美国中东外交的核心关怀。由于犹太利益集团的游说活动，美以之间始终保持着良好的特殊外交关系，保证以色列的安全成为美国各届政府的一贯使命。由此也造成了美国中东外交灵活性的缺失，这大大影响到中东和平进程的顺利进行。[②]

近年来，印度裔美国人成为积极影响美国与其祖籍国关系的后起之秀。有研究表明，印度裔美国人是“唯一在力量上与犹太院外集团相比肩的院外集团”。[③]

---

① 孙晓玲：《犹太利益集团与美国中东外交政策（1967—1984）》，复旦大学博士学位论文，2005 年，第 2 页。

② 孙晓玲：《犹太利益集团与美国中东外交政策（1967—1984）》，复旦大学博士学位论文，2005 年，第 1 页。

③ Allan J. Cigler and Burdett A. Loomis, ed., *Interest Group Politics*, Washington, D. C.: C. Q. Press, 1998, p. 335.

第三章　美籍华人参与美中关系的资源

第一节　美籍华人参与美中关系的原因

一、华人在美国的处境与美中关系紧密相关

华人在美国的处境与美中关系的状况密切相关。在美中关系的历史上，中国与美国关系良好，则在美华人的处境较为乐观，一旦两国关系陷入紧张，在美华人就可能受到排挤。综观历史，华人参与美中关系之高潮与低潮，恰好与多变的两国关系的高低点相吻合。[①] 可以说，美籍华人是美中关系变迁的“利益攸关者”。

尽管美国是当今世界上各民族和谐相处最为成功的国家，但种族歧视以及“中国威胁论”仍时有出现，不断地给当地华人抹黑，进而影射中国。[②] 美国的排外主义、种族歧视，以及美中关系的波动和海外华人民族主义与中国的呼应，使一些政客找到了攻击中国的口实，产生一些联想和猜忌。此外，美国社会仍然有不少政客存在冷战思维，把中国作为其潜在的对手，不断挑动中美关系的敏感话题，诬陷、妖魔化在美华人。比如，1999 年李文和事件后，从事高科技研究的中国留学生受到很大冲击，一些美国大学的“敏感专业”在那段时间内不招录中国学生。《考克斯报告》更是把所有到美国求学的中国学生都归为从业或潜在的间谍。长期以来，美国社会对亚裔美国人有着根深蒂固的偏见和种族歧视，一些人对华裔的忠诚度表示怀疑，并且相信如果中美之间爆发战争，所有美籍华人都会站在中国一方。于是，华裔的名声越来越多地与“威胁美国安全”画上了等号。[③] 从李文和事件到华人间谍案，都可以看到麦卡锡时代的痕迹。[④] 正如

---

① ［美］孔秉德、尹晓煌主编，余宁平等译：《美籍华人与中美关系》，北京：新华出版社，2004 年，第 20 页。

② 吴前进：《冷战后华人移民的跨国民族主义——以美国华人社会为例》，《华侨华人历史研究》2006 年第 1 期。

③ 贾怡、孙亚菲：《美国制造“中国情报恐慌”　FBI 盯上赴美中国人》，《南方周末》，2005 年 2 月 24 日。

④ 邵允振：《1980 年代以来的美国华侨华人与中美关系》，暨南大学博士学位论文，2006 年。

前美国百人会副主席、“美国华人论坛”董事顾屏山（George P. Koo）所说，“无论你喜欢与否，不论你的政治倾向是什么，也不管你对台湾和中国（大陆）的感情如何，你的美国梦都与中美关系紧密相连。当中国被视作白宫和国会的朋友时，我们就是模范少数族裔；当中国成为美国人眼中的魔鬼时，我们就是敌人的代理”①。

正是华人深受美中关系波动影响的事实，使得不同历史时期的美籍华人，无论是个人、团体还是社区，都积极参与美中关系的进程，虽然有时是有意识的参与，有时是无意的卷入。如今，尽管华人在美国仍然是少数族群，但俨然已经成为美国社会一个不可忽视的群体，他们与美国主流社会之间有了日益紧密的联系，并在使用这些关系上显得日趋成熟。他们的这些网络联系和使用技能，往往也被用于影响美中关系的各种活动中，对个人和社会产生正面作用。②

国务院侨务办公室主任裘援平指出，在美华侨华人从19世纪中叶以来，在不同的历史时期为美国独立解放事业和经济社会发展做出了巨大贡献。随着旅美华人人数的日益增多，内部结构的深刻变化，经济实力的显著增强，社会地位的逐步提高，参政意识的不断强化，中美关系对华裔群体利益的影响更加广泛而深刻。与中美关系息息相关的400万旅美华侨华人如何看待和参与中美关系构建，十分重要。中美关系发展有利于华人社会成长，中美关系恶化危害到华人切身利益和发展环境。美国在制定和实施对华政策时，应该更多倾听华裔人士的意见，更多考虑华人社会的感受和利益。③

二、华人的族裔认同和文化认同

所谓族裔认同，是指对中华民族或所在国华人族群产生的一种感情和意识上的归属感。国家认同是指对所属国家产生的归属感，尤其是公民对国家的效忠。而文化认同则是对中华文化或者华人文化的倾向性共识与体认。

首先，美籍华人具有很强的族裔认同和文化认同。美籍华人虽然身处以西方文化为主的社会中，但在文化多元化的美国，他们并未因为接受了主流文化的影响而抛弃族裔认同和对中华文化的认同，在华人的传统文化心理层面，仍然保留

---

① George P. Koo, “Asian American Ticket to the American Dream”, *Chinese American Forum*, Vol. 16, 2011.

② ［美］孔秉德、尹晓煌主编，余宁平等译：《美籍华人与中美关系》，北京：新华出版社，2004年，英文版序。

③ 2013年10月31日，国务院侨务办公室主任裘援平在北京举行的美国百人会第5届大中华区年会上的讲话。

由于血缘和历史等因素长期积淀而成的民族习俗、心理意识及思维模式等元素。[①] 骆家辉在百人会第20届年会上就曾很有感慨地说，自己虽然在青少年时代竭力想做“标准的美国人”而“挣脱中华文化”，甚至为此和父母关系紧张，但成年以后明确了自己的定位，即忠爱美国的同时，深深认同自己的华裔身份。[②] 美国前劳工部长赵小兰在肯定自己“非常荣幸曾经为自己的国家服务”的同时，也称赞中国传统价值观、哲学思想，为自己有中华文化背景而自豪。

其次，美籍华人身上具有中国人的寻根传统，他们重视亲情、乡情。以骆家辉为例，他在担任美国商务部长进行首次访华后曾这样对媒体说：“我以我的中国血统为自豪，我以我的祖先自豪。”2011年3月9日，骆家辉在驻华大使提名仪式上也表示：“我要回到我爷爷、我父亲、我母亲的出生地。”事实上，骆家辉也曾三次携家人回到祖籍地台山。而家乡父老的热情也感动了他，间接强化了其中国文化认同和族裔认同。

三、美国暗流犹存的种族歧视

从陈果仁案到陈宇晖案都表明了美国暗流犹存的种族歧视。陈宇晖于1992年出生在纽约唐人街，父母为广东台山移民。在美国，符合从军条件的移民不仅可以享受很好的工资、医疗、教育福利，还可以优先解决移民身份问题，吸引了不少包括华裔在内的少数族裔青年。2011年1月，刚进入纽约市立大学仅半年的陈宇晖投笔从戎，并于4月调至阿拉斯加一处陆军基地，编入第25步兵师第一旅21步兵团第三营。8月，陈宇晖被派往阿富汗；10月3日，陈宇晖在阿富汗的美军基地离奇死亡。美国陆军最初告知其家人陈宇晖系“自杀身亡”，而随后的一系列传闻和消息称，他在死前曾遭遇上级和其他美军士兵的种族凌虐，此案引发各界关注，军中歧视、虐待问题再引热议。

陈宇晖案在美国社会引起了广泛关注，在华人社区中更是一石激起千层浪，《星岛日报》、《世界日报》、《侨报》等多家媒体对此案进行了详细跟踪调查，华裔刑事专家李昌钰也接受邀请，出面组成专家小组，独立鉴定陈宇晖死因，其中包括鉴定军方公布的解剖报告、调查报告及相关证物。华人社团以及华裔政治代表们也纷纷出面发声。时为纽约市议员的陈倩文及国会议员维勒贵丝为此前往五角大楼与军方高层会晤并施压。华人组织美华协会多次积极介入事件。12月15

---

① 杜宪兵：《恋旧与洋化——纽约唐人街美国华人的民俗生活与文化认同》，《民俗研究》2009年第1期。

② 一娴：《骆家辉学中文：一堂不可少的课》，《美国侨报》，2011年8月8日。

日下午，500多人在纽约唐人街集合游行，“占领华尔街”抗议者也参与支持。群众喊出“争取华裔美国军人的权利”、“争取知道真相的权利”等口号，晚间还举行了烛光悼念仪式。华裔精英组织百人会也发出了深入调查的强烈呼吁。12月21日，美国军方公布了华裔军人陈宇晖命案的最新进展，公告中仍称陈宇晖为自杀，但7名士兵以及1名军官共8人因涉嫌虐待并致其死亡，被控误杀、过失杀人、攻击、失职等一系列罪责。①

陈宇晖案令人想起29年前芝加哥美籍华人陈果仁被杀的典型反亚裔暴力案件。当时底特律司法机构对此案凶手的轻判，促使底特律乃至全美的华人、其他亚裔群体团结起来，他们以美国公民伸张正义联合会为领导中心，掀起了为陈果仁争取司法公正的抗议和声援运动，虽然最终凶手未得到应有的惩罚，但亚裔美国人包括华裔开始展现自己的力量，陈果仁案也因此被当作亚美民权运动的一个重要标志。很多美籍华人也正是从陈果仁案开始重新审视自己的族裔身份，开始关注华人在美国的生存状态。从陈果仁案到陈宇晖案，29年过去了，美国社会对种族歧视问题已经有了全社会的“政治正确”共识，但种族歧视的暗流依然存在，陈宇晖案也在美国华裔史上写下浓重的一笔，再次触动华人乃至亚裔不安的种族歧视神经。

另据百人会调查结果，1/4的美国人对美国华裔仍然抱有“很负面的看法”；将近1/3的美国人认为，华裔对这个国家不够关心和忠诚；将近1/4的美国人表示自己不会也不赞成自己的亲戚与亚裔通婚。②

四、华人的政治觉醒

美国华人的政治觉醒是个渐进的过程，其中，2012年6月18日美国众议院全票通过的“排华法案”道歉议案是一个标志性事件。该事件唤醒了华人对政治的觉醒，促进了他们的参与。

1882年，美国通过了历史上唯一针对某一族裔的移民排斥法案——“排华法案”，该法连同其他歧视性法案禁止华人在美拥有房产、禁止华人与白人通婚、禁止华人妻子儿女移民美国、禁止华人在政府就职、禁止华人同白人在法院对簿公堂等。130多年来，“排华法案”给华人造成巨大的政治伤痕，复杂的心理情结使华人在不知不觉中砌起一堵拒绝参政的墙。曾经在2008年担任奥巴马的华裔竞选顾问的薛海培连用三个“太不像话了”来形容看到“排华法案”内容时

① 卜书剑：《华裔参军遭受歧视丧命　八名美国军人被起诉》，人民网，2011年12月23日。

② 《百人会调查：少数美国人对华裔仍抱负面看法》，《华声报》，2004年4月12日。

的气愤之情。美国华裔众议员赵美心在推动道歉议案的3年间，常以自己的祖父为例来解释这个“恶法”给几代华人带来的创伤：赵美心的祖父赵宝能在光绪年间从广东移居美国时，正好赶上“排华法案”实行，他受到了很多限制，不能拥有投票权，不能申请为美国公民，过着清贫且备受歧视的日子。

2009年，为了推动美国国会通过“排华法案”道歉议案，165个华人团体罕见联手，过去素无往来的团体竟全都团结起来了，并将请愿书送到赵美心办公室，请她出面推动国会通过道歉议案。经过3年的努力，2012年6月18日，美国众议院全票通过一项“排华法案”道歉议案，就1882年美国国会制定的这项歧视华人的法案向全体美国华人表示歉意，美国国会历史上第一次正式以立法的形式向全体华人致歉。这个议案是美国国会众议院在25年之内通过的第四项道歉议案，也是美国历史上第六个获国会通过的道歉议案，极具标志性意义。此前，美国国会曾分别对“二战”时将日裔关进集中营、派兵推翻夏威夷土著王朝、黑奴制、奴隶制、对印第安人的不公平待遇等道歉。对美国华裔而言，这一声道歉等了130多年。

薛海培认为，这次“排华法案”道歉议案的通过是美国华人政治觉醒的胜利。他说：“美国历史上华人还从来没有像这次一样成功地推动过维护自己权益的法案，从这个意义上说，今天是华人参政的里程碑。”赵美心也表示：“这是第一次所有的华裔团体能够一起合作到这种程度……我为他们所做的感到骄傲。”这也是美国历史上华人最团结的一次，参与推动这项道歉议案的华人团体多达165个，这些华人团体既有像百人会这样的精英团体，也有历史悠久的老侨团体；既有台湾的侨团，也有大陆的新侨。赵美心表示她下一步将推动把“排华”历史写入美国教科书，让全美各地的孩子们了解这段历史，因为这样的事情应该让每个人都知道，才能从中吸取教训。①

薛海培表示，美国国会对华裔表达歉意也有一个重要的背景，那就是美国华裔群体实力的增强，如今总数已达400万的美国华裔无论是在质上还是量上都已崛起成为美国政客们不容忽视的群体。这项法案的通过，是全体华裔共同努力争取的结果，表明华裔参与政治和公共事务的积极性已有进步，这为今后华人积极参政提供了一个行动范本和模式，表明华裔只要积极行动就能维护自己的权益。赵美心表示：“投票权是非常宝贵的，我希望每个华人吸取教训，并站出来投票。”尽管华人仍需进一步告别政治冷感，但已经开始政治觉醒。

---

① 吴庆才、德永健：《华裔政治觉醒的胜利：美国会通过排华法案道歉案始末》，中国新闻网，2012年6月19日。

第二节　美籍华人参与美中关系的资源分析

一、美国华人的人口规模和分布

美籍华人在人口数量和分布上具有一定的优势。华人人口已经居亚裔首位，具备在美国选举中获得更大政治影响力的条件。

（一）美国华人的人口规模

1. 概况[①]

中国人移居美国始于19世纪30年代。[②] 鸦片战争后，清政府被迫打开国门，当时，中国人对欧美地区不太了解，主要移民目的地是东南亚，即俗称的“下南洋”。西方列强的进入，客观上增加了中国人对欧美地区的了解，也提供了到这些更远地方的途径。1848年，美国加利福尼亚州发现金矿的消息传到中国后，那些门户被打开的地方，尤其是广东省，去美国的人数剧增，每年多达7 000人，随着后来的19世纪60年代美国对西部的开发，对劳动力的需求扩大，更多华人来到美国。

迄今为止，美国对待华人移民的政策可分为四个阶段：无限制移民阶段（1848年至1881年）；排华阶段（1882年至1943年）；限额移民阶段（1944年至1967年）；平等移民阶段（1968年至今）。[③] 1882年，美国颁布《排华法案》限制华人移居美国，该法案扭曲了美国华人的性别比例，抑制了其人口增长。从20世纪初开始，美国国内依旧推行排华的政策，甚至将范围不断扩大。1921年，美国出台了《1921年移民法》。这部新的移民法，除了对移民进行强制的读写测试外，还对各国每年进入美国的移民数量进行限制。珍珠港事件后，由于反法西斯的需要，中美成了事实上的同盟国，美国为了保证与中国的关系，于1943年废除了所有排华法案和大部分对华不平等条约。1945年，战时新娘法例颁布，允许家庭成员特别是妇女可以与在美国的丈夫团聚，但实际上紧闭的大门只对中

① 必须特别指出的是，本书的分析对象为美籍华人。美籍华人只是美国华人中的一部分，美国华人的人口规模与分布、社会融入程度和经济地位、政治资源等数据与情况不能等同于美籍华人的相应数据和情况。但由于美国华人社会的复杂性以及相关统计数据和文献资料获取的难度，“美籍华人参与美中关系的资源分析”部分对美籍华人的人口规模与分布、社会融入程度和经济地位、政治资源等的分析只能通过对美国华人社会的整体性考察来进行，作为参照。

② 参见［美］沈己尧：《海外排华百年史》，北京：中国社会科学出版社，1985年，第36页。

③ 参见［美］周敏、王晓晖：《华裔美国人的精英群体》，《社会学研究》2000年第5期。

国移民开了一条小缝，因为每年只有 105 名移民额度。随后的 20 多年里，只有几千人（包括 1949 年前后从中国大陆来的政治移民）合法定居到美国。1949 年后中国关闭了对外移民的大门，中美关系随后进入停滞状态。同时，中国大陆的移民政策中断了美国华人与中国大陆的联系，美国也对大陆移民抱着敌视态度。而麦卡锡主义的蔓延，也使得美国很多华人社区充满着紧张的气氛。1965 年美国修改《移民法》后，移居美国的华人数量开始上升，美国每年给中国台湾的移民配额为 20 000 人，给中国香港的移民配额为 6 000 人。自 1979 年中美正式建交以后，美国每年给中国大陆的移民配额为 20 000 人。这样，美国每年给中国大陆、台湾和香港的移民配额总数为 46 000 人。[①] 美国的人口普查资料显示，到 2000 年美国华人已达 2 863 298 人。[②] 1999 年台湾“华侨会”公布的调查数字是 306 万人[③]，也有观点认为美国华人应超过 320 万人，其理由有三：第一，在美国人口普查中一些来自中国台湾的华人不填中国裔，而填“台湾”，被列为 2000 年人口普查新设的“其他”项；第二，一些华人不愿意配合人口普查造成遗漏；第三，大量非法移民，数量难以准确统计。有观点认为，仅 20 世纪 90 年代就有约 50 万中国无证移民私渡美国[④]，仅从 1991 年到 1994 年，每年约有 3. 5 万名福州人非法进入美国，这意味着不算这之前或之后到来的人，这期间共有 10 万福州非法移民。[⑤]

2011 年，美国华人全国委员会（NCCA）和马里兰大学美籍亚裔中心联合推出《2011 年全美华人人口动态研究报告》，根据可获得的 2009 年美国人口普查数据，全美华裔（以下简称华裔）总数为 3 638 582，占美国总人口的 12%，是美国最大的亚裔群体。[⑥] 在过去的 20 年里，亚裔数量迅速增长，已占全美人口的 5. 5%，在 2000 年至 2009 年间，华裔数量增加了 33. 3%。负责数据分析整理的马里兰大学美籍亚裔中心主任品川肇教授认为这一报告具有重要意义。21 世纪第一个 10 年里，华人无论是数量还是影响力都发生了巨大变化。华人作为美国社会的一个重要群体，不仅对美国社会，而且对美中关系，都有重要影响，其呈

---

① 参见 Peter Kwong, *The New Chinatown*, New York: Harper Collins Canada, Ltd. , 1993, p. 4.

② 转引自 Min Zhou, *Selected Readings on Immigration & Chinese Immigrant Life in the United States*, Los Angeles: University of California, 2002, p. 1.

③ 《海外华侨华人总数总计三千四百五十余万》，（中国台湾）《宏观周报》，2000 年 5 月 20 日。

④ 庄国土：《关于如何利用福建新移民暨海外福州人资源的建议——中国潜在最大的侨务资源和福建潜在的最重要海外资源》，给福建省人民政府的《咨询报告》，2003 年 1 月 11 日。庄国土教授认为美国华侨华人和无证移民合计在 350 万人以上。

⑤ ［美］彼得·邝著，王冰等译：《黑着——在美国的中国非法移民》，北京：世界知识出版社，2001 年，第 100 页。

⑥ 《21 世纪全美华人形象调查　一点五代华人最成功》，人民网，2011 年 2 月 11 日。

现的各种特点值得进一步分析研究。

由于华人到达美国的时间比意大利人和犹太人等东、南欧的族裔群体和其他亚裔族群都要早得多，美国的意大利裔、犹太裔和日本裔已进入第三代和第四代，而美国华人社会到21世纪初主要还是由第一代和第二代组成——58%是外国出生；20%美国出生，但其父母是外国出生；第三代（美国出生，父母也是美国出生）占22%。[①] 可见美国华人社会发展比其他族群更为缓慢。

表3－1 美国华人人口：数字、性别比率、土生比例和居住加州的比率（1890—2011）

年份	数字	性别比率	美国土生比例（%）	居住加州的比率（%）
1890	107 475	2 679	0.7	67.4
1900	118 746	1 385	9.3	38.5
1910	94 414	926	20.7	38.4
1920	85 202	466	30.1	33.8
1930	102 159	296	41.2	36.6
1940	106 334	224	51.9	37.2
1950	150 005	168	53	38.9
1960	237 292	133	60.5	40.3
1970	435 062	110	53.1	39.1
1980	812 178	102	36.7	40.1
1990	1 645 472	99	30.7	42.9
2000	2 879 636	99	42	40
2011	3 638 582			

资料来源：［美］周敏：《美国华裔人口发展趋势和多元化》，《人口与经济》2004年第3期，第18页。

2. 来源

美国华人中既有来自中国香港、台湾和大陆的华人，也有来自东南亚、拉美等地区的华人；从移民途径看，有合法与非法（无证移民）之分。

（1）来自中国香港、台湾和大陆的移民的具体情况为：第一，1980—1995年，香港外迁移民的人数约为62.5万人，加上先留学后定居的人数，总数可能达到75万人。香港人的移民方式以专业移民为主，其次是投资移民，这两类移

① ［美］周敏：《美国华裔人口发展趋势和多元化》，《人口与经济》2004年第3期，第21页。

民定居后，又以亲属团聚的方式进行再移民。第二，1950—1993 年，台湾外迁移民约 70.8 万人，同期赴美留学者 12 万人，返回台湾者只有 2.7 万人。第三，1980—1999 年，通过正常途径从中国大陆移居发达国家的人数在 100 万人以上，而近十年来，源自中国大陆的非法移民总数估计也达百万人。他们中的很大一部分到了美国。中国大陆的移民，其动机是寻找较好的生活和工作条件，移民方式有专业移民、家庭团聚移民、投资移民（所占比例较小）、非法移民。①

（2）通过非法途径移居美国的华人没有确切的统计数字。有学者认为，20 世纪 90 年代初，"估计每年有 10 万中国人偷渡到美国，其中有成千上万人借道东南亚、拉丁美洲、东欧和独联体的各大城市。在从中国去美国的非法移民中，大约 95% 来自福建，尤其是来自像福建长乐这样的地区，例如，侯禹村（音译）大约 80% 的村民在纽约……贩运人口成了大买卖，把一个人运到美国需要 3 万多美元。一般只预付一部分，其余通常以劳务的形式偿还，也就是移民作为债务劳工在纽约和三藩市（旧金山）的工厂里干活"②。

（3）来自东南亚国家的华人。越南、老挝和柬埔寨的政权更替及随后对华人的排斥造成了大量的华人难民。据统计，1976—1990 年间美国收容了越、老、柬难民共 957 316 人，其中约有华人难民 30 万 ~40 万，主要来自越南，这个数字占当时美国华人总人口的 20% ~25%，成为美国社会一个不可忽视的族裔群体，无论对主流社会或对华人社区都有一定的影响。③

3. 留学生群体

20 世纪 60 年代以来涌现了两次赴美留学浪潮。第一次是 20 世纪 60 年代至 80 年代来自台湾地区的留学生浪潮。据估计，从 20 世纪 60 年代中期到 80 年代中期有将近 150 000 名台湾学生到美国留学，使台湾学生成为在美国的外国留学生中人数最多的群体，他们大部分留在了美国。尽管 80 年代后由于台湾和亚太地区经济的蓬勃发展，台湾学生掀起了回归热潮，但仍有相当数量的人滞留美国。

第二次是 20 世纪 80 年代开始的来自中国大陆的留学浪潮。在中美关系完全正常化前夕，中国政府就把派遣交流学生、学者计划作为促进各项改革开放事业的手段着手实施。在 1978 年至 1991 年间，中国大陆有 190 000 名公费和自费留学人员赴世界 105 个国家求学深造，其中一半人到了美国（大约 95 000 人），而

① 庄国土：《华侨华人与中国的关系》，广州：广东高等教育出版社，2001 年，第 355 ~356 页。

② 邓蜀生：《美国与移民——历史·现实·未来》，重庆：重庆出版社，1990 年，第 267 ~268 页。

③ 参见［美］麦礼谦：《在美越棉寮华人的同乡组织初探》，萧效钦、李定国主编：《世界华侨华人经济研究》，汕头：汕头大学出版社，1996 年，第 242 ~243 页。

这些留美学生、学者的回国率只有13%①。

此外，值得关注的是，自20世纪90年代以来，美国社会出现了一股领养中国婴孩的热潮。2000年美国人口普查显示，20世纪最后10年被领养来美的约24 000名中国婴孩已占美籍华人总人口的1%。② 领养华童的数量如果按现在平均每年5 000人的规模进入美国家庭，20年后，他们在美国的数量将近是20万③，加上他们良好的生活教育背景，他们无疑将成为美国华人新移民中一个非常重要的群体。另外，不少在美国打工的华人，虽然他们自己并未取得美国国籍，但他们结婚后在美国出生的小孩按照美国政策属于美国公民。这一类型儿童的数量并不在少数，值得关注。

（二）美国华人的人口分布

传统上，唐人街一向是华人居住的主要社区，但华人的居住区已经远远超出唐人街，分布在美国各地。就分布于美国各地的唐人街而言，旧金山和纽约的唐人街规模最大，而旧金山唐人街的历史比纽约唐人街的历史更早，早期和现在的许多侨团总部都设在旧金山，居住在纽约唐人街的华人总数却超过了旧金山。随着华人新移民的增加，美国的唐人街也发生了变化。

根据彼得·邝的研究，20世纪60年代中期以来，纽约和旧金山唐人街的人口迅速增加。在旧金山唐人街居住的华人大多来自中国广东。纽约曼哈顿的唐人街过去以广东人为主，后来从中国福州来的新移民逐渐增多，那里的华人大多说福州话。就华人的祖籍地而言，曼哈顿唐人街目前以中国的福州人和广东人为主，台湾人大多集中在法拉盛华人社区，温州人主要集中在布鲁克林第八大道的华人社区。就华人的职业而言，在洛杉矶的华人以开商店为主，在蒙德雷·帕克的华人以打工和开公司的居多，而在圣加夫列尔的华人则以获得正式工作的白领阶层居多。

一些新的唐人街开始在迈阿密、豪斯、圣地亚哥等地建立起来。另外，在一些城市的郊区也形成了新的华人社区，如纽约皇后区的法拉盛、洛杉矶的蒙德雷·帕克、旧金山湾区的奥克兰。④ 除了彼得·邝指出的几个新华人社区之外，在纽约还有以布鲁克林区第八大道为中心的华人聚居区。在曼哈顿和法拉盛中间

① 这些数字系根据《中国教育报》（1997年8月23日）中提供的有关数据计算而来。1978—1991年间的95 000名中国学生、学者赴美国，这个数字比较可信。另根据美国移民局相关资料1979—1987年间共发出62 000个中国学生签证。

② 参见 Amy Klatzkin, "Asian Pacific American Today", *FCC National News letter*, Vol. 1, No. 2, 2003, pp. 1 - 2.

③ 万晓宏：《美国华人新移民中的一个特殊群体：领养华童》，《八桂侨刊》2010年第2期。

④ 参见 Peter Kwong, *The New Chinatown*, New York: Harper Collins Canada, Ltd., 1993, p. 3.

的艾姆赫斯特区附近，有许多台湾人和福州人定居。不久的将来，那里很有可能形成新的华人聚居区。在旧金山，新的华人社区除了奥克兰之外，还有弗里蒙特、芒廷维尤、圣何塞等地；在洛杉矶，除了蒙德雷·帕克之外，在圣加夫列尔也形成了新的华人社区。这些新的华人社区无论在华人的受教育程度、经济收入还是社区的管理等方面都与传统的唐人街有很大的区别。此外，其他各州也陆续出现规模不等的华人居住区，有的则因为华人人数较少而影响较小。表 3－2 为华人在美国的分布情况。

表 3－2　华人在美国的人口分布

所在州	数量（人）	所在州	数量（人）
阿拉巴马州	7 014	蒙大拿州	1 171
阿拉斯加州	2 403	内布拉斯加州	3 663
亚利桑那州	25 630	内华达州	18 342
阿肯色州	3 620	新罕布什尔州	4 631
加利福尼亚州	1 046 775	新泽西州	103 229
科罗拉多州	19 292	新墨西哥州	5 158
康涅狄格州	21 216	纽约州	442 975
特拉华州	4 272	北卡罗来纳州	20 954
华盛顿（哥伦比亚特区）	4 173	北达科他州	727
佛罗里达州	56 877	俄亥俄州	32 748
乔治亚州	29 851	俄克拉荷马州	8 179
爱达荷州	2 939	俄勒冈州	26 218
伊利诺伊州	81 919	宾夕法尼亚州	54 493
印第安纳州	13 841	罗得岛州	5 512
爱荷华州	6 894	南卡罗来纳州	6 821
堪萨斯州	8 471	南达科他州	997
肯塔基州	6 012	田纳西州	10 404
路易斯安那州	8 278	得克萨斯州	112 950
缅因州	2 413	犹他州	10 231
马里兰州	52 187	佛蒙特州	1 608
马萨诸塞州	89 521	弗吉尼亚州	41 482
密歇根州	35 628	华盛顿州	70 949

（续上表）

所在州	数量（人）	所在州	数量（人）
明尼苏达州	18 622	西弗吉尼亚州	2 012
密西西比州	3 621	威斯康星州	12 612
密苏里州	14 768	怀俄明州	791

资料来源：根据2000年美国的人口普查资料统计。

二、经济地位与社会融入

在经济地位与社会融入方面，美籍华人相对于美籍犹太人而言，居于劣势，但并不比其他少数族裔群体落后。华人的教育水平、收入水平都比美国平均水平稍高；华人在各行业都有突出的表现，并涌现出许多杰出精英。

（一）华人的经济地位

1. 职业变化

早期的美国华人移民大多属于劳工阶层，其职业范围又多局限于淘金、拓荒、修筑铁路，后来才转向餐饮业、洗衣业和杂货业，并向其他行业扩展。华人移居美国一百多年来，其职业的变迁大致经历了三个阶段。从19世纪初到1882年美国颁布《排华法案》之前，华人移民以契约华工为主，他们的职业主要是淘金、拓荒、修筑铁路。从1882年开始至1943年废除《排华法案》之前，美国华人的职业以“三把刀”（剪刀、菜刀、剃头刀）、洗衣业和杂货业为主。如1920年，全美华人共61 639人，就业者4.5万人，其中从事洗衣业的有12 559人，从事餐饮业的有11 438人，两者占就业华人总数的一半以上。[①] 另据麦礼谦统计，到1949年，美国有华人洗衣店10 200多间、餐馆3 300多间、杂货店2 000多间。[②] 从1943年美国废除《排华法案》开始，华人的职业向多元的方向发展，此为第三阶段。据统计，1975年移居美国的华人中，专业技术人员最多，共有2 915人；其次是经理、职员及店员，共有1 535人；再次是服务行业人员（非家庭佣人），共有1 414人。[③] 从第一阶段到第三阶段，华人的职业已发生了很大的变化。在科学与文教方面，1970年出版的《美国科学家名人录》列举了

① 参见梅伟强：《美国华侨华人社区经济变迁》，萧效钦、李定国主编：《世界华侨华人经济研究》，汕头：汕头大学出版社，1996年，第268页。

② 参见［美］麦礼谦：《美国华侨简史》，（美国）《时代报》，1982年12月28日。

③ 参见［美］沈己尧：《海外排华百年史》，北京：中国社会科学出版社，1985年，第38页。

1 133 位华裔科学家。据 1985 年的统计，在美国各大学，来自中国台湾的留学生为 23 770 人，来自中国大陆的留学生为 13 980 人，来自中国香港的留学生为 9 000 人，他们所学专业以理工科为主，毕业后多留在美国工作。另据统计，在美国十二三万名一流的科学家和技术专家中，有 3 万余人是华裔。①

与早期相比，美国华人的职业发生了很大变化，其职业不再以开餐馆、洗衣店和杂货店为主，而是几乎涉及了美国社会经济、政治和文化的各个领域。这一方面归功于华人文化教育水平的提高，另一方面，也与 20 世纪 60 年代以来美国社会的发展变化，少数族裔利益得到尊重和文化多样性被肯定有关，少数族裔在商务签约、就业、受教育等方面得到更加公平的对待，政府的各级机构也按规定吸纳一定比例的少数族裔人士。在这样的社会背景下，华人的就业范围不断扩大，涉足美国社会的各个领域。

从社会经济地位来看，华人中既有大量的低技能劳工、小商人和小业主，也有高技能劳动者、专业人士、跨国企业经营者，以及政治、宗教流亡人士等。1990 年的美国人口普查数据表明，不同来源地的居民在教育、收入和职业上有非常显著的差异。就华人而言，25 岁以上的移民中，来自中国大陆的有 31%、台湾地区有 62%、香港地区有 46% 具有大学本科以上学位，而全美国的平均水平为 21%；中国大陆移民中有 40% 没有高中学历，而台湾地区只有 8%，香港地区只有 18%，全美社会平均为 22%；在 16 岁以上的劳动人口中，29% 的大陆移民、47% 的台湾移民、41% 的香港移民居管理或技术性岗位，高于美国社会的平均水平（25%）。家庭收入方面，大陆移民平均为每年34 000 美元，台湾移民为 34 000 美元，香港移民为 50 000 美元，而全美平均家庭收入为每年 30 000 美元。大陆移民贫困率为 13%，台湾为 12%，香港为 7%，美国的平均水平为 10%。②

另有调查资料显示，亚裔美国人的家庭平均收入远高于非洲裔、美国印第安人和拉丁美洲裔等其他少数族裔，相等或略高于欧洲裔移民及生在美国的白人。可以说，华人的整体经济地位已有大幅度提高，但两极分化的情况比较严重，特别是在大陆移民中间。不同的社会背景也使华人移民的生活方式有很大的不同，富有和具有高技能的移民通常绕开唐人街直接居住在白人中产阶级社区内，而较贫穷者和低技能劳动者则生活在唐人街或其他贫民区里。另外，当代华人移民主要来自城镇，大多有永久定居的打算。

2. 教育水平的提高

华人教育水平有了很大的提高。1950 年，美国男性华人中，拥有大学学历

① 参见［美］莫铿等主编：《金山侨社礼仪规范》，旧金山：金山侨社礼仪规范出版委员会，1991 年，第 395 ~ 398 页。

② ［美］周敏、王晓晖：《华裔美国人的精英群体》，《社会学研究》2000 年第 5 期。

的人口只占7%，这一比例到1970年攀升至24%，而当年美国男性的该比例仅12%，美国国内的其他少数族裔的比例都少于24%。1990年，美国25岁以上的成年人中，大学学历拥有者升至20%，华人的该比例达到44%。① 在高学历者中，华人是唯一的研究生多于大学生的族裔。以1994—1995年度留美学生中研究生与大学生的比例为例，中国大陆为82∶15；中国台湾为61∶34；日本为18∶72；韩国为46∶44。② 而且，中国留学生部分就读于中美两国的名牌大学，如哈佛大学每年都有200名左右的中国学生在读。留学生是华人的主要来源，所以，华侨华人成人中，硕士以上学历的比例，应高于美国犹太人1/4的比例。③

美国华人学历高的主要原因有：①华人特别重视教育。1989年至1990年，密歇根州的一个华裔问题研究小组的问卷调查结果显示，一般美国人与华人比较，认为国家应优先重视教育的比例分别为45%和54%，个人储蓄主要是为了子女受教育和结婚的分别是38%和65%，包办子女全部教育费用的分别是15%和41%。②美国教育发达，人才成长环境优越，中国优秀人才大量赴美深造。例如，1997年以前，北京大学物理系按成绩排名的前1/3学生中赴美留学的就有500多名；中国科学院物理研究所赴美的留学人员，比在本所的还多。④ 从1979年至1997年，美国共计有21万中国大陆留学生。⑤ 以后各年度大陆留美学生的人数是：1998年46 958人；1999年49 932人；2000年54 466人。⑥ 2001年，中国两岸三地的留美学生增至9.6万人。⑦ 大陆留美学生的回归率约13%；在硅谷，1/3的工程师是亚裔，华裔占其中相当一部分；在全美国家试验室工作的华裔科学家占研究人员总数的8%。⑧

3. 华人的科技成就引人注目

华人在政治、经济、人文科学、体育等领域取得了骄人的成就。作为少数族裔，华人在科技领域的成就特别引人注目。全美共有15万华裔工程师，其中1/10在国防部门工作，有六位诺贝尔奖获得者。此外，目前中国在美留学生仅1998—1999学年就有51 000人，另外还有12 000名学者在美国学术机构进行研

---

① ［美］周敏著，鲍霭斌译：《唐人街——深具社会经济潜质的华人社区》，北京：商务印书馆，1995年，第155页。

② 曹海丽：《留学生：跨世纪中国的人才资源》，《华声月刊》1996年第9期。

③ 唐天：《美以关系如此密切——美籍犹太人功不可没》，《厦门日报》，1997年2月13日。

④ 《中科院院士甘子钊教授说：我国科技队伍出现断层》，《厦门日报》，1998年4月20日。

⑤ 参阅郭玉聪：《新华侨华人群体的形成及特点》，庄国土主编：《世纪之交的海外华人》，福州：福建人民出版社，1998年。

⑥ 李大玖：《留美学生中国大陆人数最多》，（美国）《侨报》，2000年11月14日。

⑦ 《美国国际教育研究所：两岸三地留学生合计高达9.6万》，（美国）《世界日报》，2002年3月10日。

⑧ 《李文和案掀起新麦卡锡主义》，《远东经济评论》，2000年1月13日。

究、学术访问或任教。攻读理科学位的研究生中，华裔和华人留学生占总数的1/4，许多理科院系中的华裔师生已成为所在系（所）的顶梁柱。[①]

中国人认识并重视在美华人是从著名的科学家开始的。诺贝尔奖得主杨振宁、李政道、丁肇中、朱棣文以及物理学家吴健雄、数学家陈省身、建筑艺术家贝聿铭、伯克利加州大学校长田长霖、第一位华人太空人王赣骏、艾滋病研究专家何大一等，许多中国人都耳熟能详。何大一首创艾滋病的“鸡尾酒”式的混合疗法，在1996年和1997年之交被美国《新闻周刊》评为年度首要新闻，何大一也被《时代周刊》选为“1996年度风云人物”，并作为封面人物予以刊载。这是颇有影响的《时代周刊》30多年来第一次将“风云人物”的桂冠授予一名科学家。[②] 该刊在评选20世纪每十年最杰出的科学成就时，将20世纪90年代最杰出的科学成就奖授予了何大一的鸡尾酒疗法[③]。1997年，朱棣文利用激光冷却法，将十分活跃的原子“捕捉”起来，对人类了解放射线与物质间的相互作用，有着巨大的意义。这一获诺贝尔奖的研究成果，还曾获费萨尔国王国际科学奖。[④] 1997年底，丘成桐获得美国科学界最高荣誉的“国家科学奖章”。美国前总统克林顿在宣布其成就时指出，他“借用物理观念，结合拓扑学和超弦理论两种不同的数学研究方法，解决了数学领域中许多悬而未决的问题，对几何、代数、一般系数等多方面的研究产生重大影响”[⑤]，他还获得被称为“数学界的诺贝尔”的菲尔兹奖和克拉福特奖。

（二）美国华人的社会融入

对于美国华人来说，融入主流社会的进程其实早在“二战”以后即已开始。随着1943年美国废除排华法案并在随后的一段时间里陆续公布了《战时新娘法》、《军人未婚配偶法》、《麦卡伦—沃尔特移民和国籍法》、《民权法案》和1965年的新移民法等，华人在美的处境日益改善，逐步享受到平等的移民权利。新中国成立后，中美两国在意识形态、政治制度上的差异一时成了不可逾越的鸿沟，再加上1955年中国政府对双重国籍问题的正式声明，对于在美国的华人来说，继续保持20世纪40年代以前的寄居心态，期待有朝一日衣锦还乡已变得极不现实。昔日可满足的来自中国家乡价值体系中对其自我价值的评价和认定已逐渐变得缥缈，居住地社会已成为美国华人获得自身存在价值认定的主要来源。同

① 《李文和案掀起新麦卡锡主义》，《远东经济评论》，2000年1月13日。
② ［美］麦子：《美国华人科技领域放异彩》，《广东侨报》，1998年1月1日。
③ 《本世纪重大事件》，（美国）《时代周刊》，1998年4月20日。
④ 阙维杭：《有大成就没大架子》，（新加坡）《联合早报》，1997年11月21日。
⑤ 《丘成桐获美国国家科学奖》，（中国香港）《明报》，1997年5月5日。

时随着时间的推移，新的环境对华人来说变得更为舒适，在这里的事业基础日渐稳固。移民法案的变化使越来越多的人实现了与家乡亲人团聚的心愿，中国变得遥远起来，美国成为这些曾经的寄居者们的永远家园。1944—1958 年美国华人出入境的统计比较显示，从 1948 年起，华人移居美国的人数入多出少，该年的移入者为 3 574 人，移出者为 2 238 人，此后每年的入多出少的差距逐渐拉大，到 1958 年时移入者为 3 195 人，移出者只有 2 人。① 从落叶归根到落地生根，美国华人开始了融入主流社会的进程。

三、组织能力与政策目标

在组织性、团结性和凝聚力上，华人常被形容为“一盘散沙”，不到生死存亡的关键时刻难以高度团结，这一状况在海外华人中仍然存在，美国华人社会亦不例外。组织能力与政策目标是制约美籍华人影响美中关系效果的致命“短板”。尽管美国华人社会有着数量众多的传统社团和校友会、各种协会等新型组织，但这些组织中的政治性组织并不多，能够将华人社会凝聚起来的则更少。华人由于其来源地的不同、政治倾向的差异，尤其是对于台湾问题的不同立场，在美中关系上很难拧成一股绳，由此也造成了华人内部不同力量在美中关系上政策目标的不同。

（一）华人的社团组织

1. 早期的美国华人社团组织

早期的美国华人社团大致有四种类型：①以地缘会馆联合注册的慈善福利性质的组织，如中华会馆；②以血缘为纽带结成的宗亲团体，如陈姓颍川堂、梁姓忠孝堂，以及联族团体，如由刘、关、张、赵姓组成的龙冈公所；③以业缘为主要特征的组织，其成员主要是杂货铺、饭店、洗衣店等店主，以及裁缝、流动商贩或中医，如四邑客商总会；④具有秘密结社性质的组织，如致公堂、协胜堂、安益堂等。由于排华政策的影响，华人移民难以获得美国国籍，以致难以参与政治活动。

早期的华人社团组织以福利救济及文化情感需要为主，政治性社团很少。洪门致公堂是美国华侨最早组织的政治性团体，它以“反清复明”为宗旨，只是并未采取实际的行动。1898 年，康有为、梁启超因戊戌变法失败而来美组建“保皇会”，以保救光绪皇帝。民国以后，其党人将“保皇会”更名为“中国民

① ［美］宋李瑞芳：《美国华人的历史和现状》，北京：商务印书馆，1984 年，第 81、258 页。

主宪政党”。1903 年，孙中山先生在旧金山组建“兴中会”进行革命活动，并于 1909 年设立“同盟会”，“中华民国”成立后，改组为“国民党”。自 20 世纪 80 年代开始，美国华人参政、议政的人数越来越多，成立了华裔共和党协会、华裔民主党协会等组织。

20 世纪 30 年代出现一些参与美国当地政治活动的土生华人社团，但数量不多。由于关注点在祖籍国政治，华人对当地政治活动的态度相对冷漠，因此当时的美国华人政治性社团不能有效地利用华裔社区的政治资源，将华裔社区整体带入美国政治选举，从而发挥集体的政治力量。①

2. 华人社团组织的发展和政治性社团组织

随着美国华人移民的增多，华人社团组织大量增加，据美国亚裔政治参与研究著名学者连培德估计，目前美国华人社团有 6 000 多个。② 其中，部分是政治性社团组织。

华人政治性组织的目标主要有两个：第一，鼓动华裔候选人竞选美国政府公职，为华人社区谋利益；第二，通过选票要求候选人当选后委任一定数量和级别的华裔担任政府官员。前者的典型例子如全美各地华人社团出钱支持吴仙标竞选特拉华州的副州长并取得成功。后者的典型例子如 1987 年美国华裔知名人士陈香梅、吴仙标、许卓云、杨振宁等发表《华裔公民 1988 年大选宣言》，要求任何打算在 1988 年竞选美国总统的人士承诺在当选后第一个任期内至少任命三位合格的华裔公民担任下列职位：助理部长级或以上的行政职位，国家科学委员会、民权委员会或平等就业委员会委员，移民局、小型商业贷款局或少数族裔企业局中带决策性的职位或联邦法官；强调任何一位候选人未作上述承诺以前，华裔公民，不分党派，都保留捐款，不提供助选经费。③ 该宣言获得了当时的总统候选人的回应。

华人政治性社团组织可分为临时性和常设性。临时性参政组织通常是由社区知名人士、党员或社团，为支持特定或适当候选人竞选某项政治职位而在选举投票前成立的，其目的是帮助候选人在社区中进行助选活动，主要活动方式有捐款、餐会募款、为选民提供候选人基本资料等，以寻求华裔选民及社区在选票和金钱上的支持，选举结束后该参政团体的运作便停止或自动解散。④ 如 20 世纪六

① 林启文：《华裔美人参与政治活动之研究（1965—1993 年）》，台湾“国立”政治大学民族研究所硕士学位论文，1993 年，第 137 页。

② 万晓宏：《当代美国华人政治参与研究（1965—2004 年）》，暨南大学博士学位论文，2005 年，第 102 页。

③ 周南京主编：《华侨华人百科全书·社团政党卷》，北京：中国华侨出版社，1999 年，第 315 页。

④ 林启文：《华裔美人参与政治活动之研究（1965—1993 年）》，台湾“国立”政治大学民族研究所硕士学位论文，1993 年，第 139 页。

七十年代尼克松竞选总统期间，洛杉矶华裔曾组成“华裔支持尼克松竞选委员会”为其助选。

常设性参政组织可分为党派组织与超党派参政组织两种。华人常设性党派组织主要出现在20世纪80年代以后，较有代表性的有：1981年在纽约成立的“共和党亚裔总部”，在美国东部地区开展党务工作，下设63个分部；1983年在休斯敦成立的“德州亚裔共和党”，下设5个亚裔支部；1984年成立的以华裔共和党员为主的“纽约市史坦顿岛亚裔共和党分部”；1984年在加州橙县成立的“橙县亚裔共和党委员会”；1991年在密苏里州的圣路易地区成立的“亚裔共和党”，是当地第一个华裔常设性党派参政团体；1992年大选前以中国大陆移民美国的华裔民主党人为主在华盛顿成立的“大陆华裔民主党全国联盟”，并在纽约、洛杉矶、旧金山、芝加哥、休斯敦等地区设有分部。[①]

华人常设性超党派参政组织近年来发展较快。虽然早在1980年以前就开始出现华人常设性超党派参政组织，但由于在美华人的多元性和华人之间的矛盾、分歧，华人很难结成超党派联盟，发挥集体政治力量。从历史上看，美国华人只有在面临巨大挑战或重大事件推动的时候才能够团结起来，如1905年的抵制美货运动，1937—1945年中国面临日本侵略之时。[②] 1982年的陈果仁事件和1984年吴仙标当选特拉华州副州长这两件事对华人社区产生很大冲击，推动了华人常设性参政组织的发展。[③] 前者使华人进一步认识到自身的角色和处境，意识到争取族裔利益、公平就业权益及参政的重要性；后者则鼓舞了更多华裔参政人士勇于竞选公职，提高华裔选民的投票兴趣。

1987年3月22日，吴仙标、陈香梅、吴家玮等近百名美国著名华裔人士在洛杉矶蒙特利公园市发起成立常设性超党派参政团体“华裔政治委员会”，旨在凝聚华人政治力量，促成华人出任美国联邦决策阶层要职，提升华人地位。1988年，美国各党派的竞选人都发表承诺，表示当选后推荐华裔出任美国政府高层职务。当年，当选总统的布什任命华裔祖炳民为“亚裔联络委员会主席”，负责向总统推荐亚裔人士出任美国各级公职。[④] 20世纪90年代，华裔超党派常设参政组织进一步增加，如密苏里州圣路易市姚武铿、吴征等创立的“华人参政促进委

---

① 林启文：《华裔美人参与政治活动之研究（1965—1993年）》，台湾“国立”政治大学民族研究所硕士学位论文，1993年，第144~146页。

② 万晓宏：《当代美国华人政治参与研究（1965—2004年）》，暨南大学博士学位论文，2005年，第112页。

③ 万晓宏：《当代美国华人政治参与研究（1965—2004年）》，暨南大学博士学位论文，2005年，第112页。

④ 周南京主编：《华侨华人百科全书·社团政党卷》，北京：中国华侨出版社，1999年，第184~185页。

员会”；旧金山华裔社区领袖伍漩灿创立的“华人领袖委员会”、祖炳民创立的全加州性的“亚美政治教育基金会”；洛杉矶地区吴洋培创立的“台美政治协会”、林中山创立的“台美参政推动会”、翁家伦和徐惠诚等共同成立的“圣马利诺—南巴沙迪那政治行动委员会”；南加州数个华裔社团共同发起的“华美选民教育基金会”；纽约华裔参政人士罗其福等成立的“布碌仑华人选民协会”。这些常设性超党派参政组织鼓励合格华裔竞选公职或争取政治任命、推动选民登记、举办候选人政见发表会、举行募款餐会，或代表华裔选民向其他族裔候选人表达华裔社区的需求，在华人参政运动上发挥了重大作用。①

政治性组织的成员大多具有较高的知识水平，对美国社会理解较深，并有较强的组织、动员和策划能力，这些组织中影响较大的有华促会、美华协会、华人政治委员会、百人会和80/20促进会等。在选举期间，这些组织代表该组织或华裔社区与各政党的候选人接触，选择适当候选人予以支持，推动选民登记，举办候选人政见发表会，推荐候选人给选民，举行募款餐会及动员选民投票。平时则有计划地培养华裔参政人选，提高华裔参政意识；推广选民教育，鼓励华裔竞选公职或争取政治任命；举办参政实务研讨会或制订青少年政治实习计划等。1996年的亚裔政治献金案使美国华人参与政治的积极性遭遇一次较大挫折，但也给他们一个深刻的教训，令华人社区进行反思。② 1999年的李文和事件使华人更加意识到只有积极参政才能维护自身的权益。全美各地华人社区的选票经由各地华人参政团体的整合与运作（如80/20促进会），使华裔候选人参与地方选举成功的机会大增，也使当政的官员和其他族裔候选人不敢忽视华人的政治力量，因而比以前更关注华人社区的权益诉求。

3. 华人团体组织的政治倾向

美国华人社会受到中国政治变化的影响，在不同程度上分成亲大陆、亲台以及亲“台独”等派系。由于国民党长期同美国保持密切关系，早期美籍华人多半来自台湾、香港地区和1949年前的大陆，与台湾当局有着千丝万缕的联系。与台湾当局关系密切的华人社团组织在增进台湾当局与美国的关系方面做了大量工作，长期影响着美国对华政策，包括对台湾的政策。

近年来，美国出现一些具有“台独”倾向的华人组织，有的甚至明确主张“台独”。台湾“国际联盟”甚至宣传台湾是一个“独立的国家”，要求国际社会给予承认，该组织同民进党有密切的关系。台湾人公共事务会寻求对台湾“自

① 林启文：《华裔美人参与政治活动之研究（1965—1993年）》，台湾“国立”政治大学民族研究所硕士学位论文，1993年，第147~148页。

② 万晓宏：《当代美国华人政治参与研究（1965—2004年）》，暨南大学博士学位论文，2005年，第112页。

决”的国际支持，保护台湾的利益，台湾的“外交部”曾与其研究台湾加入联合国的名称问题。1995 年，世界台湾人商会、台湾进出口协会、北美台湾医学协会、北美台湾人基督教堂委员会、台湾籍美国公民联合会、台湾籍美国人社会等组织与台湾的国际研究会中心一起致函当时的克林顿总统，要求其同意李登辉访美。

此外，“民运”分子、西藏分裂势力等不断地游说美国国会、官员和基层，试图影响美国对华政策。这些群体的人数虽然不多，但能量相当大。如 1989 年 11 月在“民运”分子的游说下，美国总统下令到期的中国人员可以继续合法居留美国，随后又下令这些人可以改变身份。“藏独”分子和一些“反华”人员给美国“反华”政客提供各种歪曲事实的材料，严重妨碍两国关系的正常发展。

在美国，从积极和中性角度促进美中关系的组织有美华商业联合会、百人会、美华全国联合会等。

（二）华人组织的政策目标

华人政治性组织的目标主要有两个：第一，鼓动华裔候选人竞选美国政府公职，为华人社区谋利益；第二，通过投票选举要求候选人当选后委任一定数量和级别的华裔担任政府官员。

具体而言，一些具有“台独”倾向的华人组织主张“台独”，要求国际社会给予承认，积极影响美国对华政策和对台政策。一些从积极和中性角度促进美中关系发展的组织如美华商业联合会、百人会、美华全国联合会等，则在促进美籍华人参与政治的同时，积极推动美中关系，为政治家、利益集团和大公司就华人关心的事务提出建议和提供资料。他们认为，美中两国间的建设性关系有助于增进世界的和平和繁荣，因而利用其跨文化优势和对美中两国的理解，向美国政府提出政策建议。

总体上，现阶段美国华人组织的政策目标主要停留在华人在美国自身权利的提高，如平等的就业机会、教育机会、升职机会等方面。除百人会提出对美中关系参与的明确政策目标外，其他类似的组织并不多。值得注意的是，一些有“台独”倾向的政治团体借助美国犹太人组织的模式，有着明确的政策目标，积极影响美国对台政策。

四、政治资源

政治资源主要体现在华人担任政府公职的级别与数量方面。华人虽然担任了一定数量和级别的政府公职，但总体上仍处于弱势，美籍华人的政治资源仍有待进一步增加。

（一）华人担任政府公职状况

以下分别对华人担任国会议员、州政府公职、州议员、市议员与市长，以及政治委任五个方面进行分析。

1. 国会议员

1959年华裔邝友良当选为美国联邦参议员，并连任四届，直到1976年退休。他是担任此职务的第一位华人，也是美国历史上第一位担任此职的亚裔。在任期间，他为亚裔在民权、移民改革和教育等方面做出了重大贡献。邝友良是1965年国会通过的修改移民法提案的主要发起人之一，有近40位杰出的夏威夷人士在他的支持推荐下进入政府机构担任高层职务，不论对他自己或夏威夷人民而言，邝友良都可算是位成功的参议员。① 其后，有数位华裔竞选国会议员，但均未获成功，直到1996年华裔吴振伟在俄勒冈州当选为国会众议员。目前联邦国会担任众议员的华裔只有吴振伟一人，担任参议员的华裔则至今没有。

2. 州政府公职

1959年李察臣当选为夏威夷州副州长，是美国历史上第一位华裔副州长；1974年余江月桂（女）当选为加州州务卿；1984年吴仙标在德拉瓦州竞选副州长成功，成为美国第二位华裔副州长；1990年刘美莲（女）在内华达州当选为州务卿，是继余江月桂后担任州务卿的第二位华裔；1996年骆家辉当选华盛顿州州长并连任至2004年，这是华裔第一次担任州长职务。

3. 州议员

由于华人大多集中居住在夏威夷州、加利福尼亚州、纽约州、得克萨斯州等几个州的大城市，而州议员通过分选区进行竞选，华人在某些选区可以积聚力量或与其他族裔联合选出自己族裔的州议员，华人在人口规模和分布上占有优势。以夏威夷州为例，1938年邝友良当选为夏威夷州众议员，连任至1954年，并任众议院议长；1946年邓悦宁在亚利桑那州的凤凰城当选为州众议员，是美国大陆第一位当选州议员的华裔；1955年混血华裔钟望贤在夏威夷当选为州参议员，并担任参议院议长；1963年华裔周秩铭当选为佛罗里达州议员，是美国大陆第二位华裔州议员；1966年余江月桂在加州当选州众议员并连任至1974年，是美国第一位华裔女性州众议员；1973年伍述殷在华盛顿州当选为州众议员；1975年骆家辉和工敬励两位华裔在华盛顿州当选为州众议员；1982年叶邓稚凤在俄

① 林启文：《华裔美人参与政治活动之研究（1965—1993年）》，台湾“国立”政治大学民族研究所硕士学位论文，1993年，第199页。

勒冈州当选州参议员。[1] 20 世纪 90 年代以来，当选为州议员的华裔人数越来越多，1998 年谭鸿章、张杰瑞、余贵、陈秋萍、梁凤美分别在夏威夷州当选州参众议员；2002 年中期选举中全美有 5 位华裔新当选或连任州众议员，他们是刘漩卿、赵美心、余胤良、陈焕英和黄朱慧爱。[2] 2004 年的全国大选中有 7 位华裔新当选或连任州众议员，他们分别是刘漩卿、赵美心、余胤良、陈焕英、黄朱慧爱、陈文和孟广瑞，其中最引人注目的是，在纽约法拉盛出现了第一位华人州众议员孟广瑞。[3] 华裔候选人在华裔或亚裔居住较集中的选区参加州议员竞选的成功率越来越高，说明华人在州一级的参政实力有了明显增强。

4. 市议员与市长

华人在市议员与市长这一级的政治选举中也具有相当的实力。早在 20 世纪 50 年代，华裔谭福善就在当时还是美国属地的夏威夷毛伊市当选为市议员，并于 1954 年担任该市市长；1954 年华裔邓达明在亚利桑那州的皮欧瑞亚市当选为市议员，并于 1979—1985 年间担任该市市长，他是美国本土的第一位华裔市议员。[4] 1965 年赵英梁在密西西比州的仲斯市当选为市议员，并担任为期一年的市长；1974 年周马双金（女）在华盛顿州的景县当选为县议员，是第一位华裔女性县议员。20 世纪 80 年代，通过竞选担任市议员及市长的华裔越来越多，据统计，这 10 年间至少有 10 位华裔成功当选市议员和市长，其中影响最大的是陈李琬若（女）于 1983 年当选为加州蒙特利公园市议员和市长，是美国第一位华人女市长。20 世纪 90 年代以来，参与竞选市议员与市长选举的华裔参政人士更多，成功当选的人数也更多，可以说，在华裔或亚裔人口集中的城市，基本上都有华裔参选或当选。[5]

近年来，华人参政涌现出更多新秀。2010 年 11 月 10 日，美国加州的奥克兰市诞生了 158 年以来的首位华人女市长关丽珍，由于奥克兰是该州的第四大城市，人口 30 多万，因此，这比以往华人主要出任几万人甚至更少人口的中小城市更引人注目。2011 年 11 月 8 日，华人李孟贤高票胜选旧金山市长。旧金山人

---

① 万晓宏：《当代美国华人政治参与研究（1965—2004 年）》，暨南大学博士学位论文，2005 年，第 77 页。

② 万晓宏：《从 2002 年美国中期选举看华人参政》，暨南大学华侨华人研究所编：《华侨华人研究》（第 6 辑），北京：中国华侨出版社，2003 年，第 122 ~ 124 页。

③ 万晓宏：《当代美国华人政治参与研究（1965—2004 年）》，暨南大学博士学位论文，2005 年，第 77 页。

④ 林启文：《华裔美人参与政治活动之研究（1965—1993 年）》，台湾“国立”政治大学民族研究所硕士学位论文，1993 年，第 207 页。

⑤ 万晓宏：《当代美国华人政治参与研究（1965—2004 年）》，暨南大学博士学位论文，2005 年，第 77 页。

口有70多万，是美国著名的大城市，又是早期华人移民美国首达地和排华法案始发地，李孟贤也因此被认为创造美国华人参政史的又一里程碑，被媒体誉为“华人奥巴马”①。2012年1月3日，李瑞麟出任美国西海岸华盛顿州贝尔维尤市市长。李瑞麟是该市的第一位华人市长，也是该市历史上第一位少数族裔市长。②

除了通过竞选担任上述各种公职外，还有不少华裔参与竞选法官、学区教育委员和其他民选公职，通过基层职位的锻炼，为进一步的发展打下基础，如余江月桂、陈李琬若、赵美心等在成功竞选州议员、州务卿或市议员/市长前都曾长期从事社区服务工作。

5. 政治委任

在美国，除了通过直接参加竞选的方式外，还可以通过政治委任的方式获得任职，即通过与美国总统、执政党派或其他全国性（或地方性）官员的密切关系而获任某一政府职位。1963年，陈香梅女士被肯尼迪总统委任为中国难民救济总署主席，是第一位通过委任担任联邦政府职位的华裔；1967年，陈香梅又被尼克松总统委任为全美妇女支持尼克松竞选总统委员会主席。陈香梅通过加入共和党，长期为共和党总统候选人助选，与理查德·尼克松、罗纳德·里根和乔治·布什等人都建立了密切的私人关系，他们成功当选后，先后邀请她入阁或担任驻外大使等职，都被她婉言拒绝，只接受白宫出口委员会副主席、白宫学者委员会委员和内政部环保委员会委员等闲职。③ 除了陈香梅外，20世纪80年代以来，许多华裔如赵小兰、张之香、姚李恕信、陈达孚、吴观宝、刘美方、丁景安等，都是在共和党执政时期通过党的关系出任联邦政府公职。④ 20世纪90年代后，华裔通过政治委任方式担任联邦政府要职的人数进一步增加，最具有里程碑意义的是2000年小布什当选美国总统（2001年宣誓就职）后，委任华裔赵小兰担任美国联邦劳工部长，使她成为第一位挤入内阁部长席位的华裔，也是第一位担任内阁部长的亚裔女性；华裔任筑山也被小布什任命为联邦农业部主管研究、教育和经济事务的副部长⑤。

自陈香梅以来，通过委任方式担任联邦官员与专业委员的人数到1992年有近80人，尤其是1988年老布什当选总统以后有了显著增加。自小布什2001年担任美国总统以来，已经任命了大约75名华裔官员，除赵小兰外，还有国防部

---

① 刘海平：《年终人物专访：李孟贤改写旧金山华人历史》，（美国）《侨报》，2011年12月23日。

② 刘丹：《美华人市长李瑞麟：了解美国政治 参与改变制订规则》，http://chinese.uschinapress.com/2012－02/03/con－tent_1254012.htm，2012年2月3日。

③ ［美］陈香梅：《陈香梅自传》，济南：山东人民出版社，2003年，第612～615页。

④ 林启文：《华裔美人参与政治活动之研究（1965—1993年）》，台湾“国立”政治大学民族研究所硕士学位论文，1993年，第206页。

⑤ ［美］华顿文：《任筑山纵论“玻璃天花板”》，（香港）《地平线月刊》2003年11月号，第22页。

副部长朱思久、农业部副部长任筑山、防务管理部助理副部长刘迈克、能源部原子废料局局长严斯台、劳工部财务长莫天成、国务院巡回大使周启康（主要负责艾滋病防御和保健事业）、联邦检察官黄金玉、商业部助理副部长吴旭淳、副助理部长董继玲、教育部双语教育司副司长张曼君、劳工部第十区部长代表（管理华盛顿州等六个州）梁必明、劳工部第三区部长代表谭安祺、辅助医学顾问委员会委员杨自国，以及全美唯一华裔最高法院法官——加州最高法院法官陈惠明等。

此外，还有美国华裔政治家骆家辉。骆家辉出生于美国华盛顿州西雅图市，属民主党籍。1997 年至 2005 年担任美国第 21 任华盛顿州州长，是第一个当选为美国州长的华裔美国人。2009 年 3 月至 2011 年 7 月出任美国第 36 任联邦商务部长。2011 年 7 月 27 日，骆家辉成为史上首位华裔美国驻华大使。2014 年，骆家辉辞去美国驻华大使职务，回美国西雅图与家人团聚。

华裔政治人物对改变和提升美国华人形象具有积极意义。

（二）华人政治资源评析

如前所述，虽然有一定数量的华人担任政府公职，但主要集中在州议员、市议员与市长这一层次，担任州长和国会议员的人数仍然屈指可数。因此，相对于华人的人口规模，华人担任政府公职的数量较少，级别偏低。这一状况与华人在美国大多从事理工科专业的学习和工作有密切关系，因为这些行业就业容易，受到的种族歧视也更少。即使在学术界，从事政治学研究的华人学者也十分有限。据统计，目前 55 岁以下在美国大学任职的华裔政治学学者，来自大陆的有 80 多位，来自台湾的只剩下 7 位，而且东西分布不均，东多西少。[①] 担任政府公职的级别与人数是衡量族裔群体政治资源的重要方面，就华人情况看，这方面仍有待进一步加强。

五、人文资源

在族裔群体影响美国对外政策的人文资源上，华人并不具有优势。由于历史、文化、制度、宗教信仰的差异，美中两国存在较大的隔阂，华人所拥有的人文资源较少。

---

① 陈青：《华人在美参政先天不足，不能再后天失调》，（美国）《世界日报》，2002 年 11 月 26 日。

（一）华人的人文资源

很长时间里，美国对中国的认识充满了主观愿望和客观事实之间的冲突，有一些美国人过多地从美国的观念出发，有意无意地忽略了中国的发展条件和内在需求，在现实中陷入中国“好坏敌友”的困惑。[①] 奥克森伯格指出：“由于令历史上几代人着迷的原因，美国周期性地试图造就一个自己喜欢的中国。这种努力总是以失败告终。……美国仍然陷入中国的‘爱恨情结’中，不愿意承认明显的事实：中国代表着一种完全不同的、骄傲的文明，它对现代化的追求会继续为不幸和悲剧所打断，融入世界的进程需要多年的努力。”[②] 他的话一定程度上揭示了美国人认识中国发生偏差的原因。

在部分美国人看来，中国仍然存在一个“不民主”的政府，有可能“不负责任地”对内对外使用武力。更有观点认为，共产党就是法西斯，共产党执政就是法西斯专制，就是独裁统治。在这种独裁统治下，中国是个没有民主、没有人权、没有法制的国家。[③] 例如，众议院民主党领域普哈特称，中国领导人和政府是“迫害基督教、穆斯林等宗教的领导人”，“出售最危险武器”，“从奴隶劳动中获利和利用最邪恶的手段强行堕胎”的“暴君”。[④] 参议员赫尔姆斯仍在不断称中国为“红色中国”、“赤色中国”。众议院史密斯和部分美国媒体仍不断攻击中国为“共产党独裁者”。[⑤]

美国认为中国不接受西方的人权观念，是对美国价值观念的挑战；中国在意识形态上威胁美国和其他西方国家；中国代表着一种不同于西方的文化和文明，会给西方带来威胁，正如亨廷顿的“文明冲突论”指出的那样。

华人和亚裔在美参政的另外一个障碍，就是华人属于“非白人”，在白人根深蒂固的意识里，华裔和亚裔是“他们”。“事实上，尽管你生在美国，只会英文，非常美国化，但是你的外表——杏仁眼，黑直发，黄皮肤——就足以被看作外国人。你可以像白人一样谈吐，一样爱好，一样出色，甚至比他们更优秀，但他们从来就不拿你当白人或美国人。”[⑥] 在美国能源部举行的一次亚裔传统纪念月（每年五月）纪念活动中，美国国会议员吴仙标应邀去能源部演讲致辞，但他和他的亚裔助手却被挡在能源部大楼，即使他出示国会证件也无济于事。看守

---

① 孙哲：《崛起与扩张：美国政策与中美关系》，北京：法律出版社，2004 年，第 349 页。

② Michel Oksenberg, “The China Problem”, *Foreign Affairs*, Vol. 70, No. 3, 1991, p. 14.

③ Robert Kagan, “A ‘Normal’ Trading Partner”, *The Washington Post*, June 17, 1997.

④ John E. Yang, “Gerhardt Bashes U. S. Policy on China”, *The Washington Post*, May 28, 1997.

⑤ “6/8 House Hearing on China Trade Status”, *USIS Bulletin*, June 10, 1999, p. 26.

⑥ 《“模范少数族裔”与“永久的外国人”》，［美］周敏著，郭南译：《美国华人社会的变迁》，上海：上海三联书店，2006 年，第 36 页。

的警卫不断地问他们的国籍，并表示这是能源部的正常程序，国会证件不算作有效证明文件。然而，第二天，一个意大利裔的国会议员可以凭着国会证件通行无阻。在美国，这种例子绝非偶然，这说明美国社会仍然普遍地把亚裔看作外国人。[①]

（二）华人的人文资源评析

从上述情况看，华人的人文资源并不乐观。近年来，美国一直试图重新界定它对快速变化的、世界上人口最多的国家的历史期望，但这种徘徊不定的过程一直被“非黑即白”的思维阴影所笼罩。[②] 美国人总是忙着澄清对中国的误解，可是就在试图走出一套误解的观念的同时，美国人又常用另一套新的误解来取代原有的偏见。从某种意义上说，美国常用今天的“真实情况”来代替昨天的“虚构事物”，接着就发现今天的“真实情况”变成了明天的幻觉现象。[③] 这就是为什么自两国建交以来，美国对中国的态度一直在变，一会儿是热情奔放，一会儿是冷嘲热讽，一会儿是一切皆好，一会儿是一无是处，就这么转来转去，对华决策毫无规律可言。[④] 而美籍华人自身尽管在美国被称作“模范少数族裔”，却被当作“永久的外国人”。华人的这一状况，无疑对他们参与美中关系的努力产生负面影响。

六、战略资源

冷战结束后，“制约中国”呼声日起，美国开始寻找新的敌人，中国因其社会主义制度、日益增长的经济实力、地区性的力量和现实的独立地位而被夸大为美国的下一个入侵者，美国必须阻止中国对它的威胁，或者推翻中国现行的制度。虽然冷战已经结束，但中国损害美国安全的行径却在增加[⑤]，于是，一场“不可避免的中美军事冲突的争论”从20世纪90年代以来，一直阻碍着中美关系的健康发展。例如，《即将到来的与中国的冲突》（*The Coming Conflict with*

---

① 《“模范少数族裔”与“永久的外国人”》，[美] 周敏著，郭南译：《美国华人社会的变迁》，上海：上海三联书店，2006年，第37页。

② 转引自孙哲：《崛起与扩张：美国政策与中美关系》，北京：法律出版社，2004年，第276页。

③ Harry Harding, “Neither Friend nor Foe: A China Policy for Nineties”, *Brookings Review*, Vol. 10, No. 2, 1992, pp. 6－11.

④ 孙哲：《崛起与扩张：美国政策与中美关系》，北京：法律出版社，2004年，第275页。

⑤ “Betrayed by Greed”, *USA Today*, January 4, 1999.

China）一书就反映了对“中国威胁论”的典型看法。[①] 该书两位作者分别是《时代周刊》和多伦多《环球时报》前驻北京的记者——伯恩斯坦和芒罗。他们危言耸听地宣称，21 世纪世界事务中最严重的问题之一是“当许多人强调不要把中国变成美国的敌人的时候，中国的领导人其实早就把美国视作敌人了”[②]。“中国与美国是完全不同的国家。当这个政权感到威胁时，它仍然会说谎。当它感到它的政治垄断权面临危险时，它会采取一切手段。这个国家没有真实的法律程序。尽管处理对外事务的外交部官员具有都市眼光、富于经验和理性，但在领导层中把握有决策权的是强硬派，他们视美国及其价值观和生活方式为对中国的威胁。”[③] 美国还试图把台湾地区作为其“西化”中国的样板，对于中国的变化，“存在一个成功的改变模式对美国是有利的，‘新台湾’就是这样一个模式”[④]。

与“制约中国”不同的另一类观点则主张与中国“接触”。中美关系是世界上最复杂的双边关系之一。一方面，双方结构性矛盾之多非任何其他双边关系可比，包括意识形态和社会制度分歧[⑤]、文明之间的冲突[⑥]、地缘政治摩擦[⑦]、崛起大国与既有霸权国之间的“天然对立”[⑧]，以及在台湾问题上难以轻易化解的利害纠纷等。另一方面，双方结构性合作因素之深也耐人寻味。除了对重大国际事务承担共同责任、共同对付攸关各自利益的重大威胁、经贸纽带难以割舍等经常被论证的方面外，中美之间还存在另一重要因素，即文化心理方面的相互吸引和相似性[⑨]。也有观点认为，中美之间真正的对立，主要源自政治军事和意识形态矛盾，而非历史文化冲突，这是政治作祟的结果；中国人“讨厌”、“痛恨”美国对

---

① Richard Bernstein and Ross H. Munro, *The Coming Conflict with China*, New York: Alfred A. Knopf, Inc., 1997.

② Richard Bernstein and Ross H. Munro, *The Coming Conflict with China*, New York: Alfred A. Knopf, Inc., 1997, pp. 108 - 109.

③ Richard Bernstein and Ross H. Munro, *The Coming Conflict with China*, New York: Alfred A. Knopf, Inc., 1997, pp. 108 - 109.

④ Brett Lippeneott, “Taiwan Should be Allowed to Join the World Community”, *Heritage Foundation Reports*, August 24, 1994.

⑤ 参见刘建飞：《民主对国际关系的影响》，《战略与管理》2002 年第 3 期；许振洲：《影响中美关系的文化和意识形态因素》，《现代国际关系》2001 年第 6 期。

⑥ ［美］塞缪尔·亨廷顿著，周琪等译：《文明的冲突与世界秩序的重建》，北京：新华出版社，1998 年，第 242 ~ 274 页。

⑦ ［美］兹比格纽·布热津斯基著，中国国际问题研究所译：《大棋局——美国的首要地位及其地缘战略》，上海：上海人民出版社，1998 年，第 59 ~ 60 页。

⑧ ［美］理查德·伯恩斯坦、罗斯·芒罗著，隋丽君等译：《即将到来的美中冲突》，北京：新华出版社，1997 年；［美］约翰·米尔斯海默著，王义桅、唐小松译：《大国政治的悲剧》，上海：上海人民出版社，2003 年，第 539 ~ 545 页。

⑨ 袁鹏：《论中美关系未来发展的空间》，中国现代国际关系研究院美国研究所编：《中美战略关系新论》，北京：时事出版社，2005 年，第 91 页。

华干涉、制裁以及在国际舞台上的单边主义作风，但在主体意识上并不“仇恨”美国人；中美关系具有很快、很强的修复能力，1989 年至今中美之间历经 1989 年春夏之交发生的“政治风波”、“银河号”事件、台湾危机、政治献金案、间谍案、“炸馆事件”、“撞机事件”等众多恶性事件，但都能化险为夷、转危为安。

从美国政府的角度来看，美国在中国看法上主要有两种人：美国国会的一些人属于第一种，即现实主义的死硬派。他们认为中国没能始终贯彻执行国际条约，还试图影响美国大选结果和窃取重要的资料，这些人将中国视为东亚的麻烦制造者。另一派美国人认为，中国正在逐步努力适应全球通行的规则，并且最终会成为国际体系的一员；作为一个拥有 13 亿人口的大国，中国人民的生活水平无疑比历史上任何时候都高；在“对于中国我们不能在短时间内提出过多苛刻的要求”的想法的影响下，政府更应该鼓励“和中国和平共处”政策而不是对中国加以遏制的政策。因而这个学派认为，美国应该考虑到中国的国情，虽然中国与美国在人权问题方面有分歧，但这并不影响两国在反对恐怖主义、环境保护、经济领域等方面的合作前景。在过去 20 年里，上述两派的矛盾观点导致了美国对华政策的波动。由于美国内部对中国在当今世界的地位和影响意见不一，美国对华政策出现自相矛盾的情况也就无法避免。所有的这些都表明，美中两国在战略上仍然缺乏清晰的定位，更未在政策上形成长期连续的政策。

由于美中两国历史上的纠纷，意识形态上的差异，政治制度的不同，贸易问题上的矛盾，特别是冷战结束后美国对世界格局的控制欲望，美中两国在战略上难以接近。美国前总统小布什上任初期更将中国定位为战略对手，对中国加紧防范。美国对中国的战略无论是“接触”（engagement）、“制约”（containment），还是两者兼具，都表明美国在战略上对中国的防范。奥巴马上台后，把美国的战略重心从中东转移到了亚太，基本完成战略东移的部署。同时，中国快速上升的经济实力也引起美国的担忧。中美双方之间原有的信任进一步削弱，新的猜疑逐渐增加，有导致冲突和对抗的危险。为此，双方同意构建中美新型大国关系，尽管仍将面临许多困难和挑战，但值得期盼。

综上所述，受各方面因素影响，美籍华人作为族裔群体在影响美国对外政策的战略资源上并不具备优势。

第三节　美籍华人参与美国对外关系的资源比较和评估

一、美籍华人与美籍犹太人的资源比较

从前面两节对美籍华人参与美中关系资源的详细分析可以看出，华人具备了参与美中关系的必要资源和条件。为进一步衡量华人的资源状况，本节通过美籍华人与美籍犹太人的比较，更全面地认识华人的资源状况。

（一）人口数量与人口分布的比较

2000 年美国的犹太人口有 600 多万[①]，华人人口则为 287 万[②]。犹太人集中居住在纽约州、加利福尼亚州和宾夕法尼亚州等地；华人主要居住在加利福尼亚州（占 43%）、纽约州（18%）、夏威夷州、得克萨斯州、新泽西州等地。[③] 华人人数较少，而且 63% 的华人是第一代移民，根基较浅。

（二）社会经济地位比较

总体上，美国犹太人的受教育程度、社会地位、经济收入都居于较高水平。犹太人的平均受教育年限为 16 年，而美国白人只有 13 年；[④] 25 岁以上的犹太男性中 25% 从事具有高社会地位的工作，如高级管理人员、医生、律师、教授、高级技术人员和科学家等；25 岁以上的犹太人中 27% 在经济管理、广告、房地产、咨询和销售等行业工作。犹太人控制了美国金融业的 1/5 以上，新闻和影视业约一半，食品业为 60%（全世界现有犹太人 1 300 万，其中约 400 万住在以色列）。[⑤] 他们的收入也相应较高，平均家庭年收入近 4 万美元，与其他白人相当。尽管美国犹太人只占美国总人口的 3%，但他们在美国经济、金融、法律、传媒和文化界有着巨大的影响力。

美国犹太人控制着美国主要传媒。在新闻电视广播网方面，犹太人拥有

---

① 罗爱玲：《美国犹太人及其对美国文化的影响》，《世界民族》2004 年第 2 期。

② 转引自［美］周敏：《美国华裔人口发展趋势和多元化》，《人口与经济》2004 年第 3 期，第 18 页。

③ 熊志勇：《美国华裔与美国对华政策》，《哈尔滨工业大学学报》（社会科学版）2001 年第 2 期，第 36 页。

④ Sylvia Fishman, *Jewish Life and American Culture*, Albany: State University of New York Press, 2000, p. 49.

⑤ 牛军主编：《克林顿治下的美国》，北京：中国社会科学出版社，1998 年，第 171 页。

HBO（美国最大的付费有线网）、ABC、CBS；报纸杂志方面，犹太人拥有《纽约时报》、《华盛顿邮报》、《华尔街日报》、《波士顿环球报》、《国际先驱论坛报》、《时代周刊》、《新闻》周刊、《人物》、《财富》、《大西洋月刊》、《花花公子》等；电影唱片业方面，犹太人控制着迪士尼制片、派拉蒙 MCM 制片厂、Universal 制片厂、时代华纳制片厂、华纳音乐、PolyGram、Interscope 等。[①] 上述公司大多拥有近亿受众。犹太人在传媒领域的巨大优势，为犹太利益集团的政治活动提供了极大的便利，是犹太人宣传自己、影响公众舆论和候选人政治观点的重要渠道。犹太人在传媒舆论方面的巨大优势是其他族裔群体难以望其项背的，包括华人。

华人的状况呈现出明显的两极分化的状况，从而在整体水平上与犹太人相去甚远。华人成人中硕士以上学历的比例高于犹太人[②]，但也有一些新移民的受教育程度非常低。在就业上，在美国出生的华人中 77% 从事白领工作，更多华人则从事如餐饮业、制衣业等低收入的服务行业；华人在高科技产业中表现突出，但从事的多是技术性工作，从事管理工作的较少。一项对硅谷的调查表明，21.5% 的专业岗位属于亚裔人员，但他们中只有 12.5% 的人属于管理层[③]。华人中既有诺贝尔奖获得者，也有王嘉廉、杨致远等新经济中的杰出代表，但更多华人的受教育程度、从事的职业和经济状况有待进一步提高，华人在媒体中的力量更为弱小。

（三）政治参与比较

美国犹太人被认为是影响美国对外政策，尤其是中东政策最有力量的少数族裔。绝大多数犹太选民参加投票，而且非常集中地投向民主党。1988 年，64% 的犹太选民投票支持杜卡金斯；1992 年和 1996 年，分别有 80% 和 78% 的犹太选民支持克林顿。1992 年克林顿竞选期间，60% 的个人捐款来自犹太人。1996 年，27% 的犹太人说他们向总统候选人捐了款。[④] 近年来，美国犹太人的参政意识不断增强，投票率高达 90%，“约占美国所有选票的 6%，且选票集中在拥有 273 张选举人团票的 12 个关键的州”[⑤]。1998 年，美国有 45 名众议员和 10 名参议员是犹太人，参议院对外关系委员会和众议院国际关系委员会将近 20% 的成员是

① 沈侃：《美国大众传媒的制造者与控制者》，http：//www. media. tsinghua. edu. cn/article. php/595。

② 唐天：《美以关系如此密切——美籍犹太人功不可没》，《厦门日报》，1997 年 2 月 13 日。

③ Benson Tong, *The Chinese American*, Westport: Greenwood Publishing Group, Inc., 2000, p. 108.

④ Allen J. Cigler and Burdett A. Loomis, ed., *Interest Group Politics*, Washington, D. C.: C. Q. Press, 1998, p. 370.

⑤ “Jewish Votes: An Awkward Balance”, *Economist*, August 29, 1992, p. 22.

犹太人。此外，美国有不少政治界、经济界名人是犹太人，如前国务卿基辛格和舒尔茨、前国防部长施莱辛格和温伯格、前联邦储备委员会主席格林斯潘等。

华人对选票的力量和作用缺乏足够的认识，投票率较低，不重视选票的直接后果就是在政治上担任政府、国会等公职的华人尽管较过去有了提升，但仍然寥寥可数。

（四）组织程度和政策目标

犹太人的院外活动势力非常强大，而且组织有力，“美以委员会”是美国最著名的院外集团之一。美国前众议员保罗·芬德利在其《美国亲以色列势力内幕》一书中早就以其亲身经历感叹道：“以色列院外活动集团一直相当卓有成效，主要原因是它大体上垄断了中东政策问题。”[①] 可以说，没有犹太人在政治、经济上的帮助，就没有以色列的今天，以至于有人把美国犹太人院外集团称为“在另一条战线作战的以色列军队”[②]。

尽管华人也有美华协会、百人会等组织，但美国华人 1 000 多个社团中主要是各种会馆、公所、同乡会，且这些组织中 90% 以上主要从事慈善、文化、教育、宗教、娱乐和社交活动，另有 7% ~8% 与经济和职业有关，其余的才以政治为主要宗旨。[③] 华人中影响力较大的游说组织有早期的中国游说团（China Lobby）和随后的台湾游说团，明确提出以美中关系为政策目标的也只有百人会等少数组织，而台湾游说团的政策目标却要将美中关系拉向另一个方向。

（五）团结性和凝聚力

犹太人内部非常团结，普遍明确地要求美国政府支持以色列、参与支持以色列活动的犹太人人数达 200 万。1982 年的一次调查表明，94% 的犹太人亲以色列和非常亲以色列，3/4 的人认为不能投对以色列不好的人的票，1/3 的人表示愿意向支持以色列的候选人提供竞选经费。[④] 华人则因中国政治变化和台湾问题，在不同程度上分成亲大陆、亲台和亲“台独”等势力。此外，还有华人中的“民运”分子、“藏独”分子等势力，通过对美国国会、官员和基层的游说，对美中关系产生相当大的负面影响。

---

① “Jewish Votes：An Awkward Balance”，*Economist*，August 29，1992，p. 22.

② 肖宪：《中东国家通史·以色列卷》，北京：商务印书馆，2001 年，第 196 页。

③ 熊志勇：《美国华裔与美国对华政策》，《哈尔滨工业大学学报》（社会科学版）2001 年第 2 期，第 36 页。

④ 熊志勇：《美国华裔与美国对华政策》，《哈尔滨工业大学学报》（社会科学版）2001 年第 2 期，第 36 页。

尽管美国的华人社会有着各种分歧，但近年来出现了超越台湾问题分歧的呼声，越来越多华人和组织从积极、中性的角度促进中美关系的发展，如美华商业联合会、百人会、美华全国联合会等。

此外，在人文资源、战略资源方面，美籍华人与犹太人相比也存在一定的劣势。当然，我们不能通过上述比较得出美籍华人的参政资源在各方面都不如犹太人的结论，该部分的目的在于，通过两者的比较，让我们更加清醒地认识到尽管美籍华人具备了参与影响美中关系的资源条件，但其自身处境和参政资源都有待进一步提高。另外，从美国一些少数族裔群体成功影响美国对外政策的案例看，少数族裔群体参与美国对外政策的资源条件也不是绝对的，但熟悉美国政治参与，熟练运用各种政治参与手段却是必需的（如美国希腊裔在有关塞浦路斯问题上的表现）。然而，即使在这一点上，美籍华人也仍有提高的空间。

二、美籍华人的资源评估

（一）以犹太裔为参照系的比较

为更好地对美籍华人的资源进行评估，此处选择美籍犹太裔作为参照系。在当今的美国，亚裔一方面被称为“模范少数族裔”，另一方面，又被视为“永久的外国人”①，而美国犹太人已经成功地融入美国主流社会，在文化上成功地实现了“美国化”。

在犹太民族流散史上，强大而繁荣的犹太社团总是伴随着客居地主流社会强烈的反犹主义。第二次世界大战以前，美国社会也充斥着被称为“社会反犹主义”的种种排挤犹太人的非正式制度，试图将犹太人阻挡于主流社会尤其是美国精英场所（如一些社团、俱乐部、学校和娱乐场所）之外。但这种情况已经成为过去，在当今美国社会，犹太社团史无前例的强盛却并未招致主流社会的嫉妒和敌意，美国犹太人在美国的接受程度已经大大提高。美国白人中表示愿意接受自己子女与犹太人结婚的比率以及实际的白人和犹太人之间的异族通婚比率也不断上升，成为一个普遍现象。对此，除了美以政治制度和战略利益相契，美国犹太社团在政治、经济、舆论媒体等领域的强大实力等原因外，汪舒明认为，美国社会亲犹主义的出现更是当代以宗教为核心的美国文化领域种种重大变化的结果②。

---

① 参见 Mia Tuan, *Forever Foreign or Honorary White? The Asian Ethnic Experience Today*, New Brunswick: Rutgers University Press, 1999.

② 汪舒明：《当代美国亲犹主义的文化根源》，《社会科学》2004 年第 11 期。

首先，美国早期历史和文化中包含了希伯来因素。希伯来精神是美国文化的固有传统和有机组成部分。美国早期开拓新大陆并塑造美国典型特征的清教徒深受希伯来文化和精神的影响，他们为逃避宗教迫害，寻求信仰自由来到新大陆，将自己视为在迦南流浪的古代以色列人，将新大陆视为他们心中的新以色列，他们的领袖往往被比作《旧约》中的犹太先知，将华盛顿比作摩西。在17、18世纪，希伯来语的学习在新大陆蔚然成风，广为普及，被哈佛大学、耶鲁大学等著名学府列为必修课，但到了19世纪后期，随着世俗化进程的加深和自然科学知识的进展，希伯来语教育在美国逐渐式微。美国政治制度中渗透着希伯来先知的道德理想，《独立宣言》和美国宪法中蕴藏着希伯来先知精神中的公义、平等、人道等精神。希伯来文化对西方文化的影响是全方位的，它对美国的影响深远而广泛，正如1996年约翰逊总统对来访的以色列总统夏扎尔说："我们也是在希伯来文化中成长起来的，……这是我们的遗产，也是你们的遗产。"①

其次，美国犹太文化的成功转型促使犹太人融入美国。在旧大陆反犹主义根深蒂固的环境中，犹太民族总是反身向内，固守对民族传统文化的认同，使犹太民族在文化上显得与主流社会格格不入，而犹太社团也往往被视为国中之国。但美国的自由主义传统却为犹太民族迅速实现文化转型，即通常所称的"美国化"，以及顺利融入美国主流社会提供了良好的条件。他们最出色地利用了美国自由、民主、和平等环境所提供的机遇而崛起，其在美国政治、经济、文化中的强大影响力恰好说明了他们在这些领域的巨大贡献和作用。主流社会（白人）认为已经成功融入美国主流社会的犹太人与他们最相近，共同点最多，其次是亚裔，而与西班牙裔美国人的距离最大，共同点最少。②

最后，基督教与犹太教的对话及和解，有利于消除宗教隔阂。在美国自由主义的环境里，基督教与犹太教开始了对话与和解的进程。由于对话与和解，两大宗教门户不再森严。基督教世界出现了一些强烈亲犹、亲以的派别和组织，如"基督徒以色列之友"，尤其是美国基督教右翼（如福音派），他们强烈支持以色列，支持犹太复国主义事业，大力支持以色列在被占领土上扩建定居点。

（二）华人的资源评估

通过美籍华人与美籍犹太人的比较可以看出，尽管华人具备了一定的资源，但与犹太人相比，在各个方面都存在着差距。尽管美国的政治框架为各少数族裔群体参与对外政策提供了较为宽松和平等的环境，但各族裔群体由于来美时间的

① Lorenza Rossi, *Who Shall Guard the Guardian Themselves?*, New York: Peter Lang Press, 1996, p. 81.

② http://www.ajc.org/IntergroupRelation.pdf.

不同和在美发展状况的差异，如受教育程度、社会融入、经济地位、参政意识等，他们在影响美国对外政策上的影响力也相差很大。总体上，美国亚裔少数族裔群体的资源状况稍逊于欧洲裔，作为亚裔少数族裔群体之一的华人尽管在人口数量上居于亚裔首位，但华人在美国的处境仍有待进一步改善；在加强参与美中关系的影响力方面，华人也必须在组织程度、政策目标，以及团结性和凝聚力方面大大加强。

除此之外，美籍华人必须增强战略资源和人文资源。犹太游说集团的巨大影响力与其成功塑造并强化了以色列作为美国“战略资产”的观念密切相关。构建共有知识，缩小美中双方在战略上的分歧，消除双方由于意识形态、文化差异等形成的隔阂与误解，仍然是美籍华人必须面对的课题。

第四章　美籍华人参与美中关系的路径

第一节　美籍华人参与美中关系的历程

长期以来，华人在美国的政治生活中处于被动地位，对中美关系的影响力相较于其他族裔并不明显，一直扮演“旁观者”（by-stander）的角色。华人对美中关系的参与从旁观到被动卷入，再到主动参与，期间深受美中关系变化和中国政局变化的影响。

一、早期的美国华人社会与美中关系

华人移民美国的历史最早可以追溯到19世纪40年代末，经历了无限制移民时期（1848—1881年）、排华时期（1882—1943年）、配额移民时期（1944—1967年）和当代移民时期（1968年至今）四个时期。[①] 在无限制移民时期，到达美国的华人主要是来自广东沿海因应美国西部大开发而被招募的劳工、苦力或契约劳工。1882年美国通过了排华法案，此后的60多年，华人遭到美国法律和社会的排斥，受尽歧视，艰难生存，遑论政治参与。美国的排华政策和当时中国政府几乎毫无效果的斡旋努力，使华人逐渐认识到祖籍国富强的重要性，激起了他们的爱国热情和民族主义，这也是辛亥革命和抗日战争期间华人积极参与和努力贡献的重要原因。

二、冷战时期美国华人社会与美中关系

新中国成立后，美国对中国采取遏制政策，中美关系的尖锐对立导致了美国

---

① ［美］麦礼谦：《从华侨到华人——20世纪美国华人社会发展史》，香港：三联书店（香港）有限公司，1992年，自序第3页；［美］周敏、林闽钢：《族裔资本与美国华人移民社区的转型》，《社会学研究》2004年第3期。

华人社会与中国关系的断裂，而中国政府更为严格的移民政策也进一步中断了在美华人与中国的联系。1950 年朝鲜战争爆发，美国对中国进行全面封锁，不仅冻结了中国在美国的资产，中断中美贸易，而且阻止中国科技学者和留学生回国，禁止侨汇。联邦调查局局长胡佛甚至警告，打算来美国或在美国居住的华人和敌方情报人员一样具有潜在的危险性。[①] 当时，在美华人给中国的家人寄信和汇款都成了危险的事。受极端反共的麦卡锡主义的影响，不仅美国进步人士的言论遭受质疑，华人社区里的不同意见也遭到打压，这使 20 世纪 50 年代的美国华人社区普遍充满着“反共”气氛。

冷战中后期，中美关系逐步解冻，美国华人社会内部开始出现支持中华人民共和国的声音，一些华人改变对中国大陆的偏见，提出改善中美关系的设想。1969 年，华裔工商界人士集资在旧金山创办《华声报》，这是该地区出版的第一份拥护中华人民共和国的报纸。1970 年 10 月 1 日，纽约及旧金山的进步青年组织与西方人士一起庆祝中华人民共和国国庆，成为新中国成立 20 年后的第一次。[②] 此后，舆论形势逐渐朝着有利于中国的方向发展，华文报刊中立场中立的报刊增多，不以中国政治而以中华民族利益为追求逐渐成为海外华人社会的主流和共识，许多华人社团组织也改变原有的政治倾向。20 世纪 70 年代美中关系的重大突破对华人社会产生重要影响，成为美国华人社会发展历程上的重要转折点。1971 年中华人民共和国恢复了在联合国的合法席位；1972 年《中美上海公报》发表，中美关系取得重大突破；1979 年 1 月中美正式建交，实现了关系正常化。自 1978 年中国实行改革开放后，中国与外界的联系进一步加强。从 20 世纪 80 年代开始，美国的华人移民数量显著增长。华人移民除来自中国大陆、台湾、香港之外，还有来自越南、老挝、柬埔寨的华裔难民以及大批东南亚和拉美等地的华人再移民。到 20 世纪 80 年代后期，美国华裔人口已经取代日裔，在美国的亚裔人口中位居首位，华裔的杰出表现和成就得到当代美国主流社会的认可。

三、冷战后的美国华人社会与美中关系

海外华人与国家关系的内容一方面被规定在国家关系互动的范畴之内，有其被动性；另一方面则有其主动性，作为居住国成员和团体，华人在居住地和祖籍

① 李明欢：《当代海外华人社团研究》，厦门：厦门大学出版社，1995 年，第 149 页。

② Peter H. Koehn and Xiao-huang Yin, *The Expanding Roles of Chinese Americans in U. S. – China Relations*, New York: M. E. Sharpe, Inc., 2002, pp. 102 – 110.

国之间穿梭往来，实践和推动着国家之间正常友好的交流合作，为国家关系的良好互动奠定民间基础。[①] 与东南亚地区的华人在国家关系中的被动角色不同的是，美籍华人在不断实现自身价值，设法融入当地社会的同时，主动承担了其在两国国家关系发展中的历史角色，在为居住国经济、科技和文化发展作贡献的同时，也促进了中国现代化事业和美中关系的发展。

冷战中后期，世界局势渐趋缓和，美国华人社会内部支持中华人民共和国的声音和行动明显增加，这是自20世纪60年代末以来，美国华人社会对中国态度转变的另一重要时期。

台湾问题属于中国内政，却一直折射在美中关系上，波及美国华人社会。国民党政权撤到台湾初期，政治、经济处境极其困难，利用昔日与海外侨社的传统关系寻求华侨华人的支持成为台湾当局长期的政策。诱导华侨华人和港澳资本到台湾投资，是台湾当局的侨务政策的重要组成部分。来自台湾的美籍华人随着实力和数量的增加，以及台湾当局的刻意扶植，一部分人逐渐成长为当地社会亲台湾的重要政治势力，并在一定程度上对美国政界施加影响。2000年民进党执政，陈水扁当局拒不承认“一个中国”的原则，台湾社会围绕“统独”问题、族群问题分化为两大对立阵营。2004年民进党赢得选举胜利后，台湾岛内的“台独”势力更是不断挑衅“一个中国”的原则。“台独”问题随着“侨务委员会委员长”张富美将侨社划分三个等级，优先服务台湾侨民政策的出台，在美国传统亲台社区引起强烈反弹。这一政策使海外效忠“中华民国”者，突然间变成了没有地位的“三等侨民”。[②] 台湾当局的“台独”立场和划分侨民的做法使美籍华人内部进一步整合，让更多华人认识到只有中国的统一才有国家的强大和中华民族的尊严。为此，美国各主要华人社团纷纷成立了“全球华人反独促统联盟”和“中国和平统一促进会”等组织，组织社会精英发表评论，扩大两岸交流渠道，呼吁所有热爱和平的人们共同关心中国的统一。

台湾问题与美中关系互相交织。美籍华人深受美中关系波动影响的状况，在台湾问题上难以“独善其身”，而台湾当局在美籍华人中积极培育亲台势力的做法更使华人社会成为两岸问题斗争的重要场所之一。在这种背景下，“反独促统”成为美国华人创造有利于中国和平统一的主要国际环境和民间舆论场所。美国华人社会的“反独促统”对象主要有两个：一是针对海外各华人社区中主张和支持“台独”的人士、团体和传媒等，促使其认清“台独”的危害性；二是针对海外华人居住国政府、国会、政界人士、社会人士、媒体和压力团体等，表

① 吴前进：《国家关系中的华侨华人和华族》，北京：新华出版社，2003年，第210页。

② 吴前进：《国家关系中的华侨华人和华族》，北京：新华出版社，2003年，第213页。

明海外华人坚决支持“一个中国”的立场和态度。2001 年 3 月，美国售台武器“宙斯盾”问题延伸到各地侨界。纽约华人社团联合会及美东各界人士两百多人集会，反对美国对台军售，认为美国对台军售实质上是帮助台湾当局抗衡大陆，助长“台独”气焰，延缓和影响中国和平统一进程。[①] 参与这次集会的是近几年来迅速成长的华人社团（如纽约华人社团联合总会、福建同乡会、中国和平统一促进会、温州工商总会、林则徐基金会等），他们在政治、经济等方面与中国大陆联系紧密，是中央两岸政策的积极回应者和中国统一的促进者。

与此形成鲜明对照的是纽约、新泽西两地的台湾人社团，他们在纽约市台湾会馆聚会发表联合声明，支持美国对台军售。这些社团主要有台湾人公共事务会、台湾同乡会、民进党美东党部、阿扁之友会、北美洲台湾妇女协会等。他们计划发起“一人一信”运动，动员旅美台湾人致函布什总统及参、众议员，要求美国确定出售包括“宙斯盾”驱逐舰等防御性军备给台湾，并发起社团联名运动，以把所谓“台湾人”的声音送达美国学界、思想库、传播媒体，发出制衡中国大陆的声音。2004 年陈水扁的“总统资政”、“台独大老”辜宽敏不惜花重金买下《纽约时报》、《洛杉矶时报》两大报纸政论版的整个版面，登载“台独”言论的广告，要求美国政府重新检讨“一个中国”的政策，企图通过采取影响美国公众舆论的手段，向美国政府施加压力。尽管“台独”势力并非华人社会的主流，但其对华人社会的分裂和美中关系的负面影响不可忽视。

冷战后，美籍华人对美中关系的参与更为明显，在美中关系的波动中创建的百人会便是典型。百人会成立后积极充当华人的代言人，为华人全面参与美国社会和促进美中关系建设性的发展牵线搭桥，大力促进双方的沟通和了解，受到美中双方的重视，并成为美籍华人中影响力最大的组织之一。然而，从整体上看，美籍华人对美中关系的参与在政策目标上仍然缺乏一致性。

第二节　路径之一：沟通斡旋

在沟通斡旋、促进交流方面，美籍华人学者（包括科学家）和杰出人士是参与的主体，各种协会组织也积极参与其中。

① 吴前进：《国家关系中的华侨华人和华族》，北京：新华出版社，2003 年，第 278、292 页。

一、美籍杰出人士概况①

美籍杰出人士包括华人学者和杰出人士。美籍华人学者大多在美国接受教育并获得学位。根据年龄、留美时间和移出地的不同，可将美籍华人学者分为三批：第一批在20世纪30—40年代来美，取得学位后定居美国，其中许多人已经成为大学教授或所在领域的专家；第二批主要为20世纪50—90年代来自台湾和香港地区的学生，他们凭借出色的科研和教学成果在美国大学立足；第三批包括20世纪80年代来自大陆的学生和学者，相比前两批，他们年纪最轻，许多人刚刚获得终身教授职称。② 美籍华人学者中，已经有一部分凭着自己的学术专长成为行业内顶尖的科学家或诺贝尔奖获得者，在美国、中国乃至世界有很高的声誉，如杨振宁、李政道、丁肇中、李远哲等。据统计，到20世纪90年代中期，美国有1 000多名讲师以上级别的大学教授来自中国大陆，大约800名属于科学和工程领域，300名属于社会科学和人文学科，还有80名属于其他领域。③ 随着美籍华人学者人数的增加和力量的壮大，他们不仅在科技、学术交流等方面与中国保持密切联系，在美中关系上也日趋活跃。美国华人学者已经成为美国多元社会一个颇有影响力的团体。美籍华人中的杰出人士以陈香梅为典型，由于个人影响力及其在美中两国的人脉，她在美中关系上发挥的独特作用，以及在两国关系出现波动之际的作用尤为明显。

二、美籍杰出人士的作用

美籍华人学者和杰出人士在美中关系中的作用主要为沟通斡旋、传递信息和促进科技文化交流。

（一）沟通斡旋，传递信息

由于美中两国在历史、文化和制度方面的差异，以及在人权、核扩散、贸易等现实层面的矛盾，在美中双方建立有效的沟通渠道并不容易。基辛格认为，由于美中关系特别变幻莫测，在两国之间调整政策、延缓冲突、达成妥协与合作的

---

① 有关美籍华人学者和杰出人士的情况在前文已经作了详细阐述，这里只作简要介绍。

② 沈敬国：《论争、调和与合作间的传播交流：美籍华人学者在美中关系中的战略作用刍议》，［美］孔秉德、尹晓煌主编，余宁平等译：《美籍华人与中美关系》，北京：新华出版社，2004年，第128页。

③ 王希：《大陆留美学人资源与二十一世纪中国的发展》，（美国）《世界日报》，1997年11月9日。

最佳途径，是准确理解双方各自的战略。[①] 达到这种理解通常需要通过官方渠道之外的第三者的协助。在中国，著名学者、科技精英和学者型政客往往因其受到良好的教育而得到更多的信任和尊重，他们的建议也因此更容易被接纳。美籍华人学者的双重文化和双语背景，使他们拥有独特的声望和地位，能在两国之间充当文化桥梁。[②] 有观点认为，美籍华人善于利用其族裔背景和通晓两国文化的优势，是与中国领导人建立战略性个人关系的行家里手。作为两种文化的“内行”，他们能够酌情使用“应景对话”的技能，扩大他们的传播交流影响力。[③] 华人精英时常在美中关系上充当信使、说客、顾问、调解员以及舆论领袖。

美籍华人学者在为美中双方传递信息方面也有独到的优势。研究表明，信息接收的效果与信息接收者对信息发出者的动机、诚意和信息内容的分析有关，与对信息传递者的信任也紧密相关。信息接收者往往因为对传递者的信任而接受信息所承载的内容，不再怀疑信息的动机和诚意，这也是在重大问题上往往要选派对方熟悉或信任的人选作为信使的原因。受历史和意识形态等因素的影响，中国领导人对著名美籍华人学者的建议，更为乐于倾听。美籍华人学者不仅熟悉中国文化，也通晓西方文化，在交谈中可以轻易跳过客套说辞，直接表达对问题的看法。由于他们努力调解两个意识形态对手之间的尖锐分歧，他们的劝谏影响会逐渐传至中国高层政策制定者。[④] 美籍华人学者拥有的跨文化背景和双语言优势，以及中国对其声誉和学识的敬重，使他们在美中双方的沟通中具有独到的优势。

美籍华人学者还积极参加美中两国举行的各种双边关系学术会议，包括由美国外交关系协会举办的闭门专题会议和美中政策基金会的年度圆桌研讨会，这些会议为美国以及中国大陆、台湾和香港地区的权威学者提供了有益的磋商论坛。[⑤] 通过会议交流，与会学者加深了对彼此的了解，也对彼此的政治立场更加清晰。尽管很难测定这些会议的具体和直接效应，但是，现今中国领导人所做的决定大都受到其思想库专家意见的影响，而正是在这些会议上，中国的专家代表与美籍华人学者进行了交流。[⑥] 美籍华人学者的努力对促进美中两国相互了解，

---

① Henry Kissinger, *Years of Renewal*, New York: Simon & Schuster, 1999, p. 874.

② Gloria Heyung Chun, *Of Orphans and Warriors: Inventing Chinese American Culture and Identity*, New Brunswick: Rutgers University Press, 2000, p. 41.

③ Edward Hall, *Beyond Culture*, New York: Anchor Books, 1976, p. 132；沈敬国：《论争、调和与合作间的传播交流：美籍华人学者在美中关系中的战略作用刍议》，［美］孔秉德、尹晓煌主编，余宁平等译：《美籍华人与中美关系》，北京：新华出版社，2004 年，第 128 页。

④ 沈敬国：《论争、调和与合作间的传播交流：美籍华人学者在美中关系中的战略作用刍议》，［美］孔秉德、尹晓煌主编，余宁平等译：《美籍华人与中美关系》，北京：新华出版社，2004 年，第 128 页。

⑤ http://www.uscpf.org/newletter/2000/spring/va-1roundtable.html.

⑥ 沈敬国：《论争、调和与合作间的传播交流：美籍华人学者在美中关系中的战略作用刍议》，［美］孔秉德、尹晓煌主编，余宁平等译：《美籍华人与中美关系》，北京：新华出版社，2004 年，第 133 页。

避免或延缓潜在冲突无疑是有益的。

“华侨华人可以作为‘两岸和平统一之母’”[①]。在美中关系最为棘手的台湾问题上，美籍华人学者也有其独特的作用。以李远哲为例，他出生于台湾，是1996年诺贝尔化学奖获得者。在出任台湾“中央”研究院院长职位之前，他曾作为华人学者及两岸特使频繁往来于中国大陆和台湾之间。由于其跨文化背景和个性与众不同，他给中国政府的许多高层官员留下了深刻的印象。[②] 1987年李远哲到北京时，邓小平曾在一次餐会上问他民进党为什么要独立。他向邓小平讲述了台湾的历史并解释了原因。邓小平在听完他的解释后说：“李教授，我想台湾问题还是留给下一代去解决。我们还是吃饭吧。”

在中国大陆出生、台湾成长，然后到美国留学和工作的田长霖在美中关系中的作用也很显著。利用其在美国政界和学界的地位及声誉，田长霖与北京、台北和香港政界以及克林顿政府都有良好而密切的关系，并经常在美国及海峡两岸走动。他表示“自己是以一个华裔美国人的身份出面，不代表官方和任何一方。我的个人行动是为了美国的利益，为了海峡两岸的利益，希望使三方都能获益”。

华人杰出人士以陈香梅为典型。陈香梅在抗战结束后随夫前往美国并加入美国国籍。此后，陈香梅加入了共和党，先后成为约翰逊、尼克松、福特、卡特、里根、布什竞选班子的重要成员，曾担任白宫进出口贸易委员会主席、美国总统学者委员会主席、美国总统顾问委员会主席、参众两院任命的罗斯福基金会国际主席等要职。在1989年中美关系波动时，陈香梅为中美关系的改善进行了多方协商和解，并于1990年5月率领“美国国际合资委员会经济考察团”访华，为扫除美国对华投资障碍做出了贡献。

陈香梅在美中关系和海峡两岸中的沟通斡旋

“我是中国人，也是美国人，我有两个家。”“我有两个深深地爱护着我，并且和我同甘共苦的国家。”[③]

陈香梅，英文名字叫Anna C. Chennault，祖籍福建省，曾祖父时迁入广东南海，外祖父廖凤舒是廖仲恺的同胞兄弟，百人会创始人之一。在美国，陈香梅多次谢绝入阁，从肯尼迪总统开始，历届总统对她都礼遇有加，委以重任。尼克松曾任命她为美国南亚贸易共同主席；里根总统任命她为白宫出口委员会副主席；布什总统期间，她又是国际合作委员会主席和白宫学者委员会委员，也正因此，

---

① 《孙中山孙女称华侨是“两岸和平统一之母”》，东方网，2001年8月17日。

② 沈敬国：《论争、调和与合作间的传播交流：美籍华人学者在美中关系中的战略作用刍议》，［美］孔秉德、尹晓煌主编，余宁平等译：《美籍华人与中美关系》，北京：新华出版社，2004年，第133页。

③ ［美］陈香梅：《陈香梅自传》，济南：山东人民出版社，2003年，第607～608页。

陈香梅对白宫的对华政策有一定的影响力。

1971年7月，尼克松约见陈香梅，国务卿基辛格博士作陪，谈话内容是两岸与美国之间应保持什么样的关系，美国应该做什么。陈香梅表示“不管你情愿不情愿，中国都会走上世界舞台上来的”，尼克松赞同这一观点。1972年5月尼克松访华，1982年中美正式建立外交关系。建交后，美国政府对海峡两岸关系非常敏感和小心行事，这种微妙的关系依赖陈香梅的地方很多，而她也坚信：大家都是炎黄子孙，都要为海峡两岸的关系尽一点自己的努力。1980年里根当选总统，在对华政策上，同样依赖和信任陈香梅。1981年陈作为里根总统特使首次回国，会见了邓小平等中国领导人及陈的舅舅廖承志。1985年再度访问中国大陆，会见国家主席李先念等领导人。①

1989年中美关系出现裂痕，最惠国待遇问题长期以来成为美国政府的一个“筹码”性政策，企图让中国在一些原则性问题上让步。陈香梅态度明确而坚定地表示，希望美国能无条件延长对中国的最惠国待遇。1989年8月，陈作为布什总统的特使应邀访问北京，行前同布什总统两次会晤。回到美国后，她在国会上分析利弊，告诫国会议员们“从军阀混战到抗日战争，中国人民遭受了很多苦难。中国人民现在生活好起来了，你们却想要整他们，这太不应该了”。“这些亚洲国家的经济刚有起色，政治上也绝不会照搬西方的民主制度，中国有过痛苦的教训，强加于人的事情只会适得其反。”② 她用自己亲身经历和对中国的了解打动了这些议员。

陈香梅还积极推动两岸交流，为两岸架起了一座经济桥梁。

20世纪80年代初，海峡两岸关系趋于缓和，陈香梅向台湾当局建议，允许开放探亲，否则移居台湾的几十万花甲老人将会遗憾终生。1987年底，台湾当局通过了台湾居民赴大陆探亲方案，陈香梅功不可没。

1989年12月，为进一步推动两岸经济交流，陈香梅率领美国国际合作委员会考察团到北京、上海、厦门、福州和广州考察，会见了江泽民总书记、李鹏总理。该考察团有许多台湾工商界人士参加，首开台湾工商企业家公开访问大陆之先河。不到半年，台湾当局迫于工商界的压力，正式开放对大陆的商务活动。1991年，（陈香梅）第二次率台湾工商考察团访问北京，台商开始在大陆投资。

此外，一些早期的美籍华人学者组成的协会、组织也直接参与和推动美中关系的发展。以全美华人协会为例，该协会主要由科学家和其他专业人士组成，组

---

① ［美］陈香梅：《陈香梅自传》，济南：山东人民出版社，2003年，第611～617页。

② ［美］陈香梅：《陈香梅自传》，济南：山东人民出版社，2003年，第611～617页。

织成立的目的就是推动美中关系的正常化。1977 年，杨振宁担任全美华人协会第一任主席，全美华人协会的第一个重大举措就是出资在《纽约时报》上做了一个推动美中关系正常化的整版广告。

（二）促进科技文化交流

美籍华人中的著名科学家和杰出人士在美中关系的沟通斡旋只是其中的典型，更多的华人学者是在不同层面积极参与和推动美中在科技、文化等各个方面的交流。近年来，一些由美籍华人学者发起的新型协会非常活跃。他们组织志愿者，捐献时间、专业技能，为中国提供无偿的教学和工作服务，并发展成为一种合法的捐赠形式。[①] 这一形式在来自中国的留学生和学者中越来越普遍。在这些协会中，较出名的有中国留美经济学会（The Chinese Economist Society，1985，指成立时间，后同）、中国政治研究协会（Association of Chinese Political Studies，1986）、美国华人历史学家（Chinese Historians in the United States，1987）、华人社会科学教授协会（Association of Chinese Professors of Social Sciences，1995）、华人科学家和工程师协会（Association of Chinese Scientists and Engineers，1996）、华人科学和商业协会（Chinese Association for Science and Business，1997）、海外华人青年论坛（Overseas Young Chinese Forum，1999）。以上皆为在美国注册的非政府组织，他们积极组织和参加与中国相关的学术会议，组织讲师团到中国教学，或从事其他与中国相关的服务，其成员都是自愿参加。

其中，成立于 1985 年的中国留美经济学会是最大的组织之一，有超过 750 位会员，与中国许多研究机构有密切联系。多年来，该组织成功举办了多次有关中国发展的会议，为中国政府提供咨询，并促成中国采纳市场经济的建议。该组织的一些早期会员甚至成为中国经济政策的决策者。华人社会科学教授协会尽管成立时间不长，但对中国扩大与国外的学术联系有很大的促进作用。

一些著名科学家也积极参与美中科技文化交流。杨振宁曾表示，“美国的华裔科学家普遍关心中国科技发展，且曾向有关方面表示应放宽高科技输往中国的限制……”[②] 就美中科学关系来说，国家和私人参与者进入了一个相互作用、错综复杂的新时代。美国和中国政府经常利用华裔美国科学家的网络来达成他们的地缘政治目标，华裔美国科学家则利用官方的合作来推进他们自己的日程，包括

---

① Lisa Duran，“Caring for Each Other：Philanthropy in Communities of Color”，*Grassroots Fundraising Journal*，Vol. 20，No. 5，2001.

② 杨振宁：《发挥桥梁作用》，宁平治、唐贤民、张庆华编：《杨振宁演讲集》，天津：南开大学出版社，1989 年，第 196 页。

促进他们祖籍国的科学进步和改善两国关系。① 他们经常在中国文化民族主义精神的驱动下到中国访问；他们在中国科学和教育政策以及美中关系中所扮演的活跃角色，使他们感到自己有了一个独特的科学共同体。② 尽管如李文和事件所表明的，国家对科学交往的干预仍有可能发生，但华裔美国科学家的作用在将来的美中科学关系和政治关系中更加重要。作为一个既有种族性又有国际性的科学共同体，华裔美国科学家有助于模糊科学中的国界，并在一定程度上基于其科学的特征而超越政治上的障碍。华人物理学会2000年时已经拥有400多位会员，包括杨振宁、李政道、丁肇中、崔琦等。1995年，中国在台湾海峡举行军事演习以警告“台独”活动时，华人物理学会在汕头主办了第一届全球华人物理学大会，细心的观察家注意到一些台湾的科学家出席了会议，并将其视为一个鼓舞人心的标志——科学家们可能会在中国将来的和平统一进程中发挥至关重要的作用。

随着这种交流的深入，在一些非常具体的领域也有美籍华人学者的参与。以李昌钰为例，他是著名的法医专家，有“神探”的美誉，在海峡两岸都有很高的知名度。李昌钰在北京大学开过讲座，又在重庆拥有荣誉头衔，其专长和实用主义，促进了美中两国之间在法医学和犯罪学方面的合作，从而扩大了中国地方官员的视野。③

此外，许许多多的美籍华人自身通过与中国广泛的商业、人际、亲情联系，以及学术、商业交往，直接充当了双边交流的载体，促进了彼此的沟通和交流。

第三节 路径之二：游说美国对华政策

美籍华人参与美中关系的第二个重要路径是通过院外游说活动，积极影响美国对华政策，其典型是台湾游说团。台湾游说团通过对美国国会和地方的公关，积极影响美国对华政策，使之朝着有利于台湾的方向发展，在美中关系中起着负面、消极的作用。美国国会通过的许多对华不利的议案与台湾游说团不无关系；美国政界、媒体对台湾的同情态度，很大程度上也是台湾游说团积极公关的结果。美国国会在台湾势力的影响下成为“以台制华的始作俑者”、“‘台独’势力

---

① 沈敬国：《论争、调和与合作间的传播交流：美籍华人学者在美中关系中的战略作用刍议》，［美］孔秉德、尹晓煌主编，余宁平等译：《美籍华人与中美关系》，北京：新华出版社，2004年，第133页。

② 王作路：《华裔美国科学家和美中科学关系：从尼克松到李文和》，［美］孔秉德、尹晓煌主编，余宁平等译：《美籍华人与中美关系》，北京：新华出版社，2004年，第257页。

③ Myrna Watanabe, “Forensic Scientist Henry Chang-Yu Lee”, *The Scientist*, Vol. 14, No. 7, 2000, p. 10; 沈敬国：《论争、调和与合作间的传播交流：美籍华人学者在美中关系中的战略作用刍议》，［美］孔秉德、尹晓煌主编，余宁平等译：《美籍华人与中美关系》，北京：新华出版社，2004年，第128页。

的后台老板”和“台湾势力的幕后靠山”①。

一、在美亲台势力的形成和发展

冷战初期，以美国为首的西方阵营对中华人民共和国采取了遏制政策，中美关系的尖锐对立导致了美国华人社会与中国关系的断裂。1950 年朝鲜战争爆发，美国对中国进行全面封锁，阻止中国留学生回国。在极端反共的麦卡锡主义的影响下，美国的华人社区充满了反共气氛，有关中国的负面报道层出不穷。国民党当局在北美各地积极争取侨民，加紧做海外侨社的工作。② 自 20 世纪 50 年代始，台湾当局“侨务委员会”每年派人到世界各地指导亲国民党的华人社区成员，以配合台湾当局的政策，推动华人认同和支持台湾当局。在美国华人社会引起强烈反响的“江南事件”更显示了台湾当局对美国华人社会的强大控制力。

20 世纪 80 年代以来，在留学和投资移民的双重驱动下，台湾地区移民美国的人数迅速增加。由于其经济优势和专业优势，加上台湾当局的刻意引导和扶植，一部分来自台湾的华人逐渐发展为台湾的重要政治资源。20 世纪 80 年代中期以前，台湾当局主要利用传统的亲台社团如“中华会馆”、“中华公所”、“华侨总会联谊会”等展开工作。90 年代以后，一些台籍华人主导的新社团组织如台湾大专院校校友会、台湾会馆、台湾同乡会等，在台湾当局的扶植下逐渐发展成为台湾游说势力，通过对美国政要、国会议员及其助理的积极游说，为台湾当局争取利益，成为美国最大的院外游说团之一。

二、台湾游说团对美国对华政策的游说

近年来，台湾当局一直致力于通过利益集团游说美国政府和国会，一些来自台湾的美籍华人成为台湾当局游说美国政府和国会的重要支点。据有关资料显示，从 1994 年开始，李登辉就以“台湾综合研究院”的名义与美国卡西迪公关公司签订为期 6 年的合约，每年付给卡西迪公关公司 150 万美元，为台湾在美国对政府及国会进行游说工作。至 2000 年陈水扁当选“总统”后，与民进党关系密切的台湾诚泰银行董事长林诚一主持的“台湾政经研究院”又以每年 200 万美元的高价与卡西迪公关公司续约，成为该公司最大的海外客户。③

---

① 李庆四：《美国国会与美国对华政策》，北京：当代世界出版社，2002 年，第 133、150、165 页。

② Peter H. Koehn and Xiao-huang Yin, *The Expanding Roles of Chinese Americans in U. S. – China Relations*, New York: M. E. Sharpe, Inc. , 2002, p. 102.

③ 蒋晓燕、信强：《美国国会与美国对华安全决策》，北京：时事出版社，2005 年，第 122 页。

（一）台湾游说团

20 世纪 80 年代出现的台湾游说团包括台湾人公共事务会（FAPA）、北美台湾商会（TCCNA）、台湾国际关系中心（TCIR）、世界福摩萨独立联盟（WUFI）、民进党美国代表团以及台北经济文化代表处（TECRO）。其中，台湾人公共事务会是台湾游说团的核心组织，它仿照美国以色列公共事务委员会的模式，在华盛顿设立总部，并在美国各地设有 40 个分部。①

台湾游说团从多个层面通过各种渠道积极影响美国对华政策和对台政策。他们积极为美国的决策层（包括美国联邦、各州以及地方的各级议员及其助理）、媒体、学者和民众提供有关台湾事务的信息；积极向《纽约时报》、《华盛顿邮报》、《洛杉矶时报》、《外交事务》等美国主要报纸、杂志写信和投稿，影响舆论。台湾人公共事务会华盛顿分会会长范福春在 1997 年 11 月的《华盛顿邮报》上发表《何为台湾问题?》一文，认为“应该搞清楚，根本就不存在什么‘台湾问题’，世界上唯有中国问题……”台湾人公共事务会总部于 1998 年 1 月 29 日在《纽约时报》撰文呼吁新当选的世界卫生组织秘书长“尽其所能帮助台湾加入世界卫生组织”。②

台湾游说团积极游说美国支持台湾加入世界卫生组织，推动《加强台湾安全法案》的通过，其游说活动表现出相当的组织性和影响力，其游说策略和技巧也非常成熟。以推动《加强台湾安全法案》为例，一方面，台湾人公共事务会先后给美国国会议员们寄出了超过 2 000 封支持该议案的信件，并动员其他台湾的社团组织参与活动。另一方面，台湾人公共事务会于 1999 年 6 月 11—14 日在马里兰州组织了第一个讨论会，邀请国会议员参加，向每位参加者派发介绍游说技巧的材料，并针对“如何访问国会议员办公室”、“如何向国会议员写信”、“如何与国会议员进行电话联系”等具体问题加以详细指导。台湾人公共事务会北卡罗来纳州分会的一位会员声称，他们在一天内拜访了该州 1 名参议员和 5 名众议员的助理。《加强台湾安全法案》在众议院通过后，台湾人公共事务会立刻将注意力转向参议院，再次组织游说训练活动，按参加训练活动人员所在的州组成小组，分别对其所在州的参议员展开游说活动，一共拜访了 9 个参议员办公室。③

---

① 季淳：《从中国游说团到台湾游说团：影响美—中—台三角关系的有力角色》，［美］孔秉德、尹晓煌主编，余宁平等译：《美籍华人与中美关系》，北京：新华出版社，2004 年，第 144 页。

② 季淳：《从中国游说团到台湾游说团：影响美—中—台三角关系的有力角色》，［美］孔秉德、尹晓煌主编，余宁平等译：《美籍华人与中美关系》，北京：新华出版社，2004 年，第 146 页。

③ 转引自季淳：《从中国游说团到台湾游说团：影响美—中—台三角关系的有力角色》，［美］孔秉德、尹晓煌主编，余宁平等译：《美籍华人与中美关系》，北京：新华出版社，2004 年，第 147 页。

对此，一位《纽约时报》记者称台湾游说团的活动“令人敬畏”。[①]

（二）台湾人公共事务会

会址设在华盛顿的“独”派团体——台湾人公共事务会是台湾当局开展游说活动的另一个重要工具。从李登辉时代开始，台湾人公共事务会就与台湾方面密切接触，1995 年李登辉访美及 1999 年美国国会讨论的“加强台湾安全法”议案都与该组织的游说活动有关。2000 年后的民进党执政时期，该组织迅速成为台湾当局宣传“台独”理念的急先锋。

1992 年 2 月，20 余名反对国民党的台籍旅美学人举行集会，老牌“台独”分子蔡同荣建议拓展所谓台湾“民间外交”工作，台湾人公共事务会因此成立，其成员绝大多数是已加入美国国籍的台籍高级知识分子。台湾人公共事务会成立的目的主要是争取美国支持“以和平渐进方式实现台湾独立”，因而它大力开展对美国国会议员、政府官员和企业家等政界、财界人士的游说与拉拢活动；通过助选、捐款、餐叙等方式收买了一批美国参众两院议员，组成所谓的“台湾帮”。台湾人公共事务会成立之初即把自己定位成“台湾利益的游说者”。20 多年来，该组织在美国国会进行了大量的游说活动，如促成国会通过“台湾前途须以和平方式解决，且须经过台湾人民的同意”、“加强台湾安全法”等议案，并与国会建立了相当深的联系。在台湾人公共事务会的推动下，2000 年 3 月 10 日，美国 30 位众议员联名提出“支持台湾民主选举决议案”。2000 年 11 月 4 日，台湾人公共事务会在美国洛杉矶、纽约、华盛顿、旧金山以及休斯敦等地同时展开示威活动，抗议美方对台湾高层官员严格的过境限制的做法。这次示威活动得到了一些美国国会议员的附和。2001 年 3 月，在台湾人公共事务会活动的影响下，美国众议院跨党派提案促成美国对台出售“宙斯盾”驱逐舰，并要求美国总统促请中国大陆政府“放弃武力犯台”。此外，台湾人公共事务会还把触角伸向美国媒体，如《华盛顿时报》。实际上，台湾人公共事务会已成为台湾当局对美院外活动的一支不可低估的力量。另外，北美洲台湾商会联合总会、世界台湾人商会、台湾进出口协会、北美台湾医学协会、北美台湾人基督教堂委员会、台湾籍美国公民联合会等社团组织也有较大势力和影响，它们发展势头迅猛，活动频繁，能量不可低估。它们组织、鼓动在美国的台湾移民和团体通过给国会议员、政府官员写信、打电话等方式施加压力、协调立场、影响选举，对两岸关系发展造成了严重后果。1995 年，世界台湾人商会、台湾进出口协会、北美台湾医学协会、北美台湾人基督教堂委员会、台湾籍美国公民联合会等组织与台湾的国际

---

① Eric Schmitt, “House Approves Expansion of Ties to Taiwan’s Army”, *New York Times*, February 2, 2000.

研究会中心一起致函克林顿总统，要求其同意李登辉访美。

美籍华人中亲台势力的发展不容忽视。经过几十年的发展，不但有大批台籍精英留居美国，而且少数回台者也相继成为台湾当局的骨干官员，他们互相配合，为台湾当局的政治利益工作服务。台湾游说团和亲台势力的发展及其在美中关系中的负面、消极作用值得密切关注。

第四节　路径之三：构建共有知识

美籍华人参与美中关系的第三个重要路径是构建共有知识。通过构建共有知识，减少美中双方在战略上的分歧，消除双方由于意识形态、文化差异等形成的隔阂与误解，达成协议和共识。

一、共有知识概述

（一）政治文化

政治文化是个很复杂的概念，《美国政府与政治学辞典》将它定义为“一个共同体对它的政治进程和政府工作的性质、风格和活力的态度”[①]。政治文化是一个民族在特定时期流行的一套政治态度、信仰和感情。一般而言，政治文化作为文化的政治层面，包括两方面的内容[②]：一方面是人们看待自己和外部世界，特别是自己的国家的观念；另一方面是人们处理同外部世界关系的方式方法和偏好。国家外交的基本出发点是国家利益，而政治文化是追求国家利益的工具。国家利益的界定和选择主要取决于国家领导集团的主观判断，而这种主观判断主要受到国家政治文化的影响，因此，我们往往可以从一个国家的对外政策中透视到这个国家的政治文化。正如厄尔·弗赖伊（Earl H. Fry）所言：“政治领袖必须在符合国家价值观念的前提下形成政策，国家价值观念只是个人价值观念的集合，关于美国国家利益的问题只有研究国家价值观才能找到答案。正是这些价值

---

① Jay M. Shafritz, *The Harper Collins Dictionary of America Government and Politics*, Now York: Harper Collins Publishers, 1993, p. 362.

② 这部分的论述主要参考门洪华：《美国外交中的文化价值观因素》，《国际问题研究》2001 年第 5 期；刘建飞：《政治文化对 21 世纪中美关系的影响》，《东南亚研究》2003 年第 4 期；谢莉娇：《乔治·W. 布什对华政策研究——一种层次、系统分析》，中共中央党校博士学位论文，2007 年，第 55 页。

观规定了国家的利益和国家安全。”[①] 可见，政治文化从认知心理、价值、情感和态度上对政治产生重要影响。约翰·P. 洛弗尔（John P. Lovel）对政治文化与外交政策的关系有独到认识，“人是在文化氛围中长大的，受到其中的基本价值观、风俗习惯和信仰的熏陶。那些在每个社会中握有政治权力的人易受到社会文化的影响，他们的行为与态度将有许多文化根源。此外，在每个民族国家，统治者本身和外交政策的制定都是在一种文化背景中发生的”[②]。

（二）认知和学习

建构主义的代表人物亚历山大·温特把行为体间的互动当作国际体系进程的核心变量。而把互动中的必然因素——学习也纳入分析的方法和对象之中。国际关系是由国家行为体在国际体系中互动形成的，互动是一种相互的作用和反馈，进而产生影响的过程，并非机械简单的重复，这个过程也是一个学习的过程。著名的学习理论家杰克·列维（Jack S. Levy）认为，在国际政治学中，所谓“学习”是指观念上的改变或者指人的想法变化的程度，也可以指新的思想及其过程的出现；不论哪种情况，它们都应当是人对实践中的经历进行观察和加以解释的某种结果。学习会带来政策的改变，完善人们对世界的认识，或使人的思维变得比较复杂和灵活。[③] 而厄恩斯特·哈斯（Ernst Haas）则指出，在国际关系里，当新的知识被用来重新定义国家利益的内涵时，便发生了学习的过程。行为者在学习过程中，寻求的是他们认为“有用”或“有效”的信息，学习的过程其实是一个选择的过程。就国际政治行为体而言，国家政治的结构和过程，对于它们的学习具有十分重要的作用。杰克·列维指出：“重要的一点是，并非所有的学习过程都发生在知识共同体范畴内，尤其是涉及战争与和平问题及集权的政治制度时。”[④] 这种情况尤其适用于国家行为体在其外交学习的过程中。因此，国际体系中的国家行为体在互动过程中学会修正其认知结构，从而影响国家的对外行为和政策。学习和认知构成了国家行为体在互动中的彼此的身份认同和重新认知

---

① Earl H. Fry, Stan A. Taylor and Robert S. Wood, *America the Vincible*: *U. S. Foreign Policy for the Twenty-first* Century, Upper Saddle River: Prentice-Hall, Inc. , 1994, p. 113，转引自王晓德：《关于美国对外关系的文化思考》，《世界经济与政治》1996 年第 12 期，第 53 页。

② John P. Lovel, “The United State as Ally and Adversary in East Asia: Reflections on Culture and Foreign Policy”, in Jongsuk Chay, ed. , *Culture and International Relations*, New York: Praeger Publishers, Inc. , 1990, p. 89.

③ Jack S. Levy, “Learning and Foreign Policy: Sweeping a Conceptual Minefield”, *International Organization*, Vol. 48, No. 2, 1994, p. 283.

④ Jack S. Levy, “Learning and Foreign Policy: Sweeping a Conceptual Minefield”, *International Organization*, Vol. 48, No. 2, 1994, p. 284.

自身的国家利益。[①]

（三）身份、认同和利益

身份、认同和利益是国际政治理论——建构主义[②]中的基本概念。建构主义关注的是国家认同与利益的形成，而非主流理论所集中关注的权力和利益。建构主义也称为社会建构主义（Social Constructivism）和反映主义（Reflectivism）。温特认为建构主义同样也是结果性理论，其理论基础是假定行为体是社会建构的，通常所定义的国家或民族利益是各种行为体社会认同的结果。这种利益和认同在主体间体系结构（intersubjective systemic structure）中不断变化，由共有的理解（share understanding）、期望（expectations）和社会知识（social knowledge）构成。尼古拉斯·格林伍德·奥努夫（Nicholas G. Onuf）认为，社会现实是人们构建和构成的。对于一个社会单位（例如国家）的成员们的利益来说，其最重要的活动本质被界定为是政治的。这些活动超出该单位目前的位置和边界后，就变成了国际关系。[③]

认同（identity）是建构主义的一个核心概念。认同就其英文词义来说同时具有身份、特性、认同三方面的意思。首先，认同是行为体（actor），需要通过行为体作为它的代理人（agent），并通过行为体的社会实践来展示，还需要得到其他行为体的某种认同；其次，“认同告诉我们自己是谁，告诉他人我们是谁，告诉自己其他人又是谁”；最后，认同既反映了行为体在社会结构中的地位（身份），也展示了行为体的特性，这种特性决定了行为体的利益倾向和行为模式，还表示了行为体自身内部及和其他行为体的关系（认同）。[④] 认同的这三重功能设定了一国对于自身利益的认识，也指示了一国行为体的偏好或对特定国家的好恶。正是在国家间的互动过程中，国家的身份或认同被建构起来。国家身份和认同建构的原因不仅在于系统层次（权力结构的变化、制度的变迁等），而且在于

---

① 谢莉娇：《乔治·W. 布什对华政策研究——一种层次、系统分析》，中共中央党校博士学位论文，2007 年，第 61 页。

② 建构主义有多个学派，这里主要指亚历山大·温特的弱建构主义。温特认为建构主义也是国际体系的一种结构理论，并有以下核心主张：①国家是国际政治理论的主要分析单位；②国家体系的关键结构是相互主体性的，而不是物质性的；③国家认同和利益是这些社会建构所构成的，而不是由人性和国内政治对国家体系的特定外在因素所构成的。参见 Alexander Wendt，“Collective Identity Formation and the International State”，*American Political Science Review*，Vol. 88，No. 2，1994，p. 385.

③ ［美］詹姆斯·多尔蒂、小罗伯特·普法尔茨格拉夫著，阎学通、陈寒溪等译：《争论中的国际关系理论》（第五版），北京：世界知识出版社，2003 年，第 177 页。

④ Ted Hopf，“The Promise of Constructivism in International Theory”，*International Security*，Vol. 23，No. 1，1998，p. 176.

单元层次，如国家文化和价值观念、意识形态和国内政治。[①] 建构主义者认为，认同建构利益。“认同是利益的基础”，理解利益的构成有助于解释理性主义所误解和疏忽的许多国际现象。玛莎·芬尼莫尔（Martha Fennimore）指出，国家利益的形成受国际体系中规范及认同的影响。只有在国际体系中确定了自我身份和自我定位后，国家才有可能相对地确定追求自身利益的范围、程度和数量等。换言之，国家利益与国际社会体系之间存在互动关系，这种关系不断处于变化的过程中，而不是一成不变的东西。[②]

（四）共有知识构建

厄恩斯特·哈斯认为，知识是技术信息以及关于这类信息的理论的总和，可以使行为体获得共识，以指导公共政策并实现社会目标；知识可以阐明事物之间的复杂联系，为合作创造基础；知识不但可以促使国家行为趋于一致，还能够超越“观念的裂痕”（ideological cleavage）。[③] 在彼得·哈斯看来，控制知识和信息是权力的重要组成部分，新观念、新思想和信息的扩散会改变国家的行为方式，对国际合作产生重要影响。[④] 斯蒂芬·克拉斯勒总结了五个影响国际制度的因素：个体自利、政治权力、规范和原则、习惯和传统、知识，并认为最重要的是权力、利益和价值观。知识虽然不是建立国际制度的充分条件，但是能够推动国际制度的发展，因此知识可以解释国际制度的演化，新知识能够为国际制度的演变提供基础。[⑤]

“共有知识是行为体普遍接受的关于事物因果判断、目标和手段之间联系等的解释”[⑥]。共有知识是被某一群体共同接受的知识，因此比个人的知识更容易扩散，造成更为广泛的影响。彼得·哈斯认为，共有知识能够促进国家间的合作，当专家的共识成为官方决策者的集体共识，问题的性质被重新定义时，人们就会认识到，更为全面的政策协调成为必需；集体行为是否更为全面而不是暂时

---

① 温特指出，国际体系对国家身份形成的影响方式，对思考国际政治具有重要的意义，但国家身份的形成也受到国内政治的重要影响。

② Martha Fennimore, *National Interests in International Society*, Ithaca: Cornell University Press, 1996, p. 2.

③ Ernst Haas, “Why Collaborate? Issue - Linkage and International Regimes”, *World Politics*, Vol. 32, 1980, p. 368.

④ Peter M. Haas, “Introduction: Epistemic Communities and International Policy Coordination”, *International Organization*, Vol. 46, No. 1, 1992, pp. 2 - 3.

⑤ Stephen D. Krasner, “Structural Causes and Regime Consequences: Regimes as Intervening Variables”, *International Organization*, Vol. 36, No. 2, 1982, pp. 195 - 204.

⑥ Robert L. Rothstein, “Consensual Knowledge and International Collaboration: Some Lessons from the Commodity Negotiations”, *International Organization*, Vol. 38, No. 4, 1984, p. 736.

性的，取决于科学家和决策者的观点取得一致的程度。① 在权力相对分散的条件下，任何一个国家对国际合作的认识都不能占据主导地位。如果每一个国家都坚持自己关于利益、目标、需要、价值的知识，怀疑其他国家的知识，国家之间要达成一个稳定的合作协议是不可能的，发展共有知识是形成协议、促成合作的最佳途径。因此，在为建立和发展国际制度而进行的长期性多边谈判中，共有知识显得十分重要。② 在国际关系层面，社会共有知识主要是指个体之间共同和相互关联的知识，它构成文化的主体，而文化包括规范、规则、制度、意识形态、组织和威望体系等。③

二、中美共有知识构建——新型大国关系

中美是两个有着不同政治文化的大国，作为国际体系中的国家行为体，它们通过不断的相互作用、影响和反馈，深化对彼此的认知，这便是学习的过程。正是在中美双方的互动和学习过程中，彼此国家的身份或认同得以再建构，并在互动的过程中得到修正，重新认知自身的国家利益，调整国家的对外行为和政策，形成协议，发展共有知识，促成彼此的合作。中美新型大国关系的构建正是这样一个基于彼此的政治文化，从学习—身份、认同和利益—共有知识构建的过程。

（一）从政治文化与历史中学习

中国和平发展战略首先继承了中国政治文化中“和合”文化的精髓，中国传统战略文化的核心价值“和谐、和睦、和平”仍是中国的国际战略追求。

其次，中国和平发展战略借鉴和吸收了历史上大国兴衰的经验和教训。从荷兰、葡萄牙、西班牙、英国、法国、德国，到后来的苏联和美国，再到德国、日本的经济崛起，一直到1991年苏联解体、冷战结束，大国之间一直存在着冲突、对抗和战争。过去的历史表明，一个新兴的崛起大国对原来的守成国构成挑战的时候，都引发了冲突、对抗和战争。然而，这种零和博弈的时代如今已经过去，冷战结束以后，出现了合作共赢的新潮流。摆在中国面前的问题是，我们要不要打破“强国必霸”的规律，避免崛起国和守成国必然发生冲突、对抗和战争的

---

① Peter M. Haas, "Introduction: Epistemic Communities and International Policy Coordination", *International Organization*, Vol. 46, No. 1, 1992, p. 30.

② Robert L. Rothstein, "Consensual Knowledge and International Collaboration: Some Lessons from the Commodity Negotiations", *International Organization*, Vol. 38, No. 4, 1984, p. 734.

③ ［美］亚历山大·温特著，秦亚青译：《国际政治的社会理论》，上海：上海人民出版社，2000年，第181页。

现象。如果中美选择对抗，就是逆潮流而动，就很可能把整个世界拉回到过去。鉴于这一认识，中国认为，中美应该根据“和平发展、合作共赢”的大潮流，构建一种新型大国关系，跨越“修昔底德陷阱”。

（二）从彼此互动中学习——当“战略调整期”遇上“战略机遇期”

美国方面，2001 年“9·11”事件后，美国开始了“二战”后最大规模的战略调整，把战略重心从欧洲转向中东。奥巴马上台后，又把重心从中东转移到了亚太。从 2001 年开始，美国花了 10 年实现了两次很明显的战略重心转移，最终将战略重心转到亚太。

中国方面，2002 年党的十六大提出了战略机遇期，并在随后的 10 年中实现了跨越式的发展。据统计，2001 年中国的 GDP 只有 1 万多亿美元，占全世界比重的 1% 左右，但从 2005 年开始，中国的 GDP 相继超过了英国、法国、德国，并在 2009 年超过日本成为世界第二大经济体。根据国际货币基金组织（IMF）的数据显示，中国 2014 年的 GDP 达 10.4 万亿美元，仅低于美国的 17.4 万亿美元。

2010 年，美国的“战略调整期”遇上了中国的“战略机遇期”，美国基本完成战略东移的部署，中国则赶超德国、日本。2010 年的两“期”相遇开启了中美之间新的战略猜疑。中国开始怀疑美国东移的意图是针对中国、围堵中国、包围中国；美国则怀疑中国的迅速崛起是挑战美国、威胁美国、取代美国，至少是要取代美国在亚太地区的领导地位。中美双方之间原有的信任削弱了，新的猜疑逐渐增加。

（三）身份、认同和利益的再认知

对于 2010 年两“期”相遇以来中美彼此战略互信的减弱和战略猜疑的上升，中美双方都认识到了问题的严重性。为了避免可能的冲突与对抗，中美双方在彼此的互动与学习中，对自身与对方的身份、认同和利益进行再认知。

2012 年，北京大学国际关系学院院长王缉思教授和美国布鲁金斯学会中国问题研究中心主任李侃如博士经过一段时间的研究，发表了一篇研究报告，题为“中美战略猜疑：解析与应对”。他们认为，中美现在信任减弱了，猜疑上升了，认为中美现在的战略猜疑已经十分严重，如果不加以遏制将威胁中美关系，并提出了一些应对的政策建议。报告引起了中美双方的高度重视，中美双方都担忧如果双方的猜疑继续恶化下去，很可能影响到两国关系的大局，导致冲突和对抗，落入“修昔底德陷阱”。其实，中美双方对 2010 年之后因双方信任降低引起的负面影响是非常敏锐的，2011 年胡锦涛访问美国，双方达成了 41 点内容的《中美联合声明》，有效地制止了中美之间的猜疑。随后，习近平2012年的访问进一步有效地制止了猜疑上升的趋势，2013年的安纳伯格庄园会晤，更进一步止住了这种趋势。2014年11月，习近平和奥巴马的会晤及“瀛台夜话”，中美两国元首再次坦诚深入交流，增信释疑。

（四）中美共有知识的构建——新型大国关系

冷战后，世界处于一个短暂的合作时代，从早年邓小平提出“和平、发展”两个主题，到江泽民、胡锦涛两代提出“和平、发展、合作”三大潮流，再到新旧交替之际，习近平提出“和平、发展、合作、共赢”的理念，“共赢”作为一个新的理念已经被加进去。从“和平发展”到“合作共赢”已经成为新时代的主潮流。

在这样的时代背景下，从2011年胡锦涛访美的《中美联合声明》到2013年习近平与奥巴马的安纳伯格庄园会晤，双方正式提出构建中美新型大国关系。①习近平主席将中美新型大国关系概括为十四字目标和要求，即“不冲突，不对抗，相互尊重，合作共赢”。构建中美新型大国关系不仅符合时代的潮流，也符合中美两国的利益，兼顾各自的核心利益和双方的共同利益。中国高度关注的是主权、安全和发展，美国高度重视的是国土安全和全球领导，与此同时，双方也兼顾彼此的共同利益。尽管构建中美新型大国关系在世界史、中美关系史上史无前例，也必将面临一些困难，但在全球化的形势下，中美共同利益在增加而不是在减少，两国合作在扩大而不是在缩小。

---

① 有关中美新型大国关系的研究请参见倪世雄：《漫谈构建中美新型大国关系》，《辽宁大学学报》（哲学社会科学版）2014年第1期；王缉思、仵胜奇：《中美对新型大国关系的认知差异及中国对美政策》，《当代世界》2014年第10期。

第五章　百人会对美中共有知识的构建

第一节　百人会概况

一、百人会简介

百人会是美国华裔百人委员会（Committee of 100）的简称，是 1990 年在纽约成立的一个无党派、非营利性华裔组织，总部设在纽约。百人会最初由著名美籍华人贝聿铭、马友友等联合发起，十余年来已经吸引了 100 多位最有影响力和最成功的华裔成员。百人会的两个宗旨是：一是促进美籍华人在美国社会的全面参与；二是促进美中两国发展建设性的关系。百人会的首任会长是杨雪兰，现任会长是关德铨。

百人会对会员有严格的标准，不仅要求会员是美籍华人，而且要具备 3 个 W：WISDOM（聪明才智——在本专业有建树），WORK（对美中关系有所贡献），WEALTH（财力雄厚）。申请者必须愿意利用自己业余的时间为推动百人会的宗旨尽力。此外，加入百人会一般不由本人申请，必须有 3 个会员的推荐，百人会还有一个专门委员会来进行审核和批准。经过十余年的发展，百人会不仅有了全职的工作人员，而且建立了比较完善的组织机构，会员从成立时的五六十名增加到现在的 149 人。百人会包括了几乎所有美籍华裔中的精英，现有 149 名成员中，每一位成员都在自己的领域有一定的成就和建树，如诺贝尔奖获得者杨振宁、前美国驻华大使骆家辉、艾滋病研究专家何大一、雅虎创办人杨致远、CA 创始人王嘉廉，以及许多美国华人界的知名人士，如李昌钰、陈香梅、靳羽西、吴仙标、丁绍光等，也有来自中国大陆的华人界知名人士，如陈冲、谭盾等。通过汇聚 100 多位优秀成员的集体智慧、经验和力量，百人会积极充当美国华人的代言人，努力改善美籍华人在美国的处境，并促进中美之间的交流，包括美国和大中华地区的民间交流。经过十余年的努力，百人会已经成为美国最具影响力的华人民间团体。1998 年克林顿总统访华前夕，百人会应白宫之邀提供咨询，成为唯一受邀提供咨询的华人团体，克林顿在访华期间发表讲话时引用了百人会撰写的美中关系白皮书《求同存异》的部分段落。

百人会汇聚了成员们独特的视角、知识和经验，一直致力于促进中美间建设性的关系，并推动美国华裔全面参与美国社会这一双重使命，扮演着独特的桥梁和推介角色。百人会认为，“旅美华人能在美国立足生根作贡献，增进中美邦交和改善两岸关系”并主张“求同存异”。百人会通过会议、研究和外交活动等方式，促进中美间的互相了解。

二、百人会产生的背景与原因

百人会的产生缘于两个主要因素：其一，美国华人移民数量的增长，华人在各领域涌现出一批精英；其二，美中关系的波动促使华人精英思考美中关系的重要性。

（一）美国华人移民数量的增长和各领域华人精英的出现

1943 年，美国总统罗斯福废除《排华法案》，中国人得以按照美国的移民配额移居美国，美国向中国移民敞开了关闭 60 余年的大门。1965 年，在民权运动的推动下，约翰逊总统签署了新的移民法，即《补充移民国籍法》。该法案除了强调家庭团聚之人道原则外，还强调吸收外国受过高等教育的知识分子及专门人才。自此，美国的华人移民数量迅速增加。与早期华人移民多为契约劳工、苦力不同的是，1965 年以后的华人移民素质有了很大的提高，从事的职业也涉及各个领域，并在各行各业涌现出许多精英。美国 20 世纪 60 年代的民权运动也使包括华人在内的少数族裔群体在教育、就业等方面得到更为平等的机会。

华人教育水平的提高和留学生群体数量的增长，为科技精英和各行业精英的涌现奠定基础。在华人科技精英中，已有六位诺贝尔奖获得者：1957 年获诺贝尔物理奖的杨振宁、李政道；1976 年获诺贝尔物理奖的丁肇中；1986 年获诺贝尔化学奖的李远哲；1997 年获诺贝尔物理奖的朱棣文和 1998 年获诺贝尔物理奖的崔琦。除了诺贝尔奖得主外，还有许多著名的华人科学家，如物理学家吴健雄、数学家陈省身、建筑艺术家贝聿铭、原伯克利加州大学校长田长霖、第一位华人太空人王赣骏、艾滋病研究专家何大一等。其他行业也不断涌现出华人新秀，如政界的有曾经担任美国商务部长、驻华大使的骆家辉，曾任美国劳工部长的赵小兰，曾任美国特拉华州副州长的吴仙标等；IT 业的有雅虎创办人杨致远、CA 创始人王嘉廉、来自香港的冯国经；演艺界的有著名主持人靳羽西，电影导演李安、吴宇森，著名演员陈冲，音乐家谭盾等。正是这些华人精英的涌现，为作为华人精英组织的百人会奠定基础。

（二）美中关系的波动

美中关系的波动是百人会产生的另一个重要原因。如前所述，美中关系的发展和变化对美国华人社会有着重要的影响。就百人会而言，其创建与1989年美中关系的波动直接相关。

1989年，美中关系因“东欧剧变”陷入低潮，有关中国的负面宣传越来越多，许多关心时事的华人都为此焦虑，纷纷向贝聿铭、邓兆祥等人征询意见。在接受采访时，一些美国记者表现出的对中国的不了解和对华裔的偏见，也使贝聿铭、马友友等人感到悲哀，深切体会到美中两国由于缺乏了解而造成的偏见。他们认为，这种偏见不仅影响了美中两国人民的交往和友谊，也影响了美国华裔的整体形象，为此，有必要团结起来做一些实际的工作，建立一个能代表他们声音的，有强大影响力、号召力和说服力的精英组织，改变主流社会的偏见，并推动美籍华人在美国社会的全面参与。这一想法一经马友友和贝聿铭等人提出便得到很多华裔精英的支持，并将该组织命名为“百人会”，既体现了从者之众，又含有精英聚会的意义。百人会前会长邓兆祥表示：“长期以来，美国对美中关系的看法只有一个，这就是美国人的传统看法。我们华裔需要表达自己的看法，但不是表达反美的看法。”杨觉勇认为，“作为加入美国籍的华人，应该站在美国立场上看问题，认为美中关系一定要好，美国不应把中国看作敌人。我们说话比非美国籍的华人有力，因为我们有双重文化背景，每个人都是所从事领域的专才。我们不仅写白皮书，而且用个人行为去影响美国人”。

第二节　美中社会对彼此的认知

一、美国社会对中国的认知

（一）美国社会的中国观

在早期美国人的眼里，中国是一个陌生而奇异的国度，有着迥异的文化以及“无法同化”的中国人。费正清曾表示，“这个新鲜、奇特的社会唤起我们同样多的好奇与贪婪，乃至最终的同情”。早期在美国的华人不过十万余，他们勤劳、善良、坚忍、睿智却遭受排斥，除了政治、劳工等方面的原因外，最为不可思议的是文化因素，他们有着不同于白人社会的特征和习俗。1876年，旧金山市政府发言人在国会听证时这样评价中国人，“他们永远不能与我们同化。他们是一群永远不变的外国人，永远不可能成为我们的同类”。1882年，美国制定了历史上第一个，也是唯一一个针对特定族群的法案——《排华法案》。

1949 年以来的大多数时期，美国民意对中国充满敌意。美国资深传媒人詹姆斯·法洛斯指出："历史地看，美国人的中国观为意识形态所驱使。美国人对中国人的态度不是神化便是鬼化（romance and demonization）。概括地说，美国人负面的中国观基于三个主要原因：对共产主义世界的敌视、对中国人权的关注和对台湾的支持。"

随着中国的发展壮大，近年来，"中国威胁论"不时泛起。美国国际问题专家戴维·兰普顿认为，美国人对中国的认识已经从"虚弱中国范式"变为"强大中国范式"。前者视中国为虚弱的发展中国家，后者视中国为正在崛起的大国。未来，美国人会如何看待中国？如果中国现有的政治体制不变，却一步步强大起来，美国人会怎么看，怎么做？如果中国的体制改变，美国人的看法和做法会如何变化？如果中国获取的世界自然资源越来越多，中美之间会不会发生冲突？这种冲突与中国的政治体制是否相关？

在美国人乃至西方人眼里，以下四个层面仍然触动着他们的神经：第一，中国与西方有着不同的政治制度；第二，中国在经济上已经成为一个竞争者，为了维护自己的利益，要想方设法限制中国发展；第三，宗教意识，中国是个拥有 13 亿多人口的大国，却不在基督教的脉络里；第四，种族，中国人不是 WASP。

2009 年奥巴马上台后表示："美中关系将造就 21 世纪，从而使美中关系列入世界上最重要的双边关系中。""美国不谋求遏制中国"，"一个强大而繁荣的中国的崛起，将是国际社会力量的源泉"。尽管华盛顿声称，美国对中国日益崛起的政治和经济影响力表示欢迎，但对美国来说，与中国的合作，只能限定在帮助美国应对当前挑战和维护它所主导的国际秩序范围之内。一旦超限，中国将被视为"不负责"或"秩序破坏者"，美国遏制中国还会劲吹冷风。事实上，美国对中国的崛起从未放松警惕。在 2009 年 9 月发布的《2009 年国家情报战略》报告中，美国延续了对"中国威胁"的一贯指控，将中国视为伊朗、朝鲜和俄罗斯之外，可能对其构成挑战的国家。就在奥巴马 2009 年 11 月访问中国的同时，CNN 民调显示，绝大多数美国人视中国为威胁，其中 71% 的受访者认为，中国对美国构成经济威胁；51% 认为中国对美国构成军事威胁。

（二）美国媒体对中国的认知与偏见

有关中国各方面的议题吸引着美国媒体更多的关注。中国外文局对外传播研究中心王眉认为，无论从数量的多少、版面的重要性还是篇幅的长短上看，中国都可以算是美国媒体报道国际新闻的热点国别。[①] 即使在美国总统大选中，中国也受到了颇多关注，尤其是在奥巴马和罗姆尼的第三场电视辩论中，“中国的崛起”更成为其中一大主题。辩论结束后，其他一些国家的媒体抱怨电视辩论中提到本国的次数太少，有些根本就没有，认为自己国家在美国的外交政策中太不重要了。美国总统大选报道中完全针对中国的报道并不多，但期间其他涉华报道不少。以《纽约时报》为例，几乎每天都有关于中国的报道，议题不仅涉及当时中国的众多热点事件，涵盖政治、社会、文化等各个方面，包括钓鱼岛事件、砸日系车、莫言获诺贝尔奖、中共十八大等，还包括中国人海外移民等比较长期性的话题，不少文章都是放在头版。CNN 网站上的“亚洲”版块甚至还有专门一个“ON CHINA”的栏目，不仅有中国各方面的文字、视频报道，栏目主持还经常邀请一些中国嘉宾谈论中国话题。

与媒体不同，美国普通百姓对中国的关注度相对较低。美国普通百姓关注和自己生活相关的议题。大选期间，罗姆尼竞选团队一则有关中国使美国人工作机会减少的竞选广告，以及电视辩论中的类似话题在美国民众中还是相当有市场的，因为大部分美国普通民众其实并不关心中国的政治制度、人权等与自己关系不大的议题，但失业率居高不下和中国产品遍布美国市场使美国民众很容易相信是中国人抢走了美国人的工作机会。竞选广告、电视辩论和媒体报道的目的都只是迎合民众的观点引发关注，制造和利用议题，至于制造业转移背后的真正原因，他们并不关心，当然也不会深入解释。

对华刻板印象仍然存在。美国媒体对中国的关注度高并不意味着外界对中国的看法改变了。虽然有时候能够听到一些比较客观的对华看法，但总体上，美国人和美国媒体对中国的刻板印象仍然存在。美国民众大多没有去过中国，有关中国的信息完全来自媒体，不少记者虽然去过中国，但他们实际并不了解中国的历史、文化、社会等。专家、学者之间也因为去过中国与否而对中国的认识存在差异。例如，在一次课堂陈述中，每个学生几乎都会引用一家名为“自由之家”（Freedom House）的组织发布的 2012 年媒体自由度排名，在这个排名中，中国排在非常靠后的位置，因此，他们的结论是“中国媒体是不自由的”。而资料显示，“自由之家”虽然标榜自己是一个国际性的非政府组织，可是该组织 80% 的预算来源于美国政府（也接受其他来源资金）。除了一个来自韩国的学生外，这些学生都没有去过中国，也没有接触过中国媒体，但这种一开始就定性的结论就这样深深扎根在美国未来从事国际报道的新闻记者头脑里。教国际新闻这门课的哈丁教授说自己没有去过中国，无法形成对中国的看法，但他对中国的印象是控

① 王眉：《改变意见领袖的“中国观”》，《对外传播》2013 年第 3 期。

制，没有自由。他认为中国媒体是政府控制的。教国际媒介体系这门课的史密斯教授则多次到过中国，与很多中国媒体和中国新闻工作者打过交道，他表示不太赞同“自由之家”之类的组织把中国媒体列为最不自由的，他认为那些组织的判定标准应该改变了。①

二、中美公众的彼此认知

美国华裔组织百人会2012年6月27日在美国首都华盛顿发布的一项民意调查结果显示，中美公众在相互认知上呈现彼此怀有好感但互信有限的状况。两国均有超过半数公众对对方国家和文化持正面态度，承认中美关系的重要性以及两国经济的相互依赖性，互视对方为最重要的合作伙伴。但是，与百人会2007年进行的调查相比，中美两国之间的不信任程度有所增加。②

（一）中美两国人民对彼此的总体印象大致良好

这份名为“中国人和美国人对彼此的态度”的调查，是由百人会委托美中两国专业民调机构在2011年12月和2012年1月进行的，在中国采访了4 153人，在美国采访了大约1 400人，访问对象包括两国普通公众、意见领袖、企业家以及一些美国国会工作人员。调查显示，中美两国人民对彼此的总体印象大致良好。约55%的美国公众对中国持正面看法，59%的中国公众对美国持正面看法。两国公众对中美实力和影响力变化的看法迥异，58.4%的中国公众认为20年后中国将取代美国成为世界主要领导力量，但中国企业家和意见领袖对此持谨慎态度，两个群体中分别只有37%和23%的人同意该观点。大多数美国公众对自己的国家仍有信心，相信20年后美国仍将保持世界领导地位，尽管这种信心有所下降。而认为美国仍将保持世界领导地位的美国商界精英，从2007年的69%降到2012年的47%；意见领袖从2007年的62%降到2012年的55%。

值得注意的是，调查发现，“中国威胁论”在美国公众特别是商界精英和意见领袖中仍很有市场。对于中国军力增长，80%以上的商业精英和意见领袖认为对美国有潜在或严重威胁。同样，中国人对美国的政策也充满疑虑。比如，调查发现，约40%的中国受访者认为，美国在亚洲的军事部署会造成亚洲邻国间的紧张局势。此外，中国公众和精英中有一半左右认为美国试图阻止中国崛起。

① 王眉：《改变意见领袖的“中国观”》，《对外传播》2013年第3期。

② 参见吴成良：《美华裔团体民调显示：中美公众彼此重视与猜忌并存》，《人民日报》，2012年6月29日。

百人会的调查结果支持中美关系是当今世界最重要的双边关系之一这一观点。美国公众和精英群体都认为，中国将超越英国和日本成为美国最重要的合作伙伴。中国受访者也认为中国最重要的合作伙伴是美国。

负责此次调查的百人会副会长、加州大学希斯汀法学院院长吴华扬表示，“两国人民彼此怀有好感，但互信有限”。调查显示，50%的美国公众和精英群体认为，美国不应该信赖或过于信赖中国；50%以上的中国公众和精英也认为，美国不值得信赖。在重大双边问题，特别是经济问题上，中美两国公众既乐观又存在忧虑。绝大部分中美公众和精英群体都承认贸易对本国经济有利，但是又担心贸易赤字、知识产权不受保护、就业机会减少、产品不安全、贪污腐化引发双边摩擦。与此同时，尽管大部分美国精英群体期待中国投资能在美国创造就业，并加强两国关系，但美国公众认为此举可能会使美国丧失技术优势，甚至导致经济失控。

（二）多数美国人接受中国崛起并愿与中国合作

这次调查还向中美商界和意见领袖征集关于增加两国互信的可行措施。要让美国信赖中国，美国人认为中国必须采取以下措施：增加透明度、改善人权、公平贸易、保护知识产权、停止所谓不公平的人民币政策。美国精英群体则指出，美国必须与中国加强交流、了解文化差异、完善公平贸易和减少贸易赤字。中国精英群体要求美国加强交流与合作，不干涉中国内政，降低政治姿态，尊重和理解中国并避免指手画脚，这样美国才能赢得中国的信赖。

美国布鲁金斯学会中国问题研究中心主任李侃如在点评百人会民调时表示，美中之间的互相猜疑令人担忧。他举例说，有一定比例的中国公众认为，美国试图阻止中国成为强国，但百人会的民调发现，这不是多数美国人的想法。事实上，同2007年相比，接受中国崛起并希望与中国合作的美国人的比例有所增加。李侃如说，彼此的不信任将成为中美进一步发展更加强劲的双边关系的一大障碍。如果“零和博弈”思维占据上风，那么两国最终会成为敌人，中美乃至世界都将为此付出沉重代价。

美国前驻华大使芮效俭在接受记者采访时表示，尽管两国的合作广泛而深入，但美中之间的不信任程度是在上升而不是下降。两国必须寻求增加互信，其中一个重要途径就是促进民间交流。芮效俭表示，积极支持美国政府推动“10万人留学中国计划”，并希望这些留学生不仅到中国学习中文，还要学习其他学科。他还建议美国从幼儿园到高中推广中文教学。

针对调查反映的复杂的中美关系现状，百人会前会长、华美银行董事长吴建民表示，中美面临战略挑战和选择，求同存异是结成伙伴关系以及共同进步的途径。现在中美两国利益息息相关，两国人民都知道对方是最重要的合作伙伴。为应对全球性挑战，两国比以往任何时候都更需要合作。百人会在调查报告中也建议，促进两国文化互访和学习交流，推动公共外交，以及培养未来领袖，以增加中美两国的互信，维护共同利益。

第三节　百人会对美中共有知识的认知和构建

百人会主张“求同存异”。百人会对美中共有知识的构建主要在于以非国家行为主体的身份，促进中美双方对彼此身份、认同和利益的再认知，在求同存异的基础上寻求共同利益，避免冲突与对抗，这不仅符合中美双方的利益，也符合美籍华人的族群利益。

百人会构建美中共有知识的途径主要有以下三种：其一，通过百人会的宗旨、发表的白皮书、给美国政府提供的建议等，表达、纠正美国政治精英和公众对中国和美中关系的错误认识。百人会对中国和美中关系较为公允、客观和全面的认知，是百人会构建美中关系共有知识，并推动这一共有知识在美国政治精英和主流社会传递的基础。其二，百人会通过举办年会、调查研究并发布调查结果等形式，增进美国公众对中国和与中国相关的具体事件的理解，拓展双方的共识，同时，积极邀请美国和中国政要、学者参加会议，创造条件，加强交流。其三，百人会通过特殊事件，如李文和案等，积极充当华人的代言人，发表声明，公布真相，消除美国社会对中国和华人的误解。通过上述方式，百人会谋求减少中美政府、社会、公众对彼此的误解，增进对彼此的认知，在求同存异的基础上寻求对彼此的理解与认同，并扩大共同利益。

一、百人会对中国和美中关系的认知

百人会作为一个非营利性组织，旨在扩大美籍华人在美国社会各方面更广泛的参与和促进中美关系的良性发展。在中美关系上，华裔的身份为他们审视中美关系提供了独特的双重文化视角，通过他们对现代中国更为深入的认识，增进美国的国家利益。

在美中关系上，百人会认为，“9·11”事件表明，在当今国际社会，没有哪个国家能够在面对恐怖主义、经济、军事安全、跨国犯罪、毒品走私和环境污染等时能独善其身。处理好美国与其他国家的关系非常重要，而在这些关系中，作为世界最强大国家的美国与世界上人口最多的国家中国的关系显得尤其重要。百

人会于1996年5月首次就美中关系发表白皮书，并于1998年作了更新。百人会与反诽谤联盟（Anti-Defamation League）就美国人对中国和美籍华人态度的合作研究也于2001年发布。百人会的这些文件概述了美国对待中国时的主要问题，在美国国会、白宫、媒体和公众广泛传阅。百人会还就这两份白皮书与美中两国领导人进行公开和私人的会谈。百人会改善双边关系的许多建议成为现实，这些建议包括香港的顺利交接并成为中国的一个特别行政区、中国加入世界贸易组织、国会给予中国永久性正常贸易关系的决定（成为WTO会员后）等。

（一）百人会在中国和美中关系重要问题上的认知

根据百人会官方网站①上的相关内容，百人会为布什政府、国会领导、商业团体和民间组织提供的政策框架的主要观点可整理成以下方面：

（1）作为最大的发展中国家和亚洲繁荣稳定的关键，与中国发展和平的关系非常符合美国的利益。百人会相信基于共同的利益，双方能够克服分歧，在经济、安全、犯罪、毒品、环境、科学和国际关系等问题中获益。

（2）冷战时期对付苏联的办法不适用于目前的中美关系，只能增加双方和地区的紧张。美国加给中国的那些口号、标语和陈词滥调式的称谓只会给美国理解复杂变化的中国增加困难。

（3）目前中国领导层已认识到积极的中美关系对中国经济发展、解决失业和就业问题，乃至保持国内稳定都有着重要作用，美国的对华政策应该建立在这种基础上。

（4）台湾问题是美中关系中最有分歧的问题，因此，美国的政策应“不要伤害”台湾与中国大陆的关系，将双方未来的关系问题留给他们自己去解决。

1972、1979和1982年的声明中，美国承诺“一个中国”原则，承认中国大陆对台湾的地位，“由中国人民自己和平解决台湾问题”。美国必须坚持上述承诺，并在为台湾提供有限制的防御性武器上保持克制。

（5）美国领导在制定政策时须将中国的民族敏感性加以考虑。中国对美国的流行的观点是羡慕美国的自由、生活方式和成功，但在这些表象下面则是新的民族主义，尤其是在青年知识分子之间，他们是中国未来发展的主导者。他们为中国能在短时期内摆脱历史上的贫穷和落后，并跻身世界民族之林而骄傲。这种情绪给中国领导人的对外政策增加了复杂性。

（6）“面子”是中国领导人在处理与美国关系时的一个重要因素。民众的观

① http://www.committee100.org.

点和各种势力团体的支持，也在不断影响中国领导人的行动、决定和政策。中美之间文化的差异容易导致彼此间无意的过激反应，这时，措辞的语气和方式显得尤为重要，特别是经过媒体的放大时。在可能的情况下，在解决政策冲突时，平静的外交经常要比直接的对抗更为有效。

（7）互相尊重的关系必须建立在彼此相互理解的基础上。鉴于中美文化的差异，理解的增加只能来自更多的交往。在过去的 20 年里，中国已经在经济、文化以及政治上有了根本性的改变。一手的观察和个人的交往是理解这些变化的最佳方式。基于媒体报道形成的对中国的心理预期与在中国亲身体验的现实之间的差距，让所有去过中国的人感到非常惊讶。而世界贸易组织和 2008 年的奥运会为双方提供更多交往的机会，因而必须给予鼓励。另外，必须鼓励中美之间在政府官员、立法和市政领导等层面的交流，如军方访问、文化和教育交流、媒体交流、科技合作、环境合作等，两国人民之间的交流也必须加强，并协助加强中国的法制建设。上述交流不仅有利于增加相互的理解，也能促进中国沿着国际社会的标准发展。

此外，接纳来自中国的学生已经并将继续有利于美国的利益，因为他们是促进更大程度相互理解的重要桥梁。居住在美国的美籍华人也是培养相互理解的可资利用的双重文化的资源。

（8）表明美国在对华关系中希望得到的利益，在对华政策上保持一致的意见，有助于与中国建立稳定的关系。结合美国军事、政治和经济利益，在美国政府和社会各部门中形成共识，构建对华关系的整体框架。尽管在开放的社会里，由于观点的分歧难以形成一致的意见，但仍有必要通过示范和行政领导的努力，鼓励这种共识和一致意见的形成。

（9）在制定对华长期政策时，美国还必须考虑到其亚洲盟国的利益，在亚太地区，非对抗性的中美关系被认为是该地区持续繁荣的基础。

（10）在未来 20 年里，中国也将跟过去 20 年一样继续发展。是成为国际社会一个和平的、自由市场的参与者，还是成为美国地缘政治上和经济上的对手，未来中国的发展取决于美国对待中国的方式。

理解了“求同存异”的原则，美国的对华政策就有助于与中国发展稳定的、长期的关系。

（二）百人会在台湾问题上的观点和建议①

1. 台湾问题的战略意义

百人会认为，台湾问题源于20世纪50年代朝鲜战争时期，美国从越南撤军后，台湾地区作为美国对该地区遏制所谓的“共产主义入侵”的承诺更多只具有象征意义。

美国在东亚的有限的军力投放部署不是为了战争，而是为了防止战争。美国不需要也不想与中国进行军事对抗——中国必须理解这一事实。为保持台湾海峡的和平现状，美国必须信守1972年《中美上海公报》的承诺，确保在台湾问题上保持两岸的平衡。近年来，由于台湾经济和民主政治的发展，一些美国人对台湾产生了一种强烈的偏爱，主张将威尔逊主义的“民族自决”原则加于台湾，认为在台湾问题上美国的作用是“保护”台湾，更有甚者支持台湾从中国完全“独立”，尽管在台湾的民意测验表明大部分台湾民众并不支持这种独立。

2. 在台湾问题上的民族情绪

在台湾问题上，中国民众的情绪比美国民众更为强烈。对中国民众而言，在几十年的国内冲突、分离和治外法权的背景下，领土完整对中国不仅是个情感问题，更是政治上的着火点。百人会强调，很多美国人对中国民众广泛支持中国政府对台湾的立场，包括如果台湾寻求最终独立的话不排除运用武力的权力这一观点没有充分的认识。中国民众普遍认为，台湾是中国的一部分，别国无权介入和干涉台湾事务。美国政府和美国民众必须认识到，在台湾问题上，中国政府有着中国民众的大力支持。

3. 对台军售

美国的对台军售将导致中国向俄罗斯和以色列购买更尖端的武器。在评估军售对台湾的作用时，美国也应评估其可能引发的地区军备竞赛。对台军售只能是加剧两岸关系的紧张，不能给台湾提供更多的安全感。鉴于中国大陆和台湾的经济需要，双方都不可能自愿增加军事费用，除非出于双方军事平衡的变化。

4. 台湾与大陆日益紧密的经济和社会联系

过去30年来，美国对台湾问题的基本立场是给中国大陆与台湾足够的时间和善意，让他们自己达成解决台湾问题的和平决定。这一立场的积极意义已经开始显现。从1949年5月到1987年8月，国民党在台湾全岛实行军事法律（martial law），禁止任何台湾人到大陆旅行。1987年11月军事法律结束后，台湾人被允许回到大陆探亲。从此，台湾自由化的经济政策也允许台湾人到大陆投资。研

① 相关内容参见 http：//www. committee100. org。

究表明，台湾人在大陆的直接投资累计已达600亿美元，涉及各行各业，从小饭馆到世界级的电子制造厂；超过50万的台湾专业人员或经理在大陆的台湾企业或台资企业工作和生活；台资企业雇用了中国3%的劳动力，这一数字还在上升。这一巨大的金融和经济联系正在重新塑造两岸双方的历史行为和态度。

海峡两岸的经贸关系也支持着台湾经济的发展。在20世纪90年代中期以来的大多数时间里，台湾对大陆的贸易盈余抵消了它对世界各国和地区的贸易赤字，对大陆的出口成为台湾经济的有利支撑。近期台湾经济的萧条让人更加明白，台湾经济的未来必须依靠大陆。台湾的企业领导不仅不煽动独立，反而主张到大陆更自由的商业旅行和直航，以减少他们与大陆经商的成本。台湾到大陆旅游人数的增长在促进中国旅游业发展的同时，也在两岸增加了更多的民间联系。研究表明，台湾人对大陆发生的变化并不陌生，越来越多台湾人预见到，在像香港那样保持独立的经济、政治和法制体制的情况下，台湾被大陆吸纳是切实可行而且值得的（feasible and desirable）。

总之，除了原有的历史与文化联系外，台湾与大陆如今有着很强的共同经济利益，美国的外交政策也必须在过去30年坚定的“一个中国”的基础上保持稳定。美、中、台三方早期谈判者的预设前提就是最终实现台湾的和平统一，为各方逐渐的实验换取时间。1997年香港的回归已经为“一国两制”的可行性提供了证明，假以时日，北京和台北也能提出某种适合台湾的可接受的不同模式。美国的存在能够保证两岸持续稳定的平衡，为双方的持续谈判提供激励和机会，避免流血冲突。

（三）百人会强调与纠正的对中国和美中关系的错误认知①

1. 摆脱对华认知的偏见和滞后

百人会认为，从20世纪50年代的毛泽东时代到70年代邓小平的改革开放，以及今天的中国热潮，美国不断地给中国贴上各种各样的标签。从麦卡锡时代的“红色中国”到尼克松时代的“战略接触”，到克林顿时期较友善的“战略伙伴”。这些词汇反映的只是使用者的观点，而不是国际体系或结构，带有认知上的局限性和政治上的麻木性，用以描述现代中国的生动、复杂和变化时注定要显得过时而缺乏创见。不管美中关系的状况如何，也无论美国和政治制定者如何看待中国，中国正以人类历史上前所未有的速度发展着，在形成美国的对华政策时，重要的不是那些公式化的话语，而是对当代中国社会的对照和矛盾的更为深入、细致的剖析。

---

① 相关内容参见 http：//www. committee100. org。

2. 避免用冷战模式来看待美中关系

百人会认为，以冷战的模式来看待美中关系是不合时宜的，这一模式与美中关系无关。中国的主要目标不像苏联那样输出共产主义，也不像苏联的华沙条约或在古巴和非洲的其他做法，中国并没有在世界任何地方组建对抗美国的军事同盟。相比之下，美中每年的双边贸易已经远远超过 1 000 亿美元，中国成了美国的主要贸易伙伴，这是苏联从来不敢想象的。尽管在中国国内有人因为腐败或其他问题对政府不满，但他们也为过去 20 年经济的快速发展和社会的进步倍感骄傲。美国对中国的批评激怒了中国的普通百姓，认为美国没有给予中国跟所有其他与美国合作的、和平发展的贸易伙伴般的公平一致的待遇。这种观点在中国受过良好教育的精英中更为流行，一些人现在更相信美国政府正在有目的地阻止中国成为一个世界强国。

3. 避免零和游戏思维

美国一些政治家对中国的持续妖魔化将创造出一个事实上并不存在的敌人，实现自己的消极预言。越来越多的中国人、中国领导人和军方人员能够从美国的公开宣称中认识到美国对中国的敌意和怀疑。对中国是美国在太平洋地区“战略威胁”这一特征的反复强调只能在中国内部造成不信任与疏远，销蚀双方在两国间构筑友谊与和平的努力，导致对双边关系的损害。

百人会强调，我们没必要将中国的发展视为国际政治中零和游戏的一种新的形式，认为中国的每一份所得在某种程度上就是美国所失。事实上，如果回顾由于俄罗斯当今持续的虚弱和不稳定而引起的东欧潜在的混乱，回顾 20 世纪二三十年代中国的积贫积弱形成亚洲的政治真空，最终酿成“二战”最血腥的部分之一，美国应当欢迎，而不是惧怕一个稳定的、自给自足的中国成为其太平洋沿岸的邻国。

（四）百人会的立场和声明

百人委员会对外包和贸易全球化的声明①

2004 年 4 月 25 日

美国的繁荣和发展对美籍华人非常重要，他们中的许多人因为美国的教育和经济机会而移民美国。因此，我们与其他美国人一样，关心目前美国经济复苏中的失业率和工作机会的缺乏。在这个经济衰退或衰退之前，当裁员发生时，美籍华人工人与他们的同事一样失去了工作，失业并不（而且根据美国法律不可以）只限于某一特定的族群。

---

① http：//www. committee100. org/publications/publications_outsourcing. htm.

目前的一些公开言论已确定“外包”是造成当前失业的一个关键因素。大部分外包活动已经从国内的外包公司，如20世纪90年代内布拉斯加州和南达科他州，移到了目前的离岸地如印度和中国。因此，一些公共话语过分地简化了复杂的经济力量背后的决定，并指控这些亚洲国家“造成”了美国的失业。这种无知和无助的观点引起了百人会的关注。

百人会不禁回顾起1982年一名年轻的华裔美国人陈果仁（Vincent Chin）的不幸悲剧。陈在底特律郊区因为被白人工人误认为是日本人，被用棒球拍野蛮殴打致死，凶手中的一位刚失业不久，指责日本汽车的竞争力造成了美国汽车工业的普遍失业。陈成了美国社会广为流传的攻击日本的言论所煽动的无知和种族主义的牺牲品。目前的状况正为印支美国人和美国华人重复这种悲剧酝酿氛围。因此，我们敦促所有的公众人物在这一政治季节为他们的议论负起责任，不要煽动任何类似的不负责任的不合法行为。

在公众和政府对公共政策做出明智选择之前，需要对外包从不同的角度，通过对双方成本和效益的客观讨论，以及权衡与权威分析。特别是在选举年，由公众、工会和商界领袖提供的声明和言论将不幸地导致非理性的行为，并危及无辜者的生命和财产安全。

为了促进对外包和可能的解决办法的公平、均衡和知情的辩论，维护和促进美国就业的增长和经济的繁荣，我们在我们的网站上收集了前沿专家的观点供大家分享，网站包含了各种来源和观点。

百人会对美中安全审查委员会报告的答复①

2002年7月18日

美中安全审查委员会向国会提交的报告又一次以最坏的假设得出了谬论，让我们想起1999年考克斯报告，该报告也得出了类似结论，受到斯坦福大学的著名科学家们的驳斥，被众人否定。报告宣称台湾正在受到中国大陆为统一不惜使用武力的“威胁”，该结论并无事实根据，而是委员会既定的断论。

报告低估了台湾与中国大陆社会和经济往来的深远影响，台湾在中国大陆的投资已超过一千亿美元，近一百万台湾人在中国大陆访问、就学、工作、生活，甚至结婚和养老。报告没有认为这种统合会减缓武力冲突。报告还就美国技术转入中国，对旅美学生、研究人员、学者提出质问，因此，所有中国人包括美国华裔毫无根据地被怀疑为中国间谍便是自然而然的了。作为美国人，我们对国家的忠诚常被怀疑，我们深感难过。

---

① http：//www. committee100. org/media/media_ eng/071802. html.

凭空判断是不公正的，臭名昭著的李文和案便是一例，在无证据的情况下，他未经审判便给加上中国间谍之罪，案件的发生正逢考克斯报告出炉，美国媒体把中国炒作成无所不在的敌人。

我们担心美中安全审查委员会的报告会导致种族歧视，滥用民权，司法不公正，从而伤害美国华裔。另外，不对中国和亚裔研究人员采取歧视是符合美国利益的。最近美国亚裔科学家不愿在美国实验室工作，给美国科技带来了损失。成千上万的美国华裔每日为国家的发展而努力工作。获诺贝尔奖的华裔科学家不少于六位，七位亚裔科学家获总统科学金奖。如果美国断送这些人才，将是美国的耻辱。

2001 年，百人会做了全国民意调查“美国人对美国华裔和亚裔的看法”，发现 46% 的美国人认为华裔把机密消息给中国是个问题。这个观点来自何处？是这种偏见影响了国会委员会，还是这类委员会加强了偏见？

我们希望委员会将来如果再写报告的话，应该把结论建立在冷静和理性的分析上，因为只有受过良好教育，掌握信息的民众才是确立健康的对华政策的最佳保证。

百人会对海南撞机事件的声明①

2001 年 4 月 9 日

作为华裔美国人，我们对在海南发生的，涉及中国战斗机和美国侦察机相撞并导致中国飞行员死亡，美国 24 名军事人员被拘留的不幸事件感到特别难过。

我们同布什总统和美国人一样，要求迅速交回我们的 24 名军事人员，并向中国飞行员王伟的家属表达深切哀悼。我们完全支持总统在处理这一问题时的做法，敦促中国领导人继续努力与美国一起确定事件事实，确保这一事件不升级，不损害美中关系。

美国和中国的领导人必须妥善处理公众的情绪化反应。相应地，我们敦促双方给予充分的时间以查明事实，平静地解决。显然，人的问题，中国飞行员的死亡和归还 24 个美国人是最迫切需要解决的问题。

其中，最重要的是，美中双方应将这一问题放置在有益于发展积极的美中关系，有益于美中两国人民利益的语境中来解决。

① http：//www. committee100. org/media/media_eng/041901. html.

二、百人会对美中共有知识的构建

（一）促进美国精英阶层对彼此和美中关系的认知

阿尔蒙德认为，影响一国外交决策过程的舆论主题主要有四大类：普通公众、关注的公众、舆论精英和政策精英。[①] 杰里尔·A. 罗赛蒂则认为至少存在着两种公众类型：精英群体（包括舆论引导者和热心公众）与大众群体。[②] 尽管分类不同，但阿尔蒙德与罗赛蒂都认为不同的公众群体对外交政策的影响力是不同的，普通公众由于教育水平和社会经济等级等对国家和国际事务的兴趣不大，对国家外交政策制定的影响力较低，处于外交决策圈的最外层。精英群体，包括舆论精英、政策精英，虽然人数少，但由于他们对专业问题的分析较大众群体更为理性、深入，更容易引起政府决策层的重视。重要的政府和商界领导人、著名的报界人士、学术权威和专业人员以及各行各业的知名人物，作为全国舆论的引导者，对外交政策的制定有着不可忽视的影响力。[③] 因此，加强与精英群体的联系，取得他们的理解和信任，对本国外交政策目标的实现和国家形象的塑造往往起到事半功倍的作用。精英群体包括政治精英和商界、学界等领域的精英，其中，政治精英对国家对外政策的影响力最为直接，而美国的国情决定了各级政府主要官员、议会议员都需要顾及各方政治力量的反应和广大选民的呼声，因为选票和钱票（竞选经费）将决定他们的政治前途。

举办年会，促进交流，是百人会扩大对美国精英阶层影响的重要途径。自1991 年以来，百人会一直举办年会，邀请美国政界、商界的重要人士参加，探讨中美关系发展，为各界精英共同探讨有关中美两国关系和美国华裔问题提供了直接交流、对话的平台。每年的年会都得到美国主流社会和媒体的重视，美国前总统布什和美国前国务卿赖斯、加州州长、旧金山市长和许多参众两院的议员都曾为百人会年会发来贺电。百人会的名言是“求同存异”（seeking common ground while respecting the differences）。在年会上，百人会邀请美中问题专家、学者及政府官员与会演讲，已受邀请的两国政要和专家学者包括中国驻美大使朱启桢、美国驻华大使李洁民、美国劳工部长赵小兰、美国战略与国际研究中心的格

① Gabriel A. Almond, *The American People and Foreign Policy*, New York: Frederick A. Praeger Publishers, 1996, p. 138.

② ［美］杰里尔·A. 罗赛蒂著，周启明等译：《美国对外政策的政治学》，北京：世界知识出版社，1997 年，第 341 页。

③ ［美］杰里尔·A. 罗赛蒂著，周启明等译：《美国对外政策的政治学》，北京：世界知识出版社，1997 年，第 342 页。

里特·龚、美中商会的罗伯特·卡普、乔治·华盛顿大学的哈里·哈丁、约翰·霍普金斯大学的戴维·兰普顿，以及中国社会科学院美国研究所的王缉思；《纽约时报》前总编、资深新闻工作者西摩·托平等。与中美双方政府、官员、思想库和学者的紧密联系与交往，是百人会独特的资源，也是其影响美中关系的重要途径。百人会还与兰德公司共同主办“中国、美国和全球经济”会议。美国参议员范士丹在百人会第 15 届年会上发表题为“21 世纪的美中、美台关系：深思熟虑、保持关注”的演说。

2007 年 4 月 19—21 日，百人会在纽约成功举办第 16 届年会，美国财长保尔森、KKR 创始人亨利·克拉维斯和摩根士丹利公司董事长兼首席执行官约翰·麦克等都发表了演讲。4 月 24 日，百人会在华盛顿美国记者俱乐部举办午餐研讨会，尚德太阳能电力有限公司创始人兼首席执行官施正荣与《纽约时报》专栏作家、《世界是平的》作者托马斯·弗里得曼就能源问题展开讨论。

2012 年 4 月，百人会举行第 21 届年会，该届年会有超过 500 位中美两国政界、商界、学术界、艺术界的精英参加。在 19 日举行的晚宴上，百人会会长吴建民以及洛杉矶市市长维拉戈沙首先致欢迎词，中美两国的精英围绕华裔关心的“领导层更换对中美关系的影响”、“美国亚太裔关心慈善事业”、“中美双边投资”和“全球化电影产业的新天地”这四个主要议题进行了讨论。会议发言人包括美国商务部长约翰·布莱森、米尔肯学院理事会主席迈克尔·米尔肯、伯克希尔哈撒韦公司副董事长查尔斯·孟格尔、好事多公司创始人兼董事詹姆斯·斯内卡尔、陈颂雄家族基金会董事会主席陈颂雄、传奇影业董事长及最高执行长托马斯·图勒、美国国会华裔众议员赵美心、美国著名华裔花样滑冰运动员关颖珊及著名演员陈冲等。百人会第 21 届年会还发表了《中国人和美国人对彼此的态度——2012 年民意调查报告》，评估了中美对经济、政治、安全等重大问题上的态度变化，以及双边贸易、投资、美国在亚洲的军事部署、中国作为军事和经济大国的崛起等态势。

2013 年 4 月 25 日，百人会 2013 年年会在华盛顿举行，中国驻美国大使崔天凯及全国政协常委、外事委员会委员贾庆国一同出席。美国负责经济、能源和环境事务的副国务卿罗伯特·霍马茨出席年会，纵论中美经贸关系及国际影响，强调美国绝对无意遏制中国发展，并指中美可在污染治理、页岩气开发等领域实现“双赢”。曾为基辛格下属的霍马茨回顾了 40 年来中美经贸关系发生的巨变，表示中美关系“破冰”之时，两国几乎没有经贸往来，中国经济对美国和世界也无足轻重，而今天的情形已完全不同，中美经济息息相关，并攸关全球经济走向。他指出，中美经贸关系的本质是互利互惠，但现在的确受到一些疑虑的影响和挑战，其中之一即为“美国意图遏制中国发展和崛起”。对此霍马茨明确否认，“我对这种看法感到非常困惑。如果看一看中国对美出口剧增，就知道美国想遏制中国的说法毫无根据”。霍马茨坦言中美经贸关系存在障碍和困难，一方面，中国有人担心美国遏制中国经济发展；另一方面，美国企业在知识产权、网络、盗版等问题上存在担忧。但霍马茨强调，需要看到中美可在环境、能源等多个领域实现“双赢”。他指出，“遏制论”脱胎于冷战时期美国与苏联之间的对峙，如今“这一冷战时期的理论不适用于中美关系，美国绝对无意在经济或其他方面遏制中国”①。2013 年 10 月 31 日，美国百人会第 5 届大中华区年会在北京举行。全国政协副主席李海峰、周小川，国务院侨务办公室主任裘援平、副主任谭天星，外交部部长助理郑泽光以及美国前商务部长坎特、驻华使馆公使康达等中外来宾共 300 多人出席了相关活动。

（二）促进公众对彼此和美中关系的认知

1. 持续开展“美国人对中国的态度”调查

1993 年，百人会委托 Wirthlin 研究所开展“美国人民对中国的看法”的民意调查。在 1993 年民调的基础上，百人会于 2005 年发表了全国性的民意调查“美国人对中国的态度”。民调结果显示，与 1993 年相比，美国人对中国人的好感度明显上升。中国驻美大使周文重随后在接受《华尔街日报》的采访时引用了此次民调的发现。2007 年，百人会与 Williams Mullen Strategies 咨询公司合作，启动“华盛顿公共推广创议”，以加深“华府政策圈”对中国和美中关系的理解，树立中国在美国公众和政策制定者心目中的准确形象。作为公共推广创议的一部分内容，百人会在国会举办农历新年招待会以及关于如何接触中国的国会报告会，参与者包括近百名美国国会及行政部门的领导和主要工作人员。

百人会和美国知名民调公司“哈里斯互动”于 2009 年 1 月 5 日至 30 日通过电话调查了美国公众，包括华人。调查结果显示，华人中将近一半的被调查者认为自己既是中国人也是美国人，但认可自己更加美国化的比例远大于认可自己更加中国化的比例。当被问到一旦中美之间发生经济或者军事冲突的时候你认为华人会更支持哪个国家时，大约 3/4 的美国人认为，一旦中美两国在军事或经济问题上发生冲突，在美华人将会站在美国一边，支持美国。美国百人会公布的《中美两国对彼此的态度民意调查 2012 年（中文版）》显示，美国普通民众和精英（包括决策层、商业精英、舆论领袖等）将“就业和经济”排在美国面临的最严峻问题的前列，该比例与 2007 年（国际金融危机和全球经济衰退爆发之前）的

① 德永健：《美副卿称绝无意遏制中国　中美经贸可“双赢”》，中国新闻网，2013 年 4 月 26 日。

民调相比有了大幅攀升。[①]

2. 积极代言，公布真相，消除误解

在与中国和华人有关的特殊事件（如李文和案等）中，百人会积极充当华人的代言人，发表声明，公布真相，积极消除美国社会对中国和华人的误解。

1995 年，百人会会见美国哥伦比亚广播公司总裁，要求该公司就“所有旅美华人都是间谍”的言论道歉，哥伦比亚广播公司接受了要求，在电视上公开道歉，这在美国颇为罕见。1996 年，百人会就美国 12 家主要媒体和国会委员会对被卷入政治捐款事件的美籍华人展开的不公正调查提出异议，为受冤华人辩护。

1997 年，百人会为帮助美国媒体理解中国的殖民地历史，与亚洲协会共同出版背景资料《香港回归》。田长霖率领百人会代表团前往香港和北京参加香港回归仪式。

1998 年，百人会应白宫之委托，为准备克林顿总统访华的国家安全顾问贝克新编再版 1996 年撰写的美中关系白皮书《求同存异》，克林顿总统在访华期间发表讲话时援引了这一白皮书的部分内容。

1999 年，百人会向克林顿总统表达对李文和案的担忧，致使能源部长李察德逊在百人会年会上发表讲话。

2000 年，百人会领导 16 家美国亚裔团体，为美国大众了解李文和案的不公正处理做了大量的工作。

（三）开展民间外交促进彼此沟通

百人会与两岸之间的互动十分频繁、顺畅，曾多次组团访问中国大陆，与高层领导人会晤。百人会与台湾方面，特别是与泛蓝阵营的接触也很密切，连战、宋楚瑜等也曾接见过百人会的代表团。而 1992 年两岸历史性的新加坡“汪辜会谈”，就是由汪道涵委托，通过百人会成员促成的。

自成立以来，百人会在推动中美关系良性互动方面的努力包括：1994 年，贝聿铭率领 30 位会员访问北京，拜会当时的国家主席江泽民和政协主席李瑞环，并向李瑞环介绍了 Wirthlin 民意调查，代表团还前往台北拜访了李登辉。2001 年，傅履仁和沈坚白率领百人会 36 名会员访问中国，在北京拜会了当时的国务院总理朱镕基、全国人民代表大会委员长李鹏以及国务院副总理钱其琛等国家领导人。代表团还访问了香港、台北，并在台北与陈水扁、连战等政要就共同关心

① 对该问题严峻性的认知度，普通民众从 2007 年前的 41% 上升到 2012 年的 71%；舆论领袖从 45% 上升到 75%；商业精英从 49% 上升到 73%；决策者从 6% 飙升到 81%。相对而言，2007 年排在首位的“伊拉克战争、和平及外交政策”问题下降到第三位。参见百人会编：《中美两国对彼此的态度民意调查 2012 年（中文版）》，2012 年，第 94 页。

的问题举行会谈。2004 年，百人会代表团前往北京、香港和上海，与两岸的领导人会面，包括时任国务院总理的朱镕基、前香港特别行政区行政长官董建华、台湾当局前领导人陈水扁等。2005 年，由沈坚白率领的百人会代表团一行 17 人访问了台北和北京，并在台北拜会陈水扁和马英九等政要，在北京拜会当时的全国人民代表大会委员长吴邦国、国务院国务委员唐家璇，与他们就美中关系以及两岸关系交换了意见。2005 年百人会在华盛顿的肯尼迪中心举办招待会，庆祝为期一个月的“中国节”，美国政府官员、国会两院的议员等 150 名嘉宾出席了招待会。2006 年 4 月 20 日，百人会在华盛顿协办欢迎当时的中国主席胡锦涛的晚宴。

2006 年 11 月 9 日，时任浙江省委书记的习近平在杭州会见了美国百人会会长傅履仁一行。2013 年 11 月 1 日下午，国务院总理李克强在人民大会堂会见百人会访华团代表，并同他们进行了座谈交流。[①] 李克强称赞百人会利用自身专长，为推动中美关系健康发展所作的努力，希望百人会继续积极致力于促进中美交流与合作，推动形成支持中美关系发展的良好环境和氛围。李克强认为，百人会所做的工作很多都是基础性的，而中美交往的基础在民意，要通过推动双方人员交流，让美国各界人士了解一个真实的中国。2014 年 5 月 20 日，中国外交部部长助理郑泽光会见美国百人会新闻团，就中美关系、中国的周边政策、中国改革发展等介绍了情况。

此外，百人会还积极培养政治精英，鼓励并扶持年轻人上进、成才，扶持他们成为未来领袖。该组织自 2003 年以来，主办了青年辅导项目——“杰出者论坛会”，每年都有成百的学生和年青职业人士与百人会会员进行圆桌会议。会员们以自己的创业经历启发鼓励华裔青年人取得成功。该项目既作为百人会年会的一部分进行，也在美国不同地区举行，并与中国大学展开合作。2006 年，百人会又设立了“百人会英才奖”，为中国研究生提供奖学金，颁发给中国著名大学品学兼优、显示出领导才能的学生，至今已有百余名中国学生获得该奖学金。

（四）呼吁选举候选人理性探讨涉华议题

以 2012 年美国大选为例，随着 2012 年美国大选的陆续展开，“中国”再次成为美国两党竞相炒作的热门话题。因而，百人会于 6 月 27 日在华盛顿公开呼吁包括美国总统竞选人在内的所有参政候选人在大选期间勿诋毁中国。由于美国国内经济不振，从 2011 年美国中期选举开始，美国两党就争相加入“怪罪中国”

---

① 刘华：《李克强同美国百人会访华团代表会见并座谈交流》，人民网，2013 年 11 月 2 日。

的“铜锣秀”。随着2012年大选的临近，两党总统参选人开始大打“中国牌”。美国总统奥巴马于2012年6月26日发布竞选广告，称其对手罗姆尼在经营公司时将美国工作外包给中国，并称罗姆尼从未对中国强硬过。而罗姆尼也曾放狠话，并称自己入主白宫后第一天就将在经贸问题上对中国采取强硬立场。[1]

对此，百人会在2012年6月27日发布的《处理涉及中国问题的基本准则》中称，美国现时面临的许多重要问题都与中国有关，对涉及工作外包到中国、贸易平衡、货币币值等方面的热烈讨论是正常的，但由此诋毁族裔形象，嘲弄亚洲语言，不分青红皂白地对亚裔整个群体评头论足，对亚裔怀有极端的偏见，这些做法是不能接受的。这些行为会立即对华裔乃至亚裔社区带来负面影响，让美国人民怀疑他们对美国的忠诚。美国有1 700万亚裔美国公民和永久居民，其中华裔人数最多，他们的理想和抱负与其他美国人是一样的，都希望成功并回报社会。事实上，带有种族歧视色彩的竞选广告已经对华裔造成负面的影响。建议竞选地方政府、州政府或联邦政府的候选人，牢记诋毁中国往往导致伤害美国华裔和亚裔这一历史教训。而华裔不仅包括新移民，还包括被美国家庭收养的儿童及与异族通婚的华裔。

当时的百人会会长吴建民说：“中美关系牵涉所有美国人，作为美国华裔组织，我们呼吁所有的参政竞选人和竞选团队遇到涉及中国的议题时，应该展开富有建设意义的讨论，避免种族偏见。”吴建民认为，将涉华议题作为质疑乃至抨击对象是美国选举中的一个现象。然而，这种做法有百害而无一利。他举例说，随着中国经济实力的迅速增长，美国部分政界人士近年来经常抨击中国制造业“抢夺”了美国国内就业岗位。在美国经济复苏和就业重振乏力的情况下，这种说法很容易引起美国民众对中国的误解和偏见。事实上，在全球化背景下，发达国家产业转移是过去十余年来的主要趋势，同时低端制造业近年来也不断向越南等发展中国家转移，因此不应将美国制造业流失简单归咎于中国。

也有论点认为，美国政客陷入反华迷狂恰好体现了其政治上的贫血，炮轰中国是美国政客对其国内问题没招后的一招损招，他们试图将选民反华盛顿的情绪引到反华上，是急功近利的行为，这既会伤害在美华裔的感情，也不利于中美关系的发展。因此，对政客的反华言论，既不能看得过重，也不能不引起重视。

---

① 吴庆才：《华人精英团体“百人会”吁美总统竞选人勿诋毁中国》，中国新闻网，2012年6月28日。

（五）找寻共同的国家记忆①

1. 抹不去的国家记忆：中美在“二战”中并肩战斗

2014 年 10 月 17 日，“国家记忆：中美在‘二战’期间的合作”图片展在华盛顿威尔逊广场及威尔逊中心举办。这些影像真实记录了“二战”期间中美两国军事合作的史实，是中美两国共同的国家记忆。

该图片展呈现的是“二战”期间中美两国并肩战斗的珍贵历史影像，这些影像由“二战”期间美国通信兵团 164 照相兵连拍摄于中缅印战区，以 70 年前中缅印战场上中国远征军与美军的历史影像为主。

威尔逊中心总裁珍·哈曼在图片展开幕式上致辞

（图片来源：《光明日报》，2014 年 10 月 17 日，韩显阳摄）

何亚非在图片展上致辞，并指出，国家记忆影像展对于中美两国来说有着非同寻常的意义。“我们记得年轻的美国士兵为中国牺牲自己的生命，他们洒下鲜血，离开家人，与中国士兵并肩作战，对抗日本军队的侵略。我们永远不会忘记美国在中国历史关键时刻给予的友谊、支持、援助，帮我们打赢日本侵略战争。”何亚非还说，“合则两利、多利，斗则两败、多败”，这个道理已被中美关系的历史所反复证明。所以中美一定要着眼于全球利益，着眼于整个世界，应当切实肩负大国责任，相互尊重、相互理解、相互包容。吴玺也在图片展的致辞中说，2014 年是中美建交 35 周年，从尼克松总统访华至今的 42 年里中美两国经历了巨大的变化。中美关系向前发展，两国利益深度融合。中美合作不仅有利于两国人民，更有利于亚太地区乃至整个世界的和平稳定及繁荣。②

何亚非在致辞中表示此次展览将传达三个信息：一是中国的抗日战争是第二次世界大战、世界人民反法西斯战争的重要组成部分。中国的反法西斯战争开始最早，持续时间最长，伤亡最多，经济损失巨大。中国开辟的东方反法西斯主战

---

① 参见韩显阳、王传军：《抹不去的国家记忆：中美在二战中并肩战斗》，《光明日报》，2014 年 10 月 17 日；林顺祺：《国家记忆影像展华盛顿开幕 珍贵史料揭秘二战中美合作》，美国中文网，2014 年 10 月 16 日；徐一凡、陈建戈、杨扬：《“国家记忆”影像展华府开幕》，中国新闻社，2014 年 10 月 20 日。

② 林顺祺：《国家记忆影像展华盛顿开幕 珍贵史料揭秘二战中美合作》，美国中文网，2014 年 10 月 16 日。

场，牵制了日本军国主义的主要兵力，也与同盟国的欧洲、太平洋战场相互支持，打乱了德、意、日法西斯的图谋。习近平用“惨烈”形容第二次世界大战，中美在“二战”中的携手合作应当为人铭记。二是“二战”结束69年以来，大国之间没有发生过战争，但大国之间互相不信任、发生摩擦的迹象确实存在。中美两国没有根本的利益冲突，但不排除被第三国拖入战争的可能，中美一定要对此有所警惕。中国和美国都是联合国常任理事国，对维护地区及世界的和平安全负有重大责任，不能纵容一些国家为了一己私利走错路。三是人们常常强调中美建交35年来的历史，却忽略了之前的中美交往史。“二战”期间，中美两国都属于同盟国，两者的合作对于反法西斯战争取得胜利至关重要。作为世界上主要的大国，中美应当坚持着眼世界，着眼全球利益，切实肩负起大国的责任。①

在中美建交35周年之际，回顾中美人民在“二战”中建立起来的友谊有利于促进当前中美人文交流和互动，推动中美新型大国关系的建设。中国驻美使馆公使吴玺在讲话中表示，中美合作不仅有利于两国，也有利于亚太地区乃至世界的和平、稳定与繁荣。美国驻华前大使芮效俭也说，这个展览给我们一些启示，即无论如何，中美曾经有过共同目标，我们当前面临的挑战就是要把我们的合作范围扩大。

2. 国家记忆——美国国家档案馆馆藏“二战”中美合作影像展

为庆祝中美建交35周年，除了美国华盛顿的图片展览活动外，中国也举办了类似活动。“国家记忆——美国国家档案馆馆藏‘二战’中美合作影像展”自2011年起先后在深圳、重庆、台北、杭州等地巡回公益展出，获得极大反响。2014年8月30日至9月9日在北京的中国人民革命军事博物馆举办，共展出罕见历史图片400余幅，相关纪录片3部。

“展览以美国国家档案馆馆藏‘二战’期间美国通信兵团164照相兵连拍摄的美国与中国盟军在中缅印战场共同抗战的历史图片为主，辅以全国其他地区和其他机构所藏抗战影像。这些影像资料，向公众展示了一段特殊的、异常珍贵的中美友好合作捍卫和平及正义的历史，以直观的视觉和丰富的史料全面剖析了这一战区的独特性和重要性，以及在‘二战’格局中的地位；同时生动展示了中国远征军及盟军浴血奋战，全面抗击法西斯，最终取得胜利的英勇事迹。展览图片中，不仅有巨幅惨烈的战争场面，也有中美军人与当地人民友好交流的温馨画面，以患难中的温情淡化战争的血腥，旨在表达人类对和平共处的向往，警醒世界和平来之不易，需要各国人民共同维护‘二战’胜利成果。”②

---

① 徐一凡、陈建戈、杨扬：《“国家记忆”影像展华府开幕》，中国新闻社，2014年10月20日。

② 辛闻：《“国家记忆”展开幕　400幅罕见照片见证中美抗战（组图）》，中国网，2014年8月30日。

1944 年 10 月 14 日收复的腾冲点燃友谊之火。一位年长的中国男人在满目疮痍的腾冲街头停下来，向一名美军军士借火，点燃他的烟。美国军人协力将日本人驱赶出这座古城。卫立煌将军率领的中国远征军经过五周的浴血奋战，以胜利结束战斗。这位耐心的玉石之都居民，挑着篮子装着他所剩无几的家当回到了焚毁的城里。图中的美军是隶属于 Y 部队顾问团的成员，协助中国远征军进行这场成功的战斗。

（文字及图片来源：http://news. china. com. cn/txt/2014 – 08/30/content_33385996_3. htm）

在中国飞行员们参观访问朴卜罗（Pueblo）的那个上午，中国人和印第安人在刚开始时因文化和语言的障碍而感觉生疏和有隔阂，但在傍晚前，他们已经成为很好的朋友和联盟了。图中的中国飞行员逗着一个印第安男孩对着镜头行美式军礼。

（文字及图片来源：http://news. china. com. cn/txt/2014 – 08/30/content_33385996_4. htm）

美国空军在华对日作战。在中国某处，当空袭警报拉响时，配备降落伞的美国飞行员们飞快地跑向他们的战机，升空驱赶来犯的日军飞机。这些驾驶美国飞机的队员在飞机引擎下方画了张鲨鱼嘴。陈纳德将军的空中力量也包括轰炸机队，一直执行定期轰炸日军据点的任务。

（文字及图片来源：http://news. china. com. cn/txt/2014 – 08/30/content_33385996_9. htm）

1944 年 7 月 15 日在沿列多公路某处的康复营地里，史迪威将军脱帽对着一群中国退伍军人讲话。战争遗留下的伤残军人先在此学习新的生存技能——铁匠、编织、木工等，然后离开军旅回到平民生活。这个营地现在由中美共同管理经营，有两百多名退伍士兵（全都有不同程度的伤残）。

（文字及图片来源：http://news. china. com. cn/txt/2014 –08/30/content_33385996_10. htm）

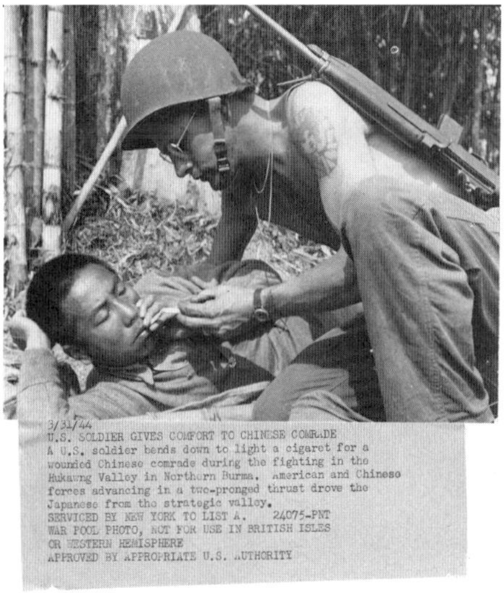

1944 年 3 月 31 日美军士兵慰问中国战友。缅甸北部的胡康河谷，一名美军士兵弯下腰来给一名中国伤员点燃香烟。中美联军犹如两把锋利的叉子刺向日军，将敌人逐出了具有战略地位的胡康河谷。

（文字及图片来源：http://news. china. com. cn/txt/2014 –08/30/content_33385996_11. htm）

1945 年 3 月 15 日华盛顿的杰拉尔德·克瑞甘（Gerald M. Creegan）上尉以及弗吉尼亚州的霍华德·格里高里（Howard C. Gregory）上尉正与他们的中国朋友一起从缅甸腊戍的废墟走出来。他们隶属于第 5 野战炮团。

（文字及图片来源：http://news. china. com. cn/txt/2014 –08/30/content_33385996_17. htm）

百人会促进中美双方认知的努力，不仅有助于美国政治精英制定更符合两国实际情况和美国利益的对华政策，也有助于扭转美国公众在中国和美中关系问题上的隔阂和误解，从而增加对华政策的民意基础。

第六章　美籍华人参与美中关系的局限性和前景

第一节　移民、移出国与移入国

一、移出国对待移民态度的变化

如何看待移民，看待其对移出国与移入国关系的影响，乃至发挥作用，不同时期、不同国家有过不同的看法与做法，有些甚至截然相反。例如，“二战”后的相当一段时间里，一些国家曾想方设法阻止本国公民外迁，对生活在国外的侨民态度冷淡，或予以负面评价，或将其作为特定时代背景下推行政治理念的媒介，甚至不惜恶化侨民在居住国的处境。侨民对移出（祖籍）国也仅限于资助亲戚族人的侨汇，敏感、低调而消极。

20世纪70年代后，伴随着“和平与发展”成为时代主题，发展经济成为许多国家的紧迫任务。一些国家也逐渐改变其对待侨民的态度和做法，移居到发达国家的海外侨民被视为“战略财富”受到政府的重视。积极利用侨民在更为发达的居住国所拥有的社会、经济以及政治资源促进本国经济社会发展，或将侨民作为改善本国与侨民移入国关系的媒介和桥梁，成为许多国家侨务政策的主要出发点。以印度为例，20世纪80年代以前，印度对其海外移民的态度较为淡漠，且交往有限，那些接受较高程度教育后移民到美国的侨民被称为“吸脑”（brain drain）。20世纪80年代后，印度对待侨民的态度开始转变，印度政府积极推动包括印度裔美国人在内的海外印度人在其外交事务中发挥影响力。2000年，印度外交部成立高等委员会（High Level Committee，HLC），首次对印度的海外移民制定相应的政策框架。该委员会在其后提供的报告中对印度裔美国侨民所发挥的作用给予高度评价，认为他们在美国国会为美印关系的发展创造了良好的氛围，并在一系列重大问题上发挥了作用，印度裔美国人在加强印度与当今世界唯一超级大国的关系方面是无价的财富。该报告建议鼓励在美国的印度移民充当印度的大使，并利用他们经济和政治的影响力来为印度的利益服务。其后，印度在中央政府层面设置“海外印度人事务部”（Ministry of Overseas Indian Affairs），召开年度海外印度侨民大会，设立“海外印度人日”（Pravasi Bharatiya Divas）。印度政府还突破双重国籍方面的限制，更改1955年颁布的《公民法》（*Citizenship Act*），认可海外印度人的公民权（Overseas Citizenship of India）等。[①]

二、移民对移出国与移入国关系的态度

在世界范围内，移民因为移出国的不同，在对移出国与移入国关系的态度上存在较大的差异。本书研究内容仅限于美国族裔群体对祖籍国与美国关系的态度。根据美国族裔群体看待祖籍国政府在某些国际争端的立场、政策认同度，以及其祖籍国与美国关系的不同，可以将美国少数族裔对其祖籍国与美国关系的影响分为三种类型[②]：第一种是建立在高度认同基础上的全力支持，以20世纪六七十年代美国犹太人对以色列的支持最为典型。目前，除个别教派之外，大多数美国犹太人对于以色列存在的正当性毫无质疑，并为此展开积极的游说活动。第二种是极度不认同进而强烈反对美国政府任何改善与其祖籍国双边关系的努力，其典型是古巴裔美国人和伊朗裔美国人。第三种是介于上述两种之间，在祖籍国与美国的关系方面有不同的声音和诉求，甚至相左，在某种程度上加剧了美国与其祖籍国双边关系的复杂性。由于历史原因，在美国生活的某些族裔群体构成复杂，部分群体与祖籍国政府存在着隔阂、误会甚至恩怨，加之一些问题的特殊性，如有些群体一度面对两个政府的“合法性”选择等问题，因此该族裔所发挥的作用存在一定程度的波动。

随着来美移民数量日益增加及多样化，少数族裔实际的和潜在的政治影响与日俱增，在某种程度上使得许多国际问题正在内化为美国的国内问题。国际社会的冲突也反映为美国国内族裔群体之间的矛盾和冲突，这点在阿（巴）以矛盾和冲突中表现最为明显。对此，亨廷顿认为，随着外国政府及其移民社群对美国政策影响的日益加深，当美国的利益与那些“向美国输出人口”的国家的利益不相吻合时，美国对自身利益的界定和追求就会出现模糊和不确定性，因此将会最终影响美国的利益。[③]

---

① Christan Collet and Pei-te Lien, eds., *The Transnational Politics of Asian Americans*, Philadelphia: Temple University Press, 2009, p. 111.

② 参见白玉广：《美国族裔政治的发展与华侨华人在中美关系中的作用》，《国际论坛》2014年第5期。

③ Samuel P. Huntington, *Who Are We?: The Challenge to America's National Identity*, New York: Simon & Schuster, 2005, p. 291.

三、美籍华人对美国的国家认同和政治认同

（一）华人的多重认同

所谓多重认同，一方面是指对属籍国、祖国、全球社会、居住社区等多重对象的认同；另一方面是指认同内容上的多样性，存在族裔认同、国家认同、政治认同、文化认同等的不同。① 所谓族裔认同，是指对中华民族或所在国华人族群产生的一种感情和意识上的归属感。国家认同是指对所属的国家所产生的归属感，尤其是公民对国家的效忠。政治认同是指对居住国或祖籍国政治制度、政治思想和政治生活的赞同或支持。文化认同则是对中华文化或者华人文化的倾向性共识与体认。在理解、尊重美籍华人的国家认同和政治认同的同时，也要看到他们强烈的族裔认同和文化认同，以及浓郁的乡情和亲情意识。②

（二）华人对美国的国家认同和政治认同

尽管美籍华人未因受主流文化的影响而抛弃族裔认同和文化认同，在华人的传统文化心理层面，仍然保留由于血缘和历史等长期积淀而成的民族习俗、心理意识及思维模式等元素。但他们具有强烈的国家认同和政治认同，即作为美国人的自豪及对美国政治价值观的认同。作为美国公民乃至美国政府官员的华人自然保持对美国的国家认同，效忠属籍国。同时，部分美籍华人在面临主流人群持怀疑态度的压力下，甚至可能表现出比一般美国人更积极的国家认同态度。

美籍华人的多重认同在骆家辉身上得到充分体现。骆家辉是美籍华裔民主党政治家，于 1950 年 1 月 21 日出生在美国华盛顿州西雅图市，祖籍中国广东台山二区明塘乡湾头吉龙村（现广东省台山市水步镇长塘吉龙村）。骆家辉是这个移民家庭的第三代，在家中五名孩子中排行第二，曾在父母开的杂货店里帮工，靠打零工的积蓄和各种奖学金到耶鲁大学深造。1972 年毕业于耶鲁大学，获得政治学学士学位，尔后于 1975 年在波士顿大学取得法学博士学位。

关于骆家辉的家族历史，奥巴马曾在一次演讲中这样描述：一百多年前，骆家辉的祖父坐上了一艘开往美国的汽船离开了中国。他在美国没有家人，他也不会说英文。他找到了一份佣人的工作，开始了他的美国梦。他养育了一个儿子——骆家辉的父亲。骆家辉的父亲参加过“二战”，然后回到美国开了一家杂

① 有关美籍华人的多重认同研究，请参见陈奕平、朱磊：《美国华人的多元认同及中国民众的反应——以骆家辉为例的分析》，《暨南学报》（哲学社会科学版）2012 年第 10 期。

② 陈奕平、朱磊：《美国华人的多元认同及中国民众的反应——以骆家辉为例的分析》，《暨南学报》（哲学社会科学版）2012 年第 10 期。

货铺，并成了家。骆家辉本人也曾这样叙述自己的家族历史：当我第一次宣誓就职华盛顿州州长时，我讲述了我的家族故事。一百多年前，我的祖父在未满二十岁时从中国来到美国，靠给人家做佣人换取英文课程。他那时所在的地方距离华盛顿州州长的官邸仅仅一英里，但是我的家族花费了一百年时间才走完这一英里（相当于1.6公里）。这是一段只有在美国才有可能发生的旅程。

骆家辉曾在公开场合表示：我以我的中国血统自豪，我以我的祖先自豪，以华裔对美国的贡献而自豪，但我是百分百的美国人。在担任商务部长期间，骆家辉曾称，要"尽一切手段敲掉中国的贸易壁垒，扩大美国对华出口"，"随时准备在对话失败的情况下将中国诉诸 WTO" 等。同样，美籍华人对美国的制度及政治价值观也有较高的认同。2011 年 8 月 14 日，到京赴任的骆家辉再次表达了他的观点：我和我的家庭代表美国价值观。骆家辉表示："以官方身份，作为服务于总统和美国人民的美国驻华大使"，将代表"美国以及美国作为自由、平等和机会之土地的希望"；"在个人层面上，能作为中国移民的孩子代表美国——我出生的土地，以及我的家庭珍视的美国价值观，站在你们面前，我感到既谦卑又荣幸"。①

第二节　美籍华人参与美中关系的局限性

在前面章节里，笔者已经对美籍华人参与美中关系的资源给予详细的分析和比较，本节无意重复赘述，只是进一步指出华人在参与美中关系上的局限性。这里必须指出的是，美籍华人对美中关系参与的局限性中，既有作为非国家行为体的因素，也有其作为族裔群体（族裔利益集团）的特性。其中，由于台湾问题引起的美籍华人内部的对立和分歧，极大地影响了华人的凝聚力和组织程度，分化了华人的政策目标，成为华人提高参与美中关系效果的瓶颈。然而，由于台湾问题的复杂性，消除华人之间的对立和分歧并非易事。

一、作为非国家行为体的局限性

行为体是国际社会的基本单位，根据一般的划分，国际社会中的行为体分为

① 董玮：《骆家辉携家人首次亮相：我代表的是美国价值观》，http：//www. chinadaily. com. cn/hqzx/2011 - 08/14/content_13109162. htm，2011 年 8 月 14 日。

国家行为体和非国家行为体[①]两类。非国家行为体是与国家行为体相对的概念，它是指国家以外能够独立地参与国际事务的实体，在以民族国家为中心的国际关系基础上产生，是国际关系发展到一定历史阶段的产物。[②] 非国家行为体的兴起和发展，对传统的国家主权观念提出了挑战，国际社会不再仅仅由主权国家构成，非国家行为体已经成为国际社会变迁的重要因素，对当代国际政治的演变和发展产生了深刻影响。

然而，尽管国家主权遭到削弱，非国家行为体的作用越来越大，但国家仍是唯一拥有对外来威胁保持最有效反应的主体。自1648年威斯特伐利亚体系确立以来，主权国家仍然是国际法的主体，是国际社会的基本单位，主权国家在国际社会的主导作用并未消失。非国家行为体中，即便是一些具有一定国际法主体资格的非国家行为体，其所拥有或被赋予的权利也是由主权国家让渡或派生的。非国家行为体对国际关系的影响仍然在很大程度上受到国家行为体的制约，在涉及国家安全和其他重大国家利益问题上更是如此。在国际社会中，非国家行为体的作用往往受到国家行为体的制约，族裔群体作为一种非国家行为体，对美国对外政策的影响不可能脱离这一范围。

美籍华人对国家间关系（美中关系）的影响有其局限性，不能过分高估这一影响及其意义。美籍华人无论是以个体、社团，还是族裔利益集团的方式，对美中关系的影响都不可能超越其作为非国家行为体的局限性。一方面，少数族裔群体实现其政策目标的可能性取决于这一目标是否与国际形势和美国的国家利益相一致；另一方面，也取决于少数族裔群体的政策目标在美国对外政策上的影响是保留还是推翻现状，如果是保留现状，则容易得多。美籍犹太人在美国中东政策上具有强大影响力的重要原因之一，在于它所推动的是多数美国人支持的政策：在普遍政局不稳、独裁和反美的中东，支持以色列成为一个稳定的亲西方国家，让以色列成为美国在中东的“战略资产”。近年来，美国国内有关支持一项对古巴持续40年之久的禁运政策出现分歧，这项政策迎来了美籍古巴人的游说高潮，但禁运依旧，因为古巴人通过游说设法维持了众院共和党的支持。[③]

相反，如果族裔群体的政策目标是推翻政策现状，且与国际形势和美国国家利益相左，则该政策目标实现的可能性将大大减小。近年来，犹太人利益集团对

---

① 非国家行为体包括国际政治运动、种族集团、宗教组织、政党及其他政治组织，甚至包括个人。参见李少军：《国际政治学概论》，上海：上海人民出版社，2002年，第103页。也有学者认为，非国家行为体包括跨国公司、民族解放运动、分离主义组织、恐怖主义组织等，参见苏长和：《非国家行为体与当代国际政治》，《欧洲》1998年第1期。

② 俞正梁：《当代国际关系学导论》，上海：复旦大学出版社，1996年，第104页。

③ James M. Lindsay, “Getting Uncle Sam's Ear”, *The Brookings Review*, Winter, 2002.

美国中东政策的影响引起激烈争论的一个重要原因在于，犹太人利益集团是否将美国的中东政策引向偏离美国国家利益的方向。这些事例表明，美国族裔群体对美国对外政策的影响是辅助性的，是在符合美国国家利益的框架下发生作用的，族裔群体本身并不具备作为国家行为体在国际社会中的主体性和独立性，美籍华人也不例外。

综上所述，笔者认为，美籍华人作为非国家行为体对美国对华政策的影响力取决于国际局势和中美两国的战略互信，从而为美籍华人作为族裔利益集团提供顺势而为的大背景。

二、作为利益集团的局限性

少数族裔群体作为利益集团之一，对美国对外政策的影响面临来自其他族群或利益集团的竞争、牵制和平衡，具有其作为利益集团的局限性。如美国的塞族就面临克罗地亚人和阿尔巴尼亚人的竞争；希腊族裔群体虽然一度成功游说美国国会对土耳其实施武器禁运，美籍亚美尼亚人也促使国会谴责土耳其在“一战”期间及其后对亚美尼亚实施种族灭绝，但这没有妨碍美土紧密的安全关系，因为石油公司、国防供货商和美国军方都在伺机扼杀任何可能损害其在土耳其利益的政策。美国对外政策就是在这种多方博弈中牵制平衡。美籍犹太人在美国中东政策上具有强大影响力的原因之一，是其他族裔群体和利益集团不够强大，无法与之在中东政策上竞争，使其效果得以牵制和平衡，人口规模虽大却不团结的阿拉伯人在美国中东政策上很难与数量虽少却很团结的犹太人相提并论，阿拉伯世界的分裂同样削弱了对阿（巴）以冲突中的巴勒斯坦的支持。

美籍华人的对华政策目标受到其他利益集团的牵制和平衡。美国对华政策是众多利益集团争相施加影响的目标，美籍华人作为众多的影响力量之一，其对美国对华政策的影响只是参与众多利益集团的对华政策博弈。如前文所述，在影响美国对华政策的利益集团中，人权组织、劳工组织、环境保护组织、右翼宗教团体和支持“藏独”、支持台湾的利益集团构成了一股反华力量，积极推动国会通过一系列反华议案。一些以商业利益为主导的利益集团，如美国工商业、进出口业、农业和零售业组织则主张采取更为温和的对华政策，与反华的利益集团就美国对华政策展开拉锯战，如围绕中国最惠国待遇问题，双方都曾经投入了大量人力、物力，通过各种手段游说美国行政部门和国会。

美国对外政策的制定是个多方博弈的过程，这种利益博弈一定程度上保持了美国对外政策的延续性，防止政策制定过程中出现过多的偏差和极端情况，也给美国政府自由决定外交政策提供了广阔的回旋余地。

三、作为族裔群体的局限性

（一）美籍华人的多元性与内部分歧

美籍华人并非“铁板一块”，即使将“美籍华人”视作一个整体，这个整体也是多元的。美籍华人“多元一体”的特征表现在华人移出地、受教育程度与经济收入、社会阶层、政治倾向、对中国的态度、对美中关系的关心程度等方面。在来源地上，在美国的华人中，既有美国土生的华裔（即 ABC），又有新移民。华人移民中既有来自中国大陆、台湾、香港、澳门的，也有来自东南亚、拉美等地区的。20 世纪 80 年代后，来自中国大陆的移民迅速增加并成为华人社会的主导力量。在受教育程度与经济收入方面，来自台湾的华人总体水平较高；来自香港的移民中作为投资移民的特征更为突出；来自东南亚地区的华人则以难民居多；来自拉丁美洲、欧洲等地区的华人数量较少，受教育程度和经济收入情况也较复杂。除此之外，还有大量的华人非法移民（即无证移民），他们对美国华人社会的影响也将逐步凸显。

美籍华人“多元一体”的特性导致他们在美中关系认知上和参与程度上的差异，并直接影响华人的组织程度。由于政治倾向性的不同，美籍华人对美中关系的影响既可能是积极正面的，也可能是消极负面的，或淡然旁观的。台湾游说团和台湾的国会议员吴振伟分别是对美中关系产生消极和负面影响的组织与个人的典型。1998 年，吴振伟以民主党身份当选美国众议院议员，号称是“第一位美国华人国会议员”，曾是美国华人社会的骄傲，但是自他当选议员后就在美国国会内部宣扬“台独”理念，此外，他对中美关系的改善和发展也一直持反对立场，成为美国国会中阻碍中美关系正常发展的代表性人物之一。[①] 但拥有不同政治立场的美籍华人的作用、效果也由于方向的不同而相互抵消。

因此，美籍华人对美中关系的影响，有如寓言故事《动物拉车》（见图6－1）所描述的那样：天鹅使劲往天上提，虾一步步向后倒拖，梭子鱼又朝着池塘拉去，

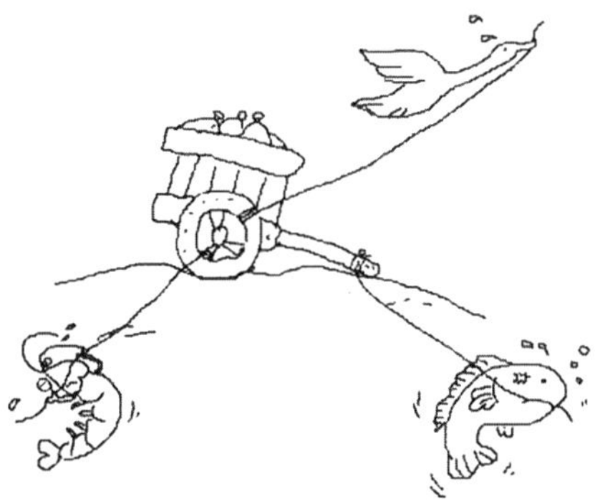

图 6－1　动物拉车：美籍华人中的不同力量将美国对华政策拉向不同的方向

① 孙逊：《美国华侨华人与台湾当局侨务政策》，北京：九州出版社，2012 年，第 216 页。

尽管它们都铆足了劲儿，车子却纹丝不动。

另外，美籍华人的多元性还体现在美籍华人对美中关系影响的多元性上。在政府层面，如促进美中两国政府间矛盾的消除与彼此的合作；在民间层面，如促进双方在科技、经济、文化等方面的合作与交流，而更多的华人个人和社团组织本身就是促进美中两国交往的载体。

笔者认为，台湾问题的发展走向及最终解决，将会消除美籍华人作为族裔利益集团内部的最大分歧与内耗，也将是美籍华人提升对美国对华政策影响力及成效的重要潜在因素，与此相关的，还包括西藏问题等。

（二）美籍华人资源的局限性

第一，美籍华人的社会经济地位和政治资源有待提高。经济实力和政治资源是任何组织发挥影响的关键因素。评估少数族裔群体影响力的重要依据之一便是其经济状况。美籍亚美尼亚人、古巴人、希腊人和犹太人的出色游说与其经济上的成功密切相关，他们源源不断地向祖籍国汇回资金，与祖籍国政府一起推动着与美国关系的发展；而那些经济困顿的族群因过于关注自身生存状况而无暇顾及祖籍国问题。经济实力和政治资源是少数族裔群体影响美国对外政策的两个重要方面，而且经济地位很容易转化为政治影响力。就美籍华人而言，由于受美国排华政策的影响和华人移民自身的局限性，长期来加入美国国籍的华人较少，且社会经济地位相对较低，参政意识不强。美国华人社会的迅速发展和力量的强大始于20世纪60年代开始的台湾留学生，以及随后的80年代开始的中国大陆留学生群体和移民潮。美国华人社会迅速发展的时间仍然较短，尽管已经取得很大成绩，但总体上华人的经济实力和政治资源相比其他族裔群体仍有一定的差距。许多华人的经济状况仍较艰难，这影响了他们政治参与水平的提高，而大量的华人非法移民由于没有公民权，无法通过政治参与影响美国的内政外交。

第二，华人的策略水平有待提高。在影响美中关系的策略上，美籍华人主要有沟通斡旋、院外游说和充当桥梁促进共有知识。然而，这些策略却是由具有不同政治倾向的力量分别实施的，他们不仅缺乏综合运用的水平，而且将美中关系分别拉往不同的方向。在参与美中关系的策略上，美籍华人非常需要综合运用各种策略，既需要在出现波动时的沟通斡旋，也需要加强共有知识的构建，同样也有必要加强院外游说，直接影响美国对华政策。因此，从这个角度而言，让百人会充当美籍华人参与美中关系的领袖组织是有缺陷的，因为百人会只主张“在美中两国架起沟通的桥梁”，并不主张游说，正如杨觉勇所言：“我们用事实说话，针对有兴趣的美国人做工作。我们只进行开导，而不游说，游说美国人是某些台湾人干的事。"[①] 另外，美籍华人也需要进一步提高组织程度，熟练掌握符合美国法律和社会规范的政治参与方式，借助各种媒介增加影响力，如动用媒体宣传、发动电话和邮件攻势、游说国会、政府公关等。

第三，人文资源有待改善。首先，与其他族裔相比，华人由于种族、文化、宗教信仰等方面的差异而面临更大的人文资源弱势。华人移民美国最早可以追溯到19世纪40年代末，是最早的移民族裔群体之一，但华人融入美国主流社会的进程即使跟日裔相比也缓慢得多。历史上，华人与拉美裔一样在外交政策上悄无声息，而且亚裔被视为外国人的观念根深蒂固。1998年，美国三大电视台之一的NBC与微软合办的MSNBC网络新闻站以"美国人击败关颖珊"为标题，将美籍华人花样滑冰运动员关颖珊当作外国人加以报道。尽管由于受到华裔社团的抗议，媒体对此作了道歉，但4年之后，关颖珊获得2002年冬季奥运会花样滑冰铜牌时，在华裔人口占13%的西雅图，《西雅图时报》对关颖珊报道时的标题仍然是"休斯像金牌一样棒"，副标题为"美国意外战胜关颖珊和斯古茨卡娅"，这一标题仍然暗含了关颖珊不是美国人之意。在美华协会等其他华裔组织的抗议之下，《西雅图时报》执行编辑亲自撰文表示歉意。

其次，近年来，美国对待新移民的态度和政策也在发生变化。自民权运动以来，美国社会的多元文化主义进一步发展，少数族群在教育、就业等方面享有更加公平的机会，美国的种族矛盾有了很大的突破。然而，冷战后大量涌入的地区和宗教混杂并列的数量众多的移民和他们的高生育率，使以土地主人自居的盎格鲁—撒克逊新教徒产生了在异族数量优势下的恐惧，担心移民会抢走他们的就业机会，享受他们的福利制度，并且威胁他们的生活方式。[②] 到20世纪90年代中期，关于外来的非盎格鲁—撒克逊移民的威胁已成为美国公共政治中的一个热门话题，塞缪尔·亨廷顿的"文明冲突论"正是立足美国国内的这种种族格局而产生的对整个西方世界未来的担忧。1996年，保守派思想家帕特里克·布坎南在参加总统竞选时将反对移民作为其主要政纲。

就华人而言，尽管在美国多元文化主义下，少数族裔群体的双重文化认同得到美国社会的认可，然而，受美中关系的波动和美国国内保守势力的影响，华人仍然不时被视为通敌者和美国安全利益的威胁，华人的忠诚较其他少数族裔群体更容易遭到怀疑（李文和案便是例证）。美国总统大选期间，对非盎格鲁—撒克逊移民特别是对华人的指责，历来是政客们取悦选民获取选票的手段之一。这些

---

① http://www.humanrights-china.org/china/news/2002-6-7/News020026795653.htm.

② [美] 塞缪尔·亨廷顿著，周琪等译：《文明的冲突与世界秩序的重建》，北京：新华出版社，1998年，第219页。

状况表明，美籍华人自身的处境和地位仍有待进一步提高，包括华人对政治的参与程度。庄礼伟指出，当前美国华裔所面临的生存环境充满了政治气味和政治情结，特别是冷战结束后中美关系的起伏跌宕，使美国华裔不得不以更为急迫的心情来思考：如何适应乃至驾驭居住国的政治环境，如何通过参政来保护自己，如何通过推动中美关系的发展来改善自身的生存与发展环境。①

第四，战略资源有待改善。中国到底是美国的朋友还是敌人？对这一问题，不同的美国人有不同的答案。尽管美中建交已有 30 多年，但美国与中国仍然不确定双方是将成为亲密伙伴还是战略对手。可以确定的是，在美中关系变得越来越复杂，矛盾越来越多的同时，双方互相依赖的程度也越来越深。一方面，中国是美国全球市场中正在上升的竞争者，美国对中国的贸易赤字快速增长，贸易争端、人民币汇率等经济问题越来越突出，一些观察家密切关注中国的军事增长，批评中国的人权状况。另一方面，中国在阻止朝鲜发展核武器的“六方会谈”、反恐战争等领域发挥了关键作用，作为美国越来越重要的贸易伙伴，中国为美国的产品提供了一个新市场。

美国媒体对中国的报道仍然局限于既定的框架和预设的议题，对华报道以负面为主，这对美国公众的对华认识产生重要影响。美国公众对中国的态度也不时地随着媒体的对华报道及美中关系中的突发事件和经济贸易问题波动。1994 年，百人会委托 Wirthlin 进行民意调查的结果显示，美国公众对中国持正面看法的比例为 46%。2004 年，百人会委托 Zogby 进行民意调查的结果显示，美国公众对中国持正面看法的比例进一步上升，达 59%，美国国会议员对中国持负面看法的比例最高。

百人会的民调显示，除了国会议员外，美国公众对中国持正面认识的比例十年来有所增加。然而，2008 年最新的盖洛普民调结果显示，中国正取代朝鲜成为继伊朗和伊拉克之后美国的第三大敌人。美国著名民意调查公司盖洛普于 2008 年 2 月 11—14 日进行了此项调查，共有 1 007 人通过电话接受访问，调查结果显示：25% 的受访者认为伊朗是美国头号敌人；22% 的受访者选择了伊拉克；14% 的受访者选择了中国。认为朝鲜是美国最大威胁的人数较去年减少了一半，达 9%；而选择中国的人数较去年的 11% 增加了 3 个百分点。换句话说，美国人认为中国比朝鲜更具“威胁”，仅次于伊朗和伊拉克。② 显然，盖洛普的民调结果存在很大的片面性，而且这一结果与过去一年来美国媒体对如中国的产品质量问题、中美之间的经济竞争和摩擦加剧、人民币汇率问题等一系列负面新闻报道有

① 庄礼伟：《美国华裔社群的生存环境与参政路向》，《社会杂志》2001 年第 9 期。

② 梁旭、雷志华：《美民调结果显示：“中国已为美国的第三号敌人”》，环球网，2008 年 4 月 1 日。

关，但这一结果也不能不引起我们的关注。

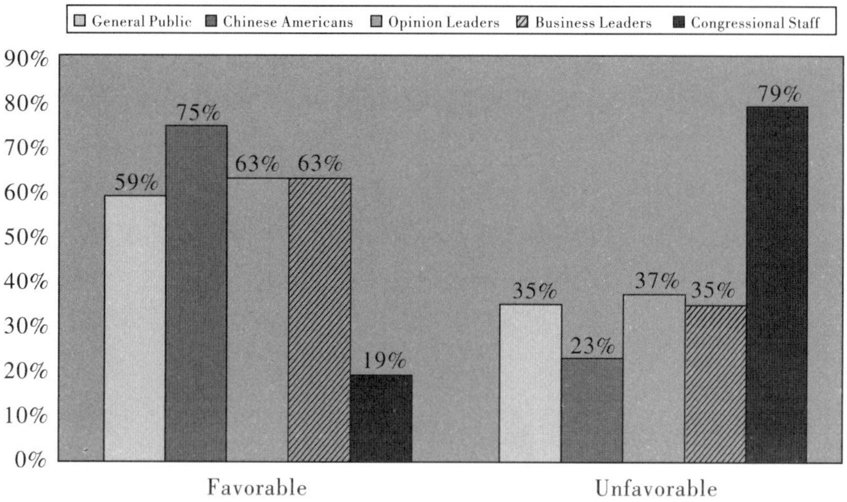

图 6－2　百人会问卷调查：美国不同群体的中国印象

（资料来源：http：//www. survey. committee100. org/）

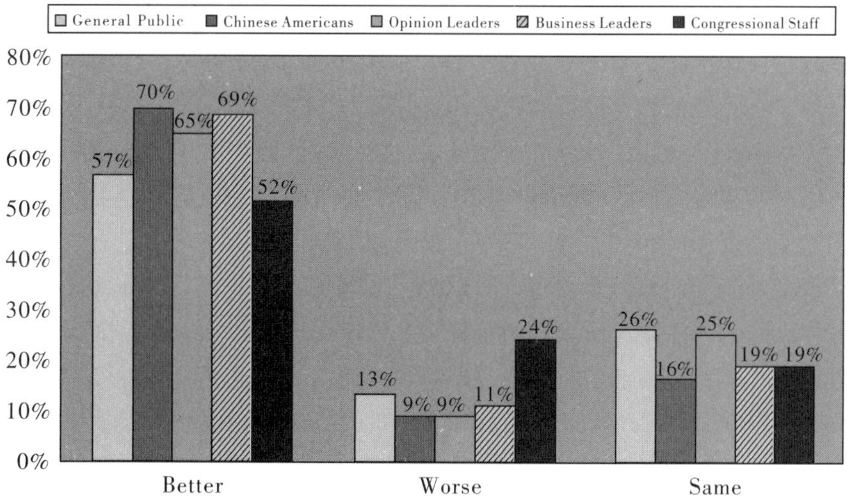

图 6－3　百人会问卷调查：你认为美中关系相比前 10 年是更好、更坏，还是一样？

（资料来源：http：//www. survey. committee100. org/）

美中自 1979 年建交以来，在行政当局方面，双方内阁层次的交流稳定进展。美国国会已先后成立了 7 个与美中关系有关的组织，包括美中经济安全评估委员会、美中国会交流小组、中国连线等。在非政府组织方面，美国的思想库及大学纷纷制订中国研究计划，并进行访问交流。在布什总统上任不久后发生的美中撞机事件中，美中双方很难找到有效的沟通渠道，尽管现在双方的沟通管道比那时畅通了许多，但距离建立彼此互信关系仍然还有一定的距离。中国对美国贸易顺差的扩大经西方媒体的多年炒作，已经让美国公众模糊地觉得中国会威胁美国的地位，或者抢走他们的工作机会。

上述情况表明，美中两国的战略关系仍然不清晰，美国公众对中国的态度较为敏感，波动也较大。美中战略关系的模糊性和公众对华态度的敏感性成为华人参与美中关系时难以逾越的障碍，华人很容易受到颇具政治杀伤力的指控：他们在支持美国的对手。这一指控很容易引起共鸣，因为不少美国人对华人抱有非常否定的态度。

（三）百人会在参与美中关系上的局限性

尽管百人会也以其独特的方式积极影响美中关系，但百人会强调其作为华人精英组织的“精英”特性，使其在充当美籍华人领导组织的角色上有着明显的缺陷。第一，百人会的“精英”特性，在多大程度上能够代表广大的普通美籍华人在美中关系上的利益和要求？第二，相比其他华人社团组织，百人会在广大美籍华人中有多大的领导能力和动员能力，引导他们用好自己的公民权和选票？这一点在美国选举政治中尤其重要。第三，百人会明确表示不进行游说活动，表明百人会主动放弃影响美国对华政策的关键环节。

百人会的高端路线固然有利于团结华人社会中的精英分子，也有助于改善华裔的外围生存环境，但华裔社会生存环境的整体改善更大程度上取决于华裔社群内部自组织系统的成熟和完善。这不仅需要华裔精英社群与普通华裔社群的融合互助，改变社团组织的自发状态；更需要自觉地建立务实性华裔社团体系和规范体系，包括建立帮助新移民融入当地社会、改变华人锢蔽状态和提供法律援助等援助性组织，以及申诉维护自身权益的游说团体。只有这样，华裔社会才能成为一个开放、有序、和谐的生态整体。这种开放合作的精神也有利于壮大华人社会的力量，改变政治利益表达上的软弱状态，改善其在所在国的形象和生存环境。合作的精神还应体现在华裔与其他共同利益群体的合作上，比如与亚裔这一更大群体之间的合作。由于认识到在美国社会的共同处境和地位，美国亚裔组织主张泛亚洲地区族裔的团结协作。美国洛杉矶亚裔媒体行动组织的主要宗旨就是观察影视作品和媒体报道是否对亚裔形象做出正面或负面表达，正面者予以鼓励，负面者予以反应。

百人会拒绝游说的声明表明百人会对美国对华政策影响的策略，是通过向美国精英和决策者传递及扩散有关中国和美中关系的共有知识，寄希望于决策者改变对华观念后“主动自觉”地调整对华政策。笔者并不认为百人会的这一策略在美国选举政治中是最具成效的。固然，共有知识能够促进国家合作，前提是美国政治精英和决策者能够在中国和美中关系问题上达成共识，重新定义美中关系及相关问题，从而调整美国现行的对华政策。然而，疑点仍然存在。首先，这一策略有赖于有多少美国政治精英和决策者能在多大程度上接受和改变对华观念，以及改变观念所需要的时间。其次，经由共有知识而达至的美国对华政策的改变更多必须通过自上而下的方式进行，但随着冷战后美国对外政策中精英主义的削弱，这一效果将有所下降。而且，美国对华政策的制定是一个多元利益彼此牵制、平衡、博弈的过程，即使部分美国政策精英和决策者改变其对华观念，也不能确保美国对华政策的有效调整。游说作为美国民主的重要部分，是直接影响美国政策制定的重要手段，也是美国政治运作的重要方式，美国三权分立的本质就是为了“互相牵制，彼此制约”，让各种政策在多元利益请诉求中彼此牵制、抵消、平衡，最终避免政策的极端化走向，使其自动回归。因此，在美国社会，对一个政治组织而言，放弃游说在一定程度上也等于放弃了影响美国对外政策的最为有效的方式之一。

综上所述，美籍华人对美中关系的影响呈现出越来越积极的趋势，其对美中关系的影响也是既存的事实，尽管这一影响有些是正面的，有些则是负面的。在美籍华人影响美中关系的进程中，始终能看见一些华裔精英在美中关系波动等关键时刻穿梭的身影，而以百人会为代表的力量则代表着华裔精英参与美中关系的独特方式。然而，在百人会之外，不可忽视美籍华人中积极影响美国对华政策的台湾游说团，尽管其政策目标有悖于美中关系发展趋势的主导方向，但复杂的台湾问题仍为其提供了活动空间。从短期看，仍有必要对台湾游说团给予足够的重视，防止其负面影响的扩大；以台湾游说团为代表的美籍华人对美中关系的负面影响也仍值得关注。

第三节　美籍华人参与美中关系的前景

美籍华人参与美中关系的前景主要体现在三个方面：第一，华人整体素质的提高和参政意识的增强有利于华人政治地位的提高；第二，尽管仍然存在亲台湾的势力，但华人的政治倾向越来越趋向一致，从民族的高度超越华人在台湾问题上的分歧越来越成为美籍华人的共识；第三，美国的土生华人（American-born Chinese，简称 ABC）正成长为参与美中关系的力量。这三个方面的变化发展都将有利于提高美籍华人在美中关系参与上的成效。

一、美籍华人政治地位的改善

由于受美国排华政策的影响和早期华人移民自身的局限性，长期以来，加入美国国籍的华人较少，且社会地位相对较低，参政意识不强，华人对美国内政外交政策的影响非常有限。《排华法案》的废除和美国民权运动的发展，以及20世纪80年代以来华人留学生和投资移民群体的加入，使美国华人社会发生了巨大的变化，华人的政治地位也得到改善。

（一）华人整体素质的提高

20世纪60年代以来，华人留学生、技术移民、商业移民逐渐成长为美国华人移民的主导力量。华人的受教育程度、经济状况也有了很大的提高和改善。尽管美籍华人的个体情况仍存在很大的差异，但整体素质相比过去有了很大提高。

（二）华人政治参与意识的提高

华人政治参与意识的提高是个逐步的过程，其中“偶然性事件对华人政治参与意识的提高有重要的刺激作用”①。笔者认为，在更大程度上，华人参政意识的提高是对自身遭遇和处境的被动反应，华人在遭受一系列不公平事件后逐渐认识到只有通过政治参与的方式才能提高自己的地位，改善自己的处境，而这也符合美国的历史与现实，非洲裔乃至一些欧洲裔移民处境的改善无不是其积极参与政治的结果。华人政治参与意识的提高与以下历史事件紧密相关。

1. 民权运动

20世纪60年代美国的反越战运动和民权运动，唤醒了包括华裔在内的美国各少数族裔的政治意识。在民权运动中，美籍华人经受了锻炼，学到了许多斗争的策略。民权运动后，在华人居住较集中的加利福尼亚、纽约、夏威夷等州，华人政治性社团大量涌现，其中影响较大的有旧金山美国华人权益促进会、美华协会、波士顿美国华人前进会等，它们积极维护华人的公民权利和政治权利，反对种族歧视，为华人在20世纪80年代积极参与选举政治活动奠定了基础。

2. 陈果仁事件

1982年，华裔青年工程师陈果仁在底特律被两名失业的白人工人误当作日本人打死，该事件的发生及其不公正的处理结果对华人产生了强烈刺激，使他们

---

① 万晓宏：《重大历史事件对美国华人政治参与的影响》，《八桂侨刊》2006年第3期。

认识到只有积极参政，提高自身的政治地位，才能维护和保障他们的公民权利和政治权利。美华协会在其第七届年会发表的《我们在美国的处境》报告书中指出，陈果仁事件的发生，使在美华人不得不重新审视华人在美国的处境，即使目前已有不少华人在工业界、商业界和学术界很有成就，对美国社会做出相当大的贡献，但仍被视为“外国人”，不被视为“真正的美国人”。[①] 1987 年 3 月 26 日，杨振宁、陈香梅、吴仙标及吴家玮等近百名美国华人精英人士在洛杉矶蒙特利公园市倡导并组建了“华裔政治委员会”（后改名为“华裔政治协调会”），发表了《华裔公民 1988 年大选宣言》，要求总统候选人承诺在当选后的第一个任期内至少任命三位合格的华裔公民为联邦政府里司法及行政部门的适当公职，联络各地区不同党派不同行业的华裔公民，加强美国华人的政治影响力。

3. “政治献金案”和李亮畴任命受阻事件

1996 年的“政治献金案”原是美国大选举中常见的互相攻击事件，但慷慨解囊的亚裔却不幸成为受害者，一些华人由于涉嫌“政治献金”而被调查、传讯、审查，被迫远离政坛。[②] 同一时期，华裔民权律师李亮畴担任主管民权事务助理司法部长（副部长级）的提名因为遭到国会司法委员会共和党保守派的阻挠，迟迟未获批准。在全美华人、亚裔和其他少数族裔的共同抗争下，1999 年李亮畴正式担任联邦政府主管民权事务的助理司法部长。通过“政治献金案”和李亮畴任命受阻事件，华人的参政意识进一步提高。

4. 《考克斯报告》与李文和案

对华政策是美国大选中互相攻击的常用话题，《考克斯报告》和李文和案正是这种互相攻击的产物。1999 年 5 月以考克斯为首的共和党在美国众议院起草并公布了所谓中国“窃取”美国核技术的《考克斯报告》，攻击克林顿的对华政策，不仅指责中国长期“窃取”美国核机密，而且暗示美籍华人科学家多为“间谍”。1999 年 9 月，指责华裔科学家窃取美国核机密的李文和案发生，华人成为反华势力极力破坏美中关系的“替罪羊”。2001 年南海撞机事件发生后，美国社会甚至有人扬言要把全美华裔作为人质扣押，不禁让人担忧太平洋战争爆发后美国日裔遭遇的“特殊管制”。[③]《考克斯报告》与李文和案再次成为华人政治参与教育的案例，使华人为自己遭受的种族歧视深感担忧。纽约市议员参选人陈道英指出，李文和案使许多华人第二代第一次认识到自己的华人背景，认清华人参与美国主流政治的重要性，发现只有掌握政治力量才能确保自己的安全。[④]

---

① 转引自万晓宏：《重大历史事件对美国华人政治参与的影响》，《八桂侨刊》2006 年第 3 期。

② ［美］麦子：《美国华人参政在挫折中前进》，（美国）《侨报》，1997 年 12 月 17 日。

③ 温荣刚、张劲松：《美国在太平洋战争期间对日裔美国人的特殊管制》，《日本研究》2003 年第 4 期。

④ 《李文和获释华人感欣慰》，“中央”通讯社，2000 年 9 月 13 日。

除了上述事件外，发生在华人身上并对华人产生强烈刺激的事件还有“陈文森案”、“罗明海案”①、“余百康事件”② 等，华人正是在这一系列血的教训和不公平的遭遇中逐渐提高了参政意识。从 2000 年总统大选、2002 年中期选举和 2004 年总统大选中华人的表现可以发现，华人政治参与的热忱越来越高，华人的登记率和投票率有了显著提高，直接参加竞选并取得成功的华裔人士明显增多，职位层次也稳中有升，华人社团推动选民登记和投票等助选活动更加积极，华裔的政治捐款更加注重与维护自身权益相结合。③ 在 2000 年美国总统大选中，华人更出现了参选者多、获胜者多、投票者多和参政意识普遍提高的“三多一高”的新气象，令美国主流社会刮目相看。④

二、美籍华人政治倾向性的变化

从 20 世纪 90 年代初起，美国对华政策就已经成为华裔选民关注的重点之一。1996 年美国总统大选期间一家华人中文报纸的调查表明，78% 的华裔选民把美国对华政策看作他们选择总统候选人的关键因素之一⑤。然而，华人政治倾向的分歧严重影响了华人参与美中关系的效果。随着中国的迅速发展和美中关系重要性的提升，美籍华人的政治倾向性也逐渐发生变化，尤其在台湾问题上，从民族的高度超越华人在台湾问题上的分歧越来越成为美籍华人的共识。

美中双方由于台湾问题引发的紧张关系使华人认识到美中对抗的严重性。越来越多的华人认为，大陆与台湾的争端应该成为历史，美籍华人不应该再支持一个政府而反对另一个政府。许多过去一直属于坚定反共阵营的美籍华人，也随着

---

① 罗明海案：1989 年 10 月，华人学生罗明海在北卡罗来纳州的一家俱乐部遭到两名白人兄弟的侮辱和威胁。俱乐部老板把肇事的兄弟俩赶走，但二人在外面等罗明海出来并用枪击中其头部当场致死。华人组织吸取陈果仁案的教训，在案发后迅速行动，通过舆论宣传和游行示威向社会表达他们的关注和抗议。在华人社团的吁求下，联邦政府在州法院判决后再度介入，以种族仇恨罪在联邦法庭起诉凶手罗德·皮奇，判处其 4 年徒刑，外加 28 000 美元的赔偿。

② 余百康事件：余百康是美军关塔那摩基地的随军牧师，因其华裔与伊斯兰教背景在 2003 年 9 月 10 日被美国军方逮捕，并被指控从事间谍活动。但由于军方根本找不到他从事间谍活动的证据，加上在美国华人社区成立的“为余百康争取正义委员会”的努力下，余百康于 2004 年 3 月 19 日被宣布无罪释放。

③ 万晓宏：《重大历史事件对美国华人政治参与的影响》，《八桂侨刊》2006 年第 3 期。

④ 参见万晓宏：《重大历史事件对美国华人政治参与的影响》，《八桂侨刊》2006 年第 3 期；万晓宏：《从 2002 年美国中期选举看华人参政》，暨南大学华侨华人研究所编：《华侨华人研究》（第 6 辑），北京：中国华侨出版社，2003 年；《从 2004 年美国总统大选看华人参政》，（中国香港）《地平线月刊》2005 年第 1 期；庄礼伟：《美国华侨华人如何在中美政经关系中发挥作用》，邱苏达主编：《侨务课题研究论文集（2000—2001 年）》（下），国务院侨务办公室政研司，2001 年，第 779 ~ 780 页。

⑤ 尹晓煌：《美籍华人于中美关系之影响》，见［美］孔秉德主编：《1997—1998 年中美高峰会谈之后的中美关系展望》，香港：香港中文大学出版社，1999 年，第 333 页。

与大陆交往的增多和认识的变化而转变对大陆的态度。正如一位华人学者在给《世界日报》的信中指出，中国大陆与台湾不再是敌人，大陆和台湾的不同见解属于“人民内部矛盾”。①

冷战后，“一个中国”的政治考量构成海外华人社会分野的标尺以及海外华人社团与中国关系的新特点。海峡两岸均在寻求海外华人的政治支持，以巩固和加强各自与海外华人社会的联系，增添各自的力量筹码。在海峡两岸政治分裂的现实情况下，摆脱祖籍国政治纷争，对于出生在两岸三地的新移民来说并非现实，但从长远来看，中美两国既合作又斗争的历史表明，随着中国综合国力的增强，华裔力量民族意识的新一轮崛起，他们在中美关系和两岸关系中的角色作用会日趋明朗。②

三、美国土生华人对美中关系的参与

美国土生华人作为美籍华人的一个重要组成部分，他们对美中关系的参与也正在改变华人参与美中关系的力量。

杜维民认为华人生活在三种不同象征意义的世界中：第一类华人生活在被称为“大中国”的中国大陆、台湾和香港地区；第二类是指那些生活在大中国范围之外的海外华侨或华人；第三类是那些对中国文化感兴趣的非华裔人士，包括一些经济学家、新闻记者、传教士等。③ 出生于美国的华人（即 ABC）属于第二类华人范畴。他们中的很多人除了相貌似华人外，并无其他明显的华人特征。在文化上，他们更多地具备“美国特征”而非“中国特征”。总体来说，ABC，尤其是那些有众多兄弟姐妹的人，对父母要求他们保持华人文化特性持抵抗态度，他们更倾向于认同美国文化，并淡化他们的华人文化特性。④ 与此相反，大多数 ABC 的移民父母们则坚持把他们的祖国作为其文化认同的核心。

在美中关系上，ABC 通常扮演三种不同的角色：无知与漠然的旁观者；有偏见但也有兴趣的参与者；有见地并且态度客观的活动家。⑤ ABC 中的大部分属于前两种，只有少数人具备了必要的学术和专业知识基础，能够客观地参与美中关

① 《两岸关系逐步转为人民内部矛盾》，（美国）《世界日报》，2001 年 2 月 15 日。

② 吴前进：《国家关系中的华侨华人和华族》，北京：新华出版社，2003 年，第 213 页。

③ Tu Wei-ming, *The Living Tree: The Changing Meaning of Being Chinese Today*, Redwood City: Stanford University Press, 1994, pp. 18 – 25.

④ Simon H. Cheng and Wen H. Kuo, “Family Socialization of Ethnic Identity among Chinese American Pre-adolescents”, *Journal of Comparative Family Studies*, Vol. 31, No. 4, 2000, p. 477.

⑤ 姚南薰：《冷漠—探寻—积极：生于美国的华人在美中关系中的角色转变》，［美］孔秉德、尹晓煌主编，余宁平等译：《美籍华人与中美关系》，北京：新华出版社，2004 年，第 112 ~ 125 页。

系。社会学家斯坦利·苏和纳撒尼尔·瓦格纳从心理学角度描述了 ABC 群体对中国传统文化的三种态度。[①]

第一类 ABC 完全被美国主流文化同化，具有一种“对抗”姿态，对中国文化做出歧视性的排斥，“中国”在其显意识的成人生活中不占任何位置，他们大多生活在美国的郊区和乡村，邻居中几乎没有 ABC 或华人，无法建立明确的中国认同感，他们大多与非华人通婚，几乎从不参与华人社区或华人的生活，很少对复杂的美中关系产生兴趣。

第二类 ABC 多生长在美国华人社区，经常在社区组织或学校教育中接触到从中国来的移民，并由此建立了明确的华人身份认同。迫于来自主流社会及华人内部的压力，这类 ABC 经常要就美中关系重大事件表明自己的立场，被主流社会误认为是中国问题专家。然而，他们并不严肃研究这些事件，而是依赖其家庭背景或继承父母、家庭的观点和自身的文化传统来想当然地形成自己“有见识的”观点。他们很难冷静地参与探讨美中关系，只是对一些具体事例做出“本能的”和防卫性的反应。

第三类 ABC 掌握中文语言技能，继承了华人文化传统，并且具有客观调查当前美中关系问题所必需的学术知识和兴趣，能够在不受特殊的文化与民族亲和力的干扰下理性地分析问题。他们一般都受过良好的教育，能正式或非正式地接触美中关系，并且可以独立地支起跨越美中文化之杠杆作用。[②] 他们持有“传统的”中国心态，熟悉中国语言和文化，他们大多去过中国或在那里学习过。刘醇逸（Eric Liu）、张纯如（Iris Chang）、谢汉兰（Helen Zia）就是这类 ABC 中的知名人士。

ABC 对美中关系的参与将很可能主要局限于第三类群体，即那些能够开发自身相对优势，并具备知识、技能和自我意识的 ABC 群体。因此，ABC 如欲在美国外交政策制定过程中发挥具体的影响和作用，这种作用很可能不同于美国犹太人在中东问题上集体发挥影响之方式，而更可能是通过个人行为，类似于那些美国社会中的“中国通”们，以其对中国历史与政治之了解，以及他们熟悉的中文语言与文化技巧，来促进美国对华政策之制定。[③] 美国土生华人对美中关系的参与将呈上升趋势，其影响力也将进一步增加。

---

① 姚南薰：《冷漠—探寻—积极：生于美国的华人在美中关系中的角色转变》，［美］孔秉德、尹晓煌主编，余宁平等译：《美籍华人与中美关系》，北京：新华出版社，2004 年，第 118 页。

② Eric Liu, *The Accidental Asian: Notes from a Native Speaker*, New York: Random House, 1998.

③ 姚南薰：《冷漠—探寻—积极：生于美国的华人在美中关系中的角色转变》，［美］孔秉德、尹晓煌主编，余宁平等译：《美籍华人与中美关系》，北京：新华出版社，2004 年，第 122 页。

第四节　对美籍华人参与美中关系的思考

在详细分析美籍华人参与美中关系的局限性和前景之后，作为全书的结尾，本节再对美籍华人参与美中关系作整体性的思考，并就华人参与美中关系的策略提出一些建议，同时对如何看待美籍华人对美中关系的参与提出一些看法。

一、对美籍华人参与美中关系的整体性思考

苏东坡游庐山，即兴赋诗《题西林壁》：“横看成岭侧成峰，远近高低各不同。不识庐山真面目，只缘身在此山中。”观察视角不同，得出的答案自然也大相径庭，相去甚远。当局者迷，旁观者清，就事论事有时往往难以得出恰当的解释。对美籍华人与美中关系的研究，也存在观察视角的问题，如果将“美籍华人”视作庐山，则依苏诗建言，其观察视角应跳出这座“庐山”，而从“美国政治制度”、“美国族裔研究”、“利益集团政治”、“国内政治对国际政治的影响”、“美国的院外游说”等视角进行观察。亦即，华侨华人研究必须以华侨华人为研究中心，但观察的视角却不能局限于华侨华人。在理论上，除了传统的历史学、社会学外，还应借鉴政治学、国际关系学等学科知识，以及利益集团政治、族裔理论等知识。

华侨华人分布广泛，不同地域的华侨华人由于移民历史、自身状况以及所在国的政治制度、民族构成、文化制度的差异，其生存与发展状况也有着巨大的差异。就华人的政治参与而言，东南亚国家的华人与美国的华人迥然不同：东南亚国家多为某一民族占主导的国家并强调该民族在国家政治生活中的主导性和主体地位，华人的政治参与以及与中国的交往都很容易给他们带来忠诚问题，非常敏感；美国作为世界上最典型的移民国家，虽然 WASP 仍然在美国社会占据主导地位，但多元文化主义在政治、社会、文化等各个方面日益深入，华人政治参与的社会和法律环境要宽松得多。

美国的政治体制是开放的，只要遵守法律，按照符合美国社会规范的方式，各个族裔都能通过各种方式表达自己的声音，都有影响政府政策的机会。“在一个多元文化主义的时代，美国官方不再强制要求它的成员进行文化上的同化，少数族裔的精英们也不再担心因鼓励他们的选民们认同祖籍文化而会受到‘不忠’的指责。此外，美国政治制度对族裔政治的开放，允许许多新近组织起来的族裔群体在美国外交政策上发出他们的声音，特别是在有关他们祖籍国的问题方面，

更是如此。”①

少数族裔群体在参与美国对外政策时，其政策目标的实现程度与美国政治环境密切相关，少数族裔群体必须根据美国的国家利益和价值观调整自己的政策目标，从美国国家利益的角度为其政策目标辩护。此外，他们还必须熟悉美国的政治体制，了解美国的外交决策机制，遵照美国的法律和规范开展活动。

就美籍华人而言，由于美中两国在政治制度和意识形态方面的不同，历史、文化的差异，以及现实利益与矛盾的纠葛，把中国当作美国新的对手甚至“敌人”的看法在美国社会有一定的市场。美中在战略利益上的分歧，也大大压缩了美籍华人作为非国家行为体的作用空间，而消极势力反而能趁机施展手脚。此外，冷战结束以来，受美中关系波动的影响，华人在美国的忠诚仍然时常遭到怀疑。尽管由于美国移民国家的特征和多元文化主义政策，少数族裔群体可以在保持对美国效忠的同时保留对祖籍国的文化认同，在这种背景下，美籍华人也不必讳言自己的双重文化认同，正如杨振宁为自己的中国血统而骄傲，并且愿意为东西两种文明尽力；陈香梅也曾自称为“半个美国人”以及“一个人有两个国家的幸福”，利用其个人的影响力致力于中美两国关系的改善。但现实表明，华人仍然时常成为美中关系波动的承担者和受害者，这在李文和案中再次得到证明。无论喜欢或不喜欢，华人问题时常会在国家关系中扮演着有意无意的角色，作为中国政府或作为华裔个人和团体，都无法回避，它是一个一旦存在就必须永远面对的问题。② 这也正是美籍华人在认识到自己的处境与美中关系之间的关系后，越来越积极地参与美中关系的原因。尽管也有着各种不足和局限性，但可以肯定的是，美籍华人对美中关系将会更大程度地参与，并在未来的美中关系中发挥更大的影响力。

笔者认为，在看待美籍华人对美中关系的参与上，以下几点值得注意：

第一，美籍华人作为族裔群体和利益集团，是作为一种非国家行为体参与影响美国对外政策的，其作用效果具有非国家行为体的局限性，且受到其他族裔群体和利益集团的牵制及平衡，不能过分高估这一影响及其意义。

第二，美籍华人在美中关系上有其自身的利益和立场，不能将美籍华人与中国在美中关系上的利益和立场简单地等同。美籍华人对美中关系的参与是以美国公民的身份，从美国国家利益的角度，兼具其作为华裔的族群利益的立场而做出的。在参与美国内政外交时，美籍华人作为美国公民的身份比其作为华裔的族群

---

① Yossi Shain, “Ethnic Diasporas and U. S. Foreign Policy”, *Political Science Quarterly*, Vol. 109, Issue 5, 1994, p. 811.

② 吴前进：《华侨华人华族问题在中国对外关系中的持久性》，《国际观察》2000 年第 5 期。

属性更为重要。同时，作为华裔，美籍华人处境深受美中关系波动影响的事实，使其在美中关系上与中国有着共同的利益：促进美中建设性关系的发展，使美中关系更具有稳定性和连续性，符合双方的利益。

第三，美籍华人是一个“多元一体”的整体。美籍华人来源地各异，他们对中国的感情认同存在差别，对美中关系的认知和参与程度不同，政治倾向性也有差异。因此，他们对美中关系的影响也是多元的、多层面的，既有正面积极作用（如百人会），也有负面消极作用（如台湾游说团）；既有政府层面的游说，也有民间层面的交往。

第四，随着中国的崛起和美中关系重要性的提升，美国在美中关系上的国家利益将大大超越美国在与台湾发展关系上的利益。从长远看，美籍华人中基于台湾问题的分歧将逐渐被中华民族利益所超越而趋向一致。但短期内，不排除美籍华人中亲台势力、亲“台独”势力（如台湾游说团）的进一步发展，对此，要有充分的认识和准备。在对策上，在看待美籍华人对美中关系的影响时，除了要培育壮大华人中的积极力量，为华人影响美国对华政策积极的一面创造有利条件外，更为重要的是对台湾游说团的负面作用等给予充分关注，防止其负面消极影响。

二、对美籍华人参与美中关系的建议

从前文的分析可以看出，华人在美中关系参与上的效果受到多方面因素的影响，华人至少必须在以下三个方面努力提高，才能最终提高参与美中关系的成效。

（一）提出可行的政策目标

首先，华人的政策目标必须与美国的战略利益相吻合，而不是背离其方向；其次，设法与美国传统的文化价值体系相呼应，从而获得政策制定者的响应与认可，争取政府与公众的支持；再次，华人还应整合自己的政策目标，避免各自为政，甚至将美国对华政策引向相反的方向，使自身的努力彼此抵消。尽管由于台湾问题的复杂性，整合华人的政策目标并不容易，但这是提高华人参与美国对外政策成效的关键。

（二）提高组织程度

少数族裔群体的组织程度对其参与美国对外政策的成效有重要影响，只有在高效、有力的族裔组织的领导下，族裔群体的成员才能长期保持民族文化认同，发挥高效、有力的作用。族裔群体的组织力量首先表现在它能否保持族裔成员的文化传统和民族认同，在涉及祖籍国的外交政策时能够在族裔成员中激发起广泛的民族意识，族裔成员的民族认同越强烈，就越容易被动员起来共同参与到外交决策过程之中。一个族裔群体即使具备了强大的人口和经济资源优势，如果缺乏组织性，也会因为一盘散沙而毫无力量可言。就美籍华人而言，由于台湾问题形成的分歧和对立已经成为提高华人组织性和政策目标一致性的瓶颈，美籍华人组织程度的提高很大程度上取决于对这一瓶颈的突破程度。

（三）综合运用各种政治参与途径

族裔利益集团要对美国的外交政策施加影响，必须熟悉美国的政治体制，了解其外交决策机制，并从美国国家利益的角度为自己的行为辩护。为提高参与美中关系的成效，华人必须综合运用政治参与的各种手段和途径，包括精英的斡旋、院外游说、充当沟通桥梁促进共识等，尤其要加强院外游说能力。游说是美国民主的有机组成部分，美籍华人应主动适应这一状况，并按照这一方式合法地加以运用，而不应排斥或有某种程度的轻视。在方式上，华人还应熟练掌握媒体攻势、电话攻势、邮件攻势、院外游说公关、游行等各种方式，并加以综合运用。

三、对看待美籍华人参与美中关系的建议

中国自近代以来的变局，20 世纪民族国家的独立进程，以及中国与海外华人居住国的关系都发生了很大的变化。这一系列变化都与海外华人、中国与华人居住国关系，以及中国对待海外华人的政策密切相关。在美籍华人参与美中关系的问题上，仍然牵涉的问题是：在宏观层面，如何看待美籍华人之于中国的意义？如何看待美籍华人的民族主义和效忠模式？在微观层面，如何调整当前主要着眼于吸引人才，促进中国高科技和新经济发展的做法，发挥美籍华人在美中关系上更为积极的作用？

（一）如何看待美籍华人之于中国的意义

受各种因素影响，中国政府的侨务政策和对待侨民的态度也经历了较大的变化。如何看待美籍华人之于中国的意义也成为值得思考的课题。

美国犹太裔影响美国中东政策的能量是非常大的，一定程度上左右了美国的

中东政策，甚至偏离了美国的国家利益，并招致一些批评。[①] 诚然，不可能每个美国移民族群在影响美国与其祖籍国关系时都能达到犹太裔的程度，就美籍华人而言，更是面临族群内部多元性问题的限制。然而，美国社会是一种典型的小政府—大社会的市民社会，美国市民社会的成熟使其在对外关系中日益发挥重要影响，以至于中美关系在一定程度上讲是一个国家和一个社会的关系。[②] 以往我们在外交上较为重视政府间关系和高级政治，忽视了国外公众对中国的认可和低级政治，甚至认为中美（政府—政府）关系好了，美国人与中国的关系（社会—政府和社会）就一定好，事实却并不如此。不管在政治、经济还是其他领域，都有过美中两国政府间沟通顺畅并达成的协议，结果却因为美国政府受到国会、利益集团、工会组织等的牵制而出现折扣甚至流产的情况。因此，中美关系中除了政府间关系外，不可缺少的是与美国社会交往的一面。注重对美国社会的公众外交，是美籍华人大有可为的领域，也是中美关系中应当予以重视和关注的领域。

通过对美国外交政策的形成与影响因素的分析，我们认为在与美国的交往中，在坚定维护我国核心利益的同时，要进一步研究美国的政治生态，灵活掌握外交策略，积极地开展对美国行政机构、立法机构、大众媒体以及学术界的公关和游说，综合运用包括美籍华人在内的外交资源。我们不仅要重视政府间的交往，也要重视与美国国会、议员和领袖的交往；积极开展与美国思想库、大众媒体以及学术界之间的交流与合作，形成政府—社会—民间多层次的外交模式。

（二）海外华人的效忠模式与海外华人的民族主义

在海外华人的效忠模式与海外华人的民族主义上，一个值得思考的问题是，随着华人从“落叶归根”转向“落地生根”，从中国的侨民变为居住国的公民，华人与祖籍国和居住国的关系发生了根本性的变化，海外华人是否还会响应中国的爱国主义或民族主义、效忠大中华，或将文化中国变成支配性的新东亚文明，形成潜在的忧虑？

对此，王赓武认为，历史的发展和现实的进程早就为海外华人与中国的关系提供了事实和答案：海外华人与中国的渊源虽然生生不息，此起彼伏，但两者的结合从未演变成地区中的支配性因素，或主导东亚文明。[③] 冷战后，海外华人的民族主义表现为文化民族主义的特点，即强调保持和发展本民族文化特色的因

---

① 参见 John Mearsheimear and Stephen Walt, “The Israel Lobby and U. S. Foreign Policy”, *Middle East Policy*, Vol. 13, No. 3, 2006, pp. 29 – 63.

② 王缉思：《美国市民社会研究》，《博览群书》2005 年第 11 期。

③ 王赓武：《海外华人的民族主义》，（新加坡）《联合早报》，1996 年 8 月 16、17、18、19 日。

素，主张以同质性的文化传统为纽带，力图建立以民族认同为单位的文化空间。[①] 海外华人作为居住国的少数民族，对外，不可能如民族国家的民族主义那般具有扩张性；对内，亦不具有主体民族那种强大的分裂性。[②]

吴前进认为，近代海外华人民族主义的发轫及其爱国意识的觉悟是以维持民族存亡为前提的，它的存在多半以认同中国、效忠中国，并被居住地主流社会所排斥的华侨身份的维持为前提条件，是在属于东方民族主义的背景下，寻求祖籍国独立自主、领土完整、反抗外来压迫的民族感情的总体现，是激情与正义的产物。这种华人民族主义延续到“二战”后东南亚各民族国家独立时为止。此后在整个冷战时期，由于意识形态的对立、国家关系互信的减弱以及居住国加快了对华侨的同化步伐而令海外华人民族主义渐趋式微，减少了其主、客观生成条件，乃至中断。冷战后，海外华人民族主义的特征呈现为对于中国国际地位的高度关注，即关注国际关系中民族国家的声望，它是过去反帝、反殖在20世纪晚期世界格局中反强权、反霸权的延续，目的在于希望中国获得平等的尊重。[③] 冷战后海外华人民族主义之于中国的意义，在于推动和促进了中国与华人居住国国家关系的沟通、理解、改善与发展。

此外，在美国，受多元文化主义、双重文化认同的影响，以及自身族群利益的考虑，并不是所有的移民跨国活动都是政治性的，或者单纯是以祖籍国为指向的，美籍华人亦不例外。事实上，多重公民身份观念的扩散，要求人们能够在不同层面上（国家、区域和全球）理解多种行为选择和关系制度的可能模式。同时，人们亦相信，多重身份并不意味着普遍认同和共同价值观的缺失。[④] 当越来越多的移民共同体远离家乡，并同时认同祖籍国和居住国文化时，他们已经对文化交流和文化共享产生重要的转型性影响，特别是一些精英人物，他们在全球接受教育，活跃在各个领域，并在全球层次上发生彼此之间的联系。正是这种情形，决定了他们既不为任何特殊政体所代表，也不对任何特殊政体负责，他们促使人们意识到全球整合和全球管理的必要性。[⑤]

---

① 陈晓律、李永刚：《当代民族主义及其未来趋势》，《史学月刊》1998年第6期，第65～69页。

② 吴前进：《冷战后华人移民的跨国民族主义——以美国华人社会为例》，《华侨华人历史研究》2006年第1期。

③ 吴前进：《冷战后华人移民的跨国民族主义——以美国华人社会为例》，《华侨华人历史研究》2006年第1期。

④ 吴前进：《冷战后华人移民的跨国民族主义——以美国华人社会为例》，《华侨华人历史研究》2006年第1期。

⑤ ［美］阿尔伯特·马蒂尼利撰，夏光译：《市场、政府、共同体与全球管理》，《社会学研究》2003年第3期，第15页。

（三）增加与美籍华人在美中关系上的共同利益

1. 中国与美籍华人在美中关系上的不同利益和立场

美籍华人首先是作为美国公民，在争取和有利于美国国家利益的前提下参与美中关系的，美籍华人对美中关系的参与不可能违背或破坏美国的国家利益。由于美国多元文化主义的发展和冷战后美国对外政策决策机制的变化，各少数族裔群体对美国对外政策的参与一定程度上正在重新调整美国的国家利益，增加少数族裔群体的族群利益诉求；美籍华人作为少数族裔群体之一，当然也有其在美国国家利益框架下的族群利益。因此，在认识美籍华人对美中关系的参与问题上，首先必须明确的是，美籍华人对美中关系的参与有其自身的利益诉求和立场，绝不能因其华裔身份而将其立场和利益等同于中国的立场和利益。从国家的角度观察，美籍华人的立场应该与美国相一致，而非与中国一致。在参与美中关系时，美籍华人作为美国公民的身份比其作为华裔的族群属性更为重要。

此外，笔者认为“美中关系”和“中美关系”虽然在很多时候为同一主题，但仍然是有区别的。“美中关系”是以美国为中心指向他国（中国）的双边关系之一，如美英关系、美日关系等，在美国众多的双边关系中，美中关系之于美国并不是最重要的，其重要性一般排在美英关系、美日关系之后，但随着中国的发展壮大及其国际地位的上升有提升的趋势；而“中美关系”则是以中国为中心指向他国（美国）的双边关系之一，如中俄关系、中日关系等。对中国而言，中美关系的重要性一般排在前面，中美关系在中国外交中起着纲举目张的作用。美籍华人作为美国公民，其参与影响的是“美中关系”，其思维的出发点是美国，指向是中国。

2. 增进中国政府与美籍华人在美中关系上的共同利益

尽管中国政府与美籍华人在美中关系上有着不同的利益和立场，但华人在美国的处境深受美中关系波动影响的事实也表明，美籍华人与中国政府在美中关系上存在着共同利益。中国的强大和美中稳定的建设性关系的发展，不仅符合中国的利益，也符合美籍华人的利益，否则，正如无数事例所证明的，华人将首先成为美中关系的受害者和指责的对象，黄皮肤总会给他们带来种种麻烦。这正是中国与美籍华人两者的共同利益所在。在这一问题上，百人会可谓洞若观火，百人会的宗旨之一便是促进中美建设性关系的发展，百人会认为，只有美中关系好了，中国强大了，华人在美国才能得到应得的地位和尊重。

3. 营造美籍华人参与美中关系的有利环境

由于美中两国在政治制度和意识形态等方面的差异，把中国当作美国在21世纪的对手甚至“敌人”的看法不只是少数人的态度，而且在美国社会也有很大的市场。调查显示，68%的美国人对华裔持否定的态度，2/3以上的受调查者认为中国终将威胁美国。这种环境大大地束缚了华人参与美中关系的手脚，使得积极的声音很难成为主导，而消极的势力却有机可乘。这种状况加上前面所分析的弱点，使得即使对中国抱有强烈认同的华人也无法像犹太人那样投入，并产生良好的效果。因此，作为国际关系中最重要的行为主体，中国应促进中美建设性关系的发展，为美籍华人参与美中关系创造有利的外部环境。

四、研究展望

本书在以下两个方面值得进一步完善。首先，本书的分析对象是美籍华人，是美国华人中的一部分，然而，由于美国华人社会的复杂性，要将美籍华人从美国华侨华人中剥离出来并不容易，相关的统计数据和文献资料的处理面临同样的问题。因此，在诸如“美籍华人参与美中关系的资源分析”等部分只能以美国华人社会的整体性情况来代替对美籍华人的分析。

其次，本书有关美籍华人对美中关系影响的具体领域、表现及成效的探讨，仍未能尽如人意。笔者认为，就目前而言，美籍华人对美中两国在经贸、民间交往等微观层面的影响多于对两国战略层面的影响。由于国际关系行为主体的多样性，公共外交的兴起，以及冷战结束以来非国家行为主体的日趋活跃，国家间关系在战略层面之外，更多转向经贸、文化、民间交往等不再“高高在上”而是更加“微分、具体”的领域，但如何划定美籍华人对美中关系影响的边界，是一个值得商榷与亟待深入研究的问题。笔者并不赞成将“对美中关系的影响”泛化为一个无边的“筐”，把华人在美国保持或沿袭中国的饮食、传统文化、价值观以及与邻居的交往等都视为对美中关系的影响而往里装的观点，但从日常发生的具体现象中抽象出规律，或作准确界定，从而精准论述分析也并非总能如愿，仍有待进一步深入研究。

附　录

一、Committee of 100 Survey Reveals Rare Glimpse into China's Hopes and Fears

Key Findings Underscore Critical Need to Improve U. S. – China Trust and Cooperation[①]

Pasadena, CA (April 19, 2012) —A new survey conducted by The Committee of 100 (C – 100), a national non-partisan, non-profit Chinese-American cultural – exchange advocacy organization, reveals that, despite growing mistrust, citizens from both nations acknowledge the need for improved political and business cooperation and diplomacy. The C – 100 study provides insight into a broad swath of U. S. and Chinese perceptions of U. S. – China relations and compares them to its similar 2007 "mirror" survey.

"We will use this study to advocate for constructive relationship – building between the peoples of the U. S. and China and to further promote education, diplomacy, and leadership development," said Dominic Ng, C – 100 Chairman and Chairman and CEO of Los – Angeles – based East West Bank. "It is a unique survey due to its large sample size of everyday Chinese citizens, comprehensive questions, and the apparent willingness of the Chinese public and key Chinese business and opinion leaders to express their views on controversial topics and areas of unease."

The survey, conducted by Harris Interactive in the United States and Horizon Research Consultancy Group in China, and titled "U. S. – China Public Perceptions Opin-

① http: //committeeloo. org/medi/press-releases/.

ion Survey 2012"①, compares the views of American and Chinese public and elites (business and opinion leaders). This study measures significant shifts in U. S. and Chinese attitudes since 2007 on high-impact economic, political, and security issues, including bilateral trade and investment, U. S. military presence in the Asia Pacific, and China's emergence as a military and economic global power.

Survey Highlights

Superpower Status

· The Chinese public (58.4%) believes China will overtake the U. S. and become the world's leading superpower in twenty years. In contrast, Chinese business and opinion leaders are skeptical about China's global role, with only 37% and 23.1%, respectively, considering superpower status a likely scenario.

· While the Chinese elite and the U. S. public still believe the U. S. will be the leading superpower in twenty years, U. S. confidence in its global role since 2007 has dropped to 47% from 69% among U. S. business leaders, and 62% to 55% among U. S. opinion leaders.

Bilateral Relations

· Chinese elites and the public are increasingly willing to criticize their own government openly, and feel much more negatively than they did in 2007. Chinese business leaders (54.3%) negatively rate the Chinese government's handling of bilateral relations with the U. S. - up from 19%, opinion leaders give a 74.5% negative rating - up from 37%, and the public gives a 36.3% rating - up from 27%.

· The U. S. is doing a fair to poor job of handling relations with China, according

① The U. S. portion of this survey was conducted by phone within the United States by Harris Interactive on behalf of The Committee of 100 from December 14, 2011 and January 31, 2012 among 1,400 U. S. adults - 1,000 among the general population and 400 across various business executives, opinion leaders, and Congressional staffers. Results were weighted to reflect the U. S. adult population. The margin of error for the U. S. general population is +/- 3.0, and between +/- 6.2 and 16.2 for the other U. S. participants.

The Chinese public portion of this survey was conducted through face-to-face interviews with a general population sample of 3,775 Chinese adults aged 18-60 within China by Horizon Research Consultancy between December 17 and December 27, 2011. The sample was constructed using a multistage random sampling method, including respondents from 12 prefectural-level cities, 12 towns, and 12 villages. Horizon Research conducted face-to-face and telephone interviews with 162 business elites in Beijing, Shanghai and Guangzhou between December 12, 2011 and January 16, 2012. The sample was based on executives and senior level decision makers from corporations in different industries and of different types of ownership. In the same time period and cities, Horizon Research conducted 216 face-to-face interviews with opinion leaders. The margin of error for the Chinese general population is +/- 1.7 and not available for the business and opinion leaders.

to the majority of both countries' publics and elites. Reaction is most negative among Chinese elites, with 71.8% of opinion leaders rating the U. S. as fair to poor – up from 66% in 2007 – while 66.5% of business leaders give a low rating – up from 50%.

Military Power and Trust

· Over 80% of U. S. business and opinion leaders consider China's emergence as a military power a potential or serious threat. Roughly 40% of all Chinese respondents think the U. S. military presence in the Asia Pacific region will only create tension among stakeholders.

· Over 50% of the American public and elites believe the U. S. should trust China "little" or "not at all". Over 50% of the Chinese public and elite think the United States is not trustworthy.

Trade and Social Issues

· Approximately two – thirds of U. S. business and opinion leaders see China's emergence as a global economic power as a serious or potential threat to the U. S.. In contrast, a similar proportion of China's elites has positive feelings and believes that China is an economic partner with the U. S. or no threat at all. Just under one – third of U. S. elites view China as an economic partner.

· Poor intellectual property rights protection ranks first among U. S. business leaders' top concerns about doing business in China (81% up from 69%). In contrast, less than half of China's business leaders consider intellectual property rights protection policy to have a negative impact on foreign investment.

· U. S. and Chinese elites each think the media of the other country does not report accurately on its counterpart, with over 55% of U. S. elites and 60% of China elites holding this belief. More than 50% of both countries' publics are also unconvinced they are getting accurate information.

The study concludes that improving international trust through greater public diplomacy, educational exchange, and leadership initiatives will be instrumental in effectively easing international tensions and nurturing common interests. Identification of actionable opportunities for collaboration and trust – building will continue at the C – 100's 21st Annual Conference which begins today in Pasadena, California.

"We are very pleased to share this important survey with the world, our members, and friends today at our annual conference," concluded Mr. Ng.

About C – 100:

Founded in 1989 by renowned architect I. M. Pei along with other prominent Chinese Americans, the Committee of 100 (C-100) is an independent, non-profit membership organization composed of Chinese American leaders working in partnerships towards its mission to (1) encourage constructive relations between the peoples of the United States and Greater China and (2) promote the full participation of Chinese Americans in all aspects of American life. C-100's initiatives are anchored in three core program areas: education, diplomacy, and leadership development. Programs include educational and cultural exchanges for journalists, educators, and civic and business leaders; people-to-people exchanges and leader-to-leader dialogues; and training American and Chinese youth in language and leadership skills and providing scholarships. C-100's opinion surveys and research deliver program guidance and products to advance U. S.-China relations and Asian American interests.

二、百人会处理涉华议题的基本准则[①]

（美国华盛顿，2012 年 6 月 27 日）　美国华裔组织百人会就如何处理涉及中国的问题为参政候选人提供以下基本准则。基本准则全文如下：

美国是个独特的国家。我们各种形式的民主维护每一个来自不同背景的人的理想，保证每个人都享有平等的选举权。

美国和其选民面临的许多重要问题都与中国有关。我们担心的问题包括工作外包到中国、贸易平衡、货币币值、环境保护和人权。有关中国政府和中国企业的热烈讨论是正常的，也是值得欢迎的。美国人民的各种不同意见和观点对制定最佳政策具有极好的参考价值。

但是，诋毁族裔形象，嘲弄亚洲语言，不分青红皂白地对亚裔整个群体评头论足，对亚裔怀有极端的偏见，这些做法是不能让人接受的。这些行为立即对华裔乃至亚裔社团带来负面影响，让人民怀疑他们对美国的忠诚。美国约有一千七百万亚裔美国公民和永久居民，其中华裔人数最多，他们的理想和抱负和其他美国人的是一样的，都希望成功并回报社会。所以，我们呼吁所有的参政竞选人和竞选团队不要诋毁中国，因为诋毁中国的结果有百害而无一利。

我们倒不如在尊重事实的前提下讨论重大问题，弘扬我们的优势。这些富有建设意义的讨论的出发点是为了美国有更好的前景，在这方面华裔可大有作为。

我们建议参加竞选地方政府、州政府或联邦政府的朋友们，要牢记诋毁中国往往导致伤害美国华裔和亚裔这一历史教训。华裔不仅包括新移民，还包括被收养的儿童及与异族通婚的华裔，他们祖祖辈辈已有五代人生活在美国。

同其他美国人一样，美国华裔也受美国对华关系的影响。不幸的是，华裔常被误认为应该对外国政府和跨国公司的错误负责任。事实上，带有种族歧视色彩的广告已经对华裔造成负面影响。

百人会相信我们通过共同努力，我们能求同存异，我们的国家也会变得更好。

百人会会长吴建民说：“中美关系影响所有美国人。作为美国华裔组织，我们鼓励所有的参政竞选人和竞选团队遇到涉及中国的议题时，应该展开富有建设

---

① http：//committee100. org/medi/prss - releases/.

意义的讨论，避免种族偏见。30 年前发生的陈果仁惨案告诫我们，所有的美国人都应该得到尊重，美国的伟大之处正在于她是各种不同背景的人的大熔炉。”

三、百人会要求美国斡旋　解决中国东海地区争端[1]

（美国纽约，2012 年 9 月 21 日）　百人会对中日关于中国东海钓鱼岛之争日益升温表示担忧。百人会要求美国政府为化解钓鱼岛争端起主动领导作用，以避免该地区的任何冲突，防止美国被卷入事端以及中美关系受到损害。

中国东海岛屿的主权是一个复杂的问题，双方都声称对其拥有主权。在过去四十年中，中日两国通过外交避免了领土争端的激化。

但是，最近日本政府对钓鱼岛主权争议无视外交，公开购岛“国有化”。这些行为激起中国大陆、台湾乃至世界各地华人的愤怒，因为他们坚信钓鱼岛自古以来是中国的领土，只是美国政府于 1972 年错误地将主权移交日本。另外，由于 1894 年甲午战争至第二次世界大战遗留下来的历史问题以及领土主权尚未得到满意的解决，中国人对此一直愤愤不平，购岛事件更让中国人义愤填膺。

从美国直接和间接的利益角度来看，中国东海的和平和稳定对美国有利。美国对化解争端具有独一无二的外交领导地位。美国国务卿希拉里·克林顿应该利用联合国大会，直接就如何解决争端同中日两国磋商。协助中日两国通过和平手段解决钓鱼岛之争符合美国的利益。

① http：//committee100. org/medi/press - releases/.

四、美国华裔精英组织百人会举办讨论中美关系重要问题的年会[①]

（华盛顿，2013年4月25日）　美国华裔组织百人会于4月25日在美国首都华盛顿召开第二十二届年会。

在“求同存异”的主题下，会议共有四个高水平的讨论会：“建立中美关系的战略互信讨论”、“双边贸易关系——中美合作与竞争的国际影响”、“商业中的政治因素——中国在美国投资以及竞选和选举”、“评估在美国竞选中媒体对中国的观点”。

主题演讲人包括美国战略与国际研究中心顾问和董事兹比格涅夫·布热津斯基、中国投资公司副董事长兼总裁高西庆。中华人民共和国驻美利坚合众国特命全权大使崔天凯、美国众议院多数党领袖艾里可·康德和参议院外事委员会委员包博·克尔科发表演讲。原美国情报总监德尼斯·布莱尔，美国弗吉尼亚州联邦参议员蒂姆·凯恩，负责经济、能源和环境事务的美国副国务卿罗伯特·霍马斯以及海尔美国公司总裁沙立夫·康在讨论会上发言。

百人会会长吴建民说：“中美两国刚完成政府换届，华盛顿和北京面临全球问题的挑战，双方需要建立互信。今年的‘求同存异’年会在中美关系的关键时刻，探讨双方在重要领域的实际合作。”

本届年会的联席主席是高盛集团美国股票交易联席主管兼股票“One Delta”交易全球联席主管王铁飞、美国威特集团公司董事长兼首席执行长李学海和美京美亚协会副主席吴旭淳。

百人会年会为探讨中美关系和美国华裔状况提供了难得的平台。自从1990年第一届年会举行以来，每年学术界、商界、科技界和政府部门的权威人士聚集一堂，就中美关系和华裔问题各抒己见。

① http：//committee100. org/medi/press - releases/.

五、百人会斥责鲍勃·贝克尔诋毁中国学生[1]

（纽约，2014年8月7日） 由美国华裔精英组成的百人会斥责鲍勃·贝克尔诋毁中国学生，并就此发表以下声明：

7月10日，福克斯（Fox）电视台主持人鲍勃·贝克尔在福克斯电视台说："中国人是美国国家安全唯一的最大威胁，他们已经是而且将来还是最大的威胁，他们能等，很耐心。你知道我们做了什么吗？像往常一样，把他们带到了这里，教一帮中国佬（a bunch of Chinamen）——哦错了，中国人（Chinese people）如何使用电脑，他们回去后就进入我们的电脑系统。"

百人会谴责鲍勃·贝克尔的言论，因为他使用带有种族歧视色彩的字眼"中国佬"来指所有华人。另外，百人会还告诫媒体不要把网络安全问题怪罪在中国留学生身上。贝克尔暗示中国学生来美是为了学习网络间谍技术，他贬低了中国留学生追求美国无与伦比的教育机会和为美国社会做贡献的兴致。

美国的科技之所以先进，离不开中国出生和美籍华人科学家和工程师的可观贡献，他们当中很多人在美国大学学习过，还有的因卓越成就获得了诺贝尔奖。今天，中国移民继续在硅谷为世界科技创新和企业创立起着举足轻重的作用。根据美国统计局的数字，亚裔和旅美亚洲人在硅谷湾区的技术人员所占比例高达51.1%，另外25%的美国创新公司和44%的硅谷创新公司是由外国移民创立的，这些公司创造了巨大的财富，同时也创造了成千上万个就业机会。

中美两国政府日趋紧张的关系不应该有损两国人民之间的交流。美国能在科技界领先，正因为她吸收和发挥世界各地人才包括华裔人才。鲍勃·贝克尔的反华言论只会加重种族歧视，伤害人民，不利于将来吸收和培养科技人才，也背弃美国过去和现在使美国成为世界领袖的准则。

① http：//committee100. org/medi/press－releases/.

参考文献

一、英文著述

1. “6/8 House Hearing on China Trade Status”, *USIS Bulletin*, June 10, 1999.

2. A. F. K. Organski, *The 36 Billion Dollar Bargain: Strategy and Politics in the U. S. Assistance to Israel*, New York: Columbia University Press, 1983.

3. Alexander De Conde, ed., *Encyclopedia of American Foreign Policy*, New York: Charles Scribner's Sons, 2002.

4. Allen J. Cigler and Burdett A. Loomis, ed., *Interest Group Politics*, Washington, D. C.: C. Q. Press, 1998.

5. Arthur M. Schlesinger Jr., *The Disuniting of America*, New York: W. W. Norton, 1998.

6. Benson Tong, *The Chinese American*, Westport: Greenwood Publishing Group, Inc., 2000.

7. “Betrayed by Greed”, *USA Today*, January 4, 1999.

8. Brett Lippeneott, “Taiwan Should be Allowed to Join the World Community”, *Heritage Foundation Reports*, August 24, 1994.

9. C. W. Watson, *Multiculturalism*, Buckingham: Open University Press, 2000.

10. Carl Wittke, *The Irish in America*, Baton Rouge: Louisiana State University Press, 1956.

11. Cecil V. Crabb Jr., et al., *Congress and the Foreign Policy Process*, Baton Rouge: Louisiana State University Press, 2000.

12. Desmond King, *The Liberty of Strangers: Making the American Nation*, Oxford: Oxford University Press, 2005.

13. Edward Hall, *Beyond Culture*, New York: Anchor Books, 1976.

14. Eric Liu, *The Accidental Asian: Notes from a Native Speaker*, New York: Random House, 1998.

15. Eric Schmitt, “House Approves Expansion of Ties to Taiwan's Army”, *New*

York Times, February 2, 2000.

16. Ernst Haas, "Why Collaborate? Issue – Linkage and International Regimes", *World Politics*, Vol. 32, 1980.

17. Gloria Heyung Chun, *Of Orphans and Warriors: Inventing Chinese American Culture and Identity*, New Brunswick: Rutgers University Press, 2000.

18. H. R. Mahood, *Interest Groups Politics in America: A New Intensity*, Upper Saddle River: Prentice-Hall, Inc., 1990.

19. Harry Harding, "Neither Friend nor Foe: A China Policy for Nineties", *Brookings Review*, Vol. 10, No. 2, 1992.

20. Helen V. Milner, *Interest, Institutions and Information: Domestic Politics and International Relation*, Princeton: Princeton University Press, 1997.

21. Henry Kissinger, *Years of Renewal*, New York: Simon & Schuster, 1999.

22. James M. Lindsay, "Getting Uncle Sam's Ear", *The Brookings Review*, Winter, 2002.

23. James McCormick and Eugene Wittkopf, "Bipartisanship, Partisanship, and Ideology in Congressional – Executive Foreign Relations, 1947 – 1988", *The Journal of Politics*, Vol. 52, 1990.

24. James Rosenau and Mary Durfee, *Thinking Theory Thoroughly: Coherent Approaches to an Incoherent World*, Boulder: Westview Press, 1999.

25. James Rosenau, *Turbulence in World Politics: A Theory of Change and Continuity*, Princeton: Princeton University Press, 1990.

26. James Schlesinger, "Fragmentation and Hubris: A Shaky Basis for American Leadership", *National Interest*, Issue 49, 1997.

27. Jeffery M. Berry, *Lobbying for the People*, Princeton: Princeton University Press, 1977.

28. Jeffrey Friden, "Sectoral Conflict and U. S. Foreign Economic Policy, 1914 – 1940", *International Organization*, Vol. 42, No. 1, 1988.

29. "Jewish Votes: An Awkward Balance", *Economist*, August 29, 1992.

30. John E. Yang, "Gerhardt Bashes U. S. Policy on China", *The Washington Post*, May 28, 1997.

31. John Mearsheimear and Stephen Walt, "The Israel Lobby and U. S. Foreign Policy", *Middle East Policy*, Vol. 13, No. 3, 2006.

32. Jonathan Rauch, *Demosclerosis: The Silent Killer of American Government*, New York: Times Books, 1994.

33. Keith Russell, "Ethnic Politics is the Name of Their Game", *The Washington Times*, September 15, 1997.

34. Kevin Phillips, *Arrogant Capital*, Boston: Back Bay/Little Brown, 1995.

35. Laurence Halley, *Ancient Affections: Ethnic Groups and Foreign Policy*, New York: Praeger Publishers, 1985.

36. Lee O'Brien, *American Jewish Organizations and Israel*, Beirut: Institute for Palestine Studies, 1986.

37. Lisa Duran, "Caring for Each Other: Philanthropy in Communities of Color", *Grassroots Fundraising Journal*, Vol. 20, No. 5, 2001.

38. Louis L. Gerson, *The Hyphenate in Recent American Politics and Diplomacy*, Lawrence: University Press of Kansas, 1964.

39. Mia Tuan, *Forever Foreign or Honorary White? The Asian Ethnic Experience Today*, New Brunswick: Rutgers University Press, 1999.

40. Michael Parenti, *Democracy for the Few*, New York: St. Martin's Press, 1988.

41. Michel Oksenberg, "The China Problem", *Foreign Affairs*, Vol. 70, No. 3, 1991.

42. Min Zhou, *Selected Readings on Immigration & Chinese Immigrant Life in the United States*, Los Angeles: University of California, 2002.

43. Mohammed E. Ahrari, "Domestic Context of U. S. Foreign Policy toward the Middle East", in Mohammed E. Ahrari, ed., *Ethnic Groups and U. S. Foreign Policy*, New York: Greenwood Publishing Group, Inc., 1987.

44. Mona Harrington, "Loyalties: Dual and Divided", in Stephen Thernstrom, ed., *Harvard Encyclopedia of American Ethnic Groups*, Cambridge: Cambridge University Press, 1980.

45. "Multiculturalism and Foreign Policy" in Tony Smith, *Foreign Attachments: The Power of Ethnic Groups in the Making of American Foreign Policy*, Cambridge: Harvard ard University Press, 2000.

46. Myrna Watanabe, "Forensic Scientist Henry Chang-Yu Lee", *The Scientist*, Vol. 14, No. 7, 2000.

47. Nancy B. Tucker, *Taiwan, Hong Kong and the United States*, 1945-1992, Boston: Twayne Publishers, 1994.

48. Nathan Glazer and Daniel P. Moynihan, *Ethnicity: Theory and Experience*, Cambridge: Harvard University Press, 1975.

49. Nimord Novik, *The United States and Israel: Domestic Determinants of a Chan-*

ging U. S. Commitment, Boulder: Westview Press, 1986.

50. Norman J. Ornstein and Shirley Elder, *Interest Groups, Lobbying and Policy-making*, Washington, D. C. : C. Q. Press, 1978.

51. Patrick J. Haney and Walt Vanderbush, "The Role of Ethnic Interest Groups in U. S. Foreign Policy: The Case of the Cuban American National Foundation", *International Studies Quarterly*, Vol. 43, Issue 2, 1999.

52. Paul Glastris, "Multicultural Foreign Policy in Washington", *U. S. News & World Report*, Vol. 123, Issue 3, 1997.

53. Paul Y. Watanabe, *Ethnic Groups, Congress and Foreign Policy*, Westport: Greenwood Publishing Group, Inc. , 1984.

54. Peter H. Koehn and Xiao-huang Yin, *The Expanding Roles of Chinese Americans in U. S. – China Relations*, New York: M. E. Sharpe, Inc. , 2002.

55. Peter J. Katzenstein, et al. , "International Organization and the Study of World Politics", *International Organization*, Vol. 52, No. 3, 1998.

56. Peter Kwong, *The New Chinatown*, New York: Harper Collins Canada, Ltd. , 1993.

57. Peter M. Haas, "Introduction: Epistemic Communities and International Policy Coordination", *International Organization*, Vol. 46, No. 1, 1992.

58. Richard Bernstein and Ross H. Munro, *The Coming Conflict with China*, New York: Alfred A. Knopf, Inc. , 1997.

59. Richard T. Schaefer, *Racial and Ethnic Groups*, Boston: Addison – Wesley Educational Publishers, Inc. , 1998.

60. Robert D. Putnam, "Diplomacy and Domestic Politics: The Logic of Two-Level Games", *International Organization*, Vol. 42, No. 3, 1988.

61. Robert G. Sutter, *U. S. Policy toward China: An Introduction to the Role of Interest Group*, Lanham: Rowman & Littlefield, 1996.

61. Robert J. Thompson and Joseph R. Rudolph, "Irish –Americans in the American Foreign Policy Making Process", in Mohammed E. Ahrari, ed. , *Ethnic Groups and U. S. Foreign Policy*, New York: Greenwood Publishing Group, Inc. , 1987.

63. Robert Kagan, "A 'Normal' Trading Partner", *The Washington Post*, June 17, 1997.

64. Robert L. Rothstein, "Consensual Knowledge and International Collaboration: Some Lessons from the Commodity Negotiations", *International Organization*, Vol. 38, No. 4, 1984.

65. Robert Tucker, *Immigration and U. S. Foreign Policy*, Boulder: Westview Press, 1990.

66. Ronald Takaki, *A Different Mirror: A History of Multicultural America*, New York: Little, Brown & Company, 1993.

67. Ross Y. Koen, *The China Lobby in American Politics*, New York: Octagon Books, 1974.

68. Schlesinger, "Fragmentation and Hubris", *The National Interest*, Fall, 1997.

69. Shy-Shan Henry Tsai, *The Chinese Experience in America*, Bloomington: Indiana University Press, 1986.

70. Simon H. Cheng and Wen H. Kuo, "Family Socialization of Ethnic Identity among Chinese American Pre-adolescents", *Journal of Comparative Family Studies*, Vol. 31, No. 4, 2000.

71. Simon Serfaty, ed., *The Media and Foreign Policy*, New York: St. Martin's Press, 1991.

72. Stanley D. Bachrack, *The Committee of One Million*, New York: Columbia University Press, 1976.

73. Stephen A. Garrett, "Eastern European Ethnic Groups and American Foreign Policy", *Political Science Quarterly*, Vol. 93, No. 2, 1978.

74. Stephen D. Krasner, "Structural Causes and Regime Consequences: Regimes as Intervening Variables", *International Organization*, Vol. 36, No. 2, 1982.

75. Steven W. Hook, "Sino-American Trade Relations: Privatizing Foreign Policy", in Ralph G. Garter, ed., *Contemporary Cases in U. S. Foreign Policy: From Terrorism to Trade*, Washington, D. C.: C. Q. Press, 2005.

76. Susan Strange, *The Retreat of the State: The Diffusion of Power in the World Economy*, New York: Cambridge University Press, 1996.

77. Sylvia Fishman, *Jewish Life and American Culture*, Albany: State University of New York Press, 2000.

78. Thomas R. Dye and Harmon Zeigler, *The Irony of Democracy: An Uncommon Introduction to American Politics*, Belmont: Wadsworth Publishing Company, 1996.

79. Tony Smith, *Foreign Attachments: The Power of Ethnic Groups in the Making of American Foreign Policy*, Cambridge: Harvard University Press, 2000.

80. Tu Wei-ming, *The Living Tree: The Changing Meaning of Being Chinese Today*, Redwood City: Stanford University Press, 1994.

81. Wen-yen Chen, "A Major Victor for Taiwan", *FAPA News*, October, 1999.

82. William F. Chew, *Nameless Builders of the Transcontinental Railroad: The Chinese Workers of the Central Pacific Railroad*, Victoria: Trafford Publishing, 2004.

83. Xiao-huang Yin and Zhiyong Lan, "Why do They Give? Change and Continuity in Chinese American Transnational Philanthropy Since the 1970s", work paper for the Global Equity Initiative for a workshop on Diaspora to China and India, Harvard University, May, 2003.

84. Xiao-huang Yin and Zhiyong Lan, "Chinese Americans: A Rising Factor in U. S. –China Relations", *The Journal of American-East Asian Relations*, 1997.

85. Yossi Shain, "Ethnic Diasporas and U. S. Foreign Policy", *Political Science Quarterly*, Vol. 109, Issue 5, 1994.

二、中文著述

1. ［德］波姆著，林兵译：《贝聿铭谈贝聿铭》，上海：文汇出版社，2004 年。

2. ［美］埃兹拉·沃格尔主编，田斌译：《与中国共处：21 世纪的美中关系》，北京：新华出版社，1998 年。

3. ［美］艾伦·D. 赫茨克著，徐以骅、黄凯、吴志浩译，徐以骅校：《在华盛顿代表上帝》，上海：上海人民出版社，2003 年。

4. ［美］彼得·邝著，王冰等译：《黑着——在美国的中国非法移民》，北京：世界知识出版社，2001 年。

5. ［美］陈香梅：《陈香梅自传》，济南：山东人民出版社，2003 年。

6. ［美］陈香梅：《陈香梅全集》，石家庄：河北人民出版社，2000 年。

7. ［美］亨利·基辛格著，顾淑馨、林添贵译：《大外交》，海口：海南出版社，1997 年。

8. ［美］肯尼思·华尔兹著，信强译，苏长和校：《国际政治理论》，上海：上海人民出版社，2003 年。

9. ［美］孔秉德、尹晓煌主编，余宁平等译：《美籍华人与中美关系》，北京：新华出版社，2004 年。

10. ［美］孔秉德主编：《1997—1998 年中美高峰会谈之后的中美关系展望》，香港：香港中文大学出版社，1999 年。

11. ［美］理查德·伯恩斯坦、罗斯·芒罗著，隋丽君等译：《即将到来的美中冲突》，北京：新华出版社，1997 年。

12. ［美］令狐萍：《金山谣——美国华裔妇女史》，北京：中国社会科学出版社，1999 年。

13. ［美］令狐萍：《萍飘美国：新移民实录》，太原：北岳文艺出版社，2003 年。

14. ［美］罗伯特·基欧汉、海伦·米尔纳主编，姜鹏、董素华译：《国际化与国内政治》，北京：北京大学出版社，2003 年。

15. ［美］罗伯特·基欧汉、约瑟夫·奈著，门洪华译：《权力与相互依赖》（第三版），北京：北京大学出版社，2002 年。

16. ［美］罗伯特·基欧汉编，郭树勇译：《新现实主义及其批判》，北京：北京大学出版社，2002 年。

17. ［美］罗伯特·基欧汉著，苏长和等译：《霸权之后：世界政治经济中的合作与纷争》，上海：上海人民出版社，2001 年。

18. ［美］罗伯特·吉尔平著，杨宇光、杨炯译：《全球政治经济学》，上海：上海人民出版社，2003 年。

19. ［美］罗伯特·吉尔平著，杨宇光等译：《国际关系政治经济学》，北京：经济科学出版社，1989 年。

20. ［美］玛格丽特别·E. 凯克、凯瑟琳·辛金克著，韩召颖、孙英丽译：《超越国界的活动家：国家政治中的倡议网络》，北京：北京大学出版社，2005 年。

21. ［美］麦礼谦：《从华侨到华人——20 世纪美国华人社会发展史》，香港：三联书店（香港）有限公司，1992 年。

22. ［美］美国众议院特别委员会编著，王振西等译：《考克斯报告：关于美国国家安全以及对华军事及商业关系的报告》，北京：新华出版社，1999 年。

23. ［美］莫铿等主编：《金山侨社礼仪规范》，旧金山：金山侨社礼仪规范出版委员会，1991 年。

24. ［美］塞缪尔·亨廷顿著，周琪等译：《文明的冲突与世界秩序的重建》，北京：新华出版社，1998 年。

25. ［美］塞缪尔·亨廷顿著，程克雄译：《我们是谁？——美国国家特性面临的挑战》，北京：新华出版社，2005 年。

26. ［美］沈己尧：《海外排华百年史》，北京：中国社会科学出版社，1985 年。

27. ［美］宋李瑞芳：《美国华人的历史和现状》，北京：商务印书馆，1984 年。

28. ［美］亚历山大·温特著，秦亚青译：《国际政治的社会理论》，上海：上海人民出版社，2000 年。

29. ［美］约翰·米尔斯海默著，王义桅、唐小松译：《大国政治的悲剧》，上海：上海人民出版社，2003 年。

30. ［美］约瑟夫·拉彼德、费里德希·克拉托赫维尔编，金烨译：《文化和认同：国际关系回归理论》，杭州：浙江人民出版社，2003 年。

31. ［美］约瑟夫·奈著，张小明译：《理解国际冲突：理论与历史》，上海：上海人民出版社，2002 年。

32. ［美］兹比格纽·布热津斯基著，中国国际问题研究所译：《大棋局——美国的首要地位及其地缘战略》，上海：上海人民出版社，1998 年。

33. ［英］戴维·赫尔德著，胡伟等译：《民主与全球秩序——从现代国家到世界主义治理》，上海：上海人民出版社，2003 年。

34. ［英］苏珊·斯特兰奇著，杨宇光译：《国际政治经济导论：国家与市场》，北京：经济科学出版社，1990 年。

35. 蔡翠红：《信息网络与国际政治》，上海：学林出版社，2003 年。

36. 曹云华：《变异与保持》，北京：中国华侨出版社，2001 年。

37. 陈乔之等：《冷战后东盟国家对华政策研究》，北京：中国社会科学出版社，2001 年。

38. 陈致远：《多元文化的现代美国》，成都：四川人民出版社，2003 年。

39. 楚树龙：《冷战后中美关系的走向》，北京：中国社会科学出版社，2001 年。

40. 邓鹏、李小兵、刘国力：《剪不断理还乱——美国外交与美中关系》，北京：中国社会科学出版社，2000 年。

41. 邓蜀生：《美国与移民——历史·现实·未来》，重庆：重庆出版社，1990 年。

42. 丁松泉：《中国崛起与中美关系》，北京：中国社会科学出版社，2005 年。

43. 飞翼：《田长霖传奇》，武汉：湖北人民出版社，2003 年。

44. 宫力：《中美关系热点透视》，哈尔滨：黑龙江教育出版社，1996 年。

45. 郭树勇：《建构主义与国际政治》，北京：长征出版社，2001 年。

46. 郝时远主编：《海外华人研究论集》，北京：中国社会科学出版社，2002 年。

47. 季鸿生编著：《中美关系五十年》，上海：百家出版社，1993 年。

48. 蒋晓燕、信强：《美国国会与美国对华安全决策》，北京：时事出版社，2005 年。

49. 李道揆：《美国政府和美国政治》（上、下册），北京：商务印书馆，1999 年。

50. 李明欢：《当代海外华人社团研究》，厦门：厦门大学出版社，1995 年。

51. 李庆四：《美国国会与美国对华政策》，北京：当代世界出版社，2002 年。

52. 李庆四：《美国国会与美国外交》，北京：人民出版社，2007 年。

53. 李希光：《中国有多坏?》，南京：江苏人民出版社，1998 年。

54. 李小兵等：《美国华人：从历史到现实》，成都：四川人民出版社，2003 年。

55. 刘继南主编：《大众传播与国际关系》，北京：北京广播学院出版社，1999 年。

56. 刘连第编著：《中美关系的轨迹 1993—2000 年大事纵览》，北京：时事出版社，2001 年。

57. 刘文祥：《美国外交决策中的国会与总统》，北京：中国经济出版社，2005 年。

58. 宁平治、唐贤民、张庆华编：《杨振宁演讲集》，天津：南开大学出版社，1989 年。

59. 牛军主编：《克林顿治下的美国》，北京：中国社会科学出版社，1998 年。

60. 钱皓：《美国西裔移民研究》，北京：中国社会科学出版社，2002 年。

61. 钱宁：《留学美国》，南京：江苏文艺出版社，1996 年。

62. 丘立本：《从世界看华人——华人研究新探》，香港：南岛出版社，2000 年。

63. 邱丹阳：《世界政治经济与国际关系概论》，广州：广东人民出版社，1995 年。

64. 邱苏达主编：《侨务课题研究论文集（2000—2001 年）》（下），国务院侨务办公室政研司，2001 年。

65. 苏格：《美国对华政策与台湾问题》，北京：世界知识出版社，1998 年。

66. 孙哲：《崛起与扩张：美国政策与中美关系》，北京：法律出版社，2004 年。

67. 谭融：《美国利益集团政治研究》，北京：中国社会科学出版社，2002 年。

68. 陶文钊、仲掌生主编：《中美关系 100 年》，北京：中国社会科学出版社，2001 年。

69. 陶文钊主编：《冷战后的美国对华政策》，重庆：重庆出版社，2006 年。

70. 陶文钊：《中美关系史》（上、中、下册），上海：上海人民出版社，2004 年。

71. 王赓武：《王赓武自选集》，上海：上海教育出版社，2002 年。

72. 王赓武：《中国与海外华人》，香港：商务印书馆（香港）有限公司，1994 年。

73. 王缉思主编：《高处不胜寒——冷战后美国的全球战略和世界地位》，北京：世界知识出版社，1999 年。

74. 王正毅：《世界体系与中国》，北京：商务印书馆，2000 年。

75. 吴剑雄：《海外移民与华人社会》，台北：允晨文化实业股份有限公司，1993 年。

76. 夏林根、于喜元主编：《中美关系辞典》，大连：大连出版社，1992 年。

77. 项立岭：《中美关系史全编》，上海：华东师范大学出版社，2002 年。

78. 肖宪：《中东国家通史·以色列卷》，北京：商务印书馆，2001 年。

79. 杨光斌主编：《政治学原理》，北京：中国人民大学出版社，1999 年。

80. 杨建邺：《杨振宁传》，长春：长春出版社，2004 年。

81. 杨洁勉：《后冷战时期的中美关系：外交政策比较研究》，上海：上海人民出版社，2000 年。

82. 杨玉圣：《中国人的美国观：一个历史的考察》，上海：复旦大学出版社，1996 年。

83. 中国现代国际关系研究所编：《美国思想库及其对华倾向》，北京：时事出版社，2003 年。

84. 中国现代国际关系研究院美国研究所编：《中美战略关系新论》，北京：时事出版社，2005 年。

85. 周南京主编：《华侨华人百科全书·社团政党卷》，北京：中国华侨出版社，1999 年。

86. 周南京：《华侨华人问题概论》，香港：香港社会科学出版社有限公司，2003 年。

87. 周聿峨：《东南亚华文教育》，广州：暨南大学出版社，1995 年。

88. 朱世达主编：《当代美国文化与社会》，北京：中国社会科学出版社，2000 年。

89. 朱威烈、金应忠编：《'90 中国犹太学研究总汇》，上海：生活·读书·新知三联书店上海分店，1992 年。

90. 庄国土：《华侨华人与中国的关系》，广州：广东高等教育出版社，2001 年。

91. 庄国土主编：《世纪之交的海外华人》，福州：福建人民出版社，1998 年。

92. 庄礼伟：《地球屋檐下：关于人类政治的观察笔记》，广州：中山大学出版社，2005 年。

三、期刊论文

1. ［美］周敏、林闽钢：《族裔资本与美国华人移民社区的转型》，《社会学研究》2004 年第 3 期。

2. ［美］周敏、王晓晖：《华裔美国人的精英群体》，《社会学研究》2000 年第 5 期。

3. ［美］周敏：《美国华裔人口发展趋势和多元化》，《人口与经济》2004 年第 3 期。

4. 曹海丽：《留学生：跨世纪中国的人才资源》，《华声月刊》1996 年第 9 期。

5. 范可：《跨国领养——对美国人领养中国婴孩及相关现象的考察》，《世界民族》2004 年第 3 期。

6. 郝时远：《对西方学界有关族群（ethnic group）释义的辨析》，《广西民族学院学报》（哲学社会科学版）2002 年第 4 期。

7. 李巍、王勇：《国际关系研究层次的回落》，《国际政治科学》2006 年第 3 期。

8. 罗爱玲：《美国犹太人及其对美国文化的影响》，《世界民族》2004 年第 2 期。

9. 万晓宏：《重大历史事件对美国华人政治参与的影响》，《八桂侨刊》2006 年第 3 期。

10. 王传兴：《利益集团与美国的外交决策》，《国际观察》2000 年第 4 期。

11. 王恩铭：《也谈美国多元文化主义》，《国际观察》2005 年第 4 期。

12. 王希：《多元文化主义的起源、实践与局限性》，《美国研究》2000 年第 2 期。

13. 温荣刚、张劲松：《美国在太平洋战争期间对日裔美国人的特殊管制》，《日本研究》2003 年第 4 期。

14. 吴前进：《华侨华人华族问题在中国对外关系中的持久性》，《国际观察》2000 年第 5 期。

15. 吴前进：《冷战后华人移民的跨国民族主义——以美国华人社会为例》，《华侨华人历史研究》2006 年第 1 期。

16. 熊志勇：《美国华裔与美国对华政策》，《哈尔滨工业大学学报》（社会科学版）2001 年第 2 期。

17. 余志森、包秋：《浅论美国多元文化主义》，《华东师范大学学报》（哲学社会科学版）1995 年第 6 期。

18. 余志森：《试论美国文化多元性的成因与特征》，《华东师范大学学报》（哲学社会科学版）2002 年第 5 期。

19. 张林军、吕其昌：《冷战后美国国会对中美关系的消极影响》，《现代国际关系》1996 年第 10 期。

20. 朱全红：《“9·11”之后的美国族裔群体与外交政策》，《南都学坛》2004 年第 5 期。

21. 朱全红：《论美国族裔群体的双重文化认同》，《学海》2006 年第 1 期。

22. 朱全红：《美国冷战后的多元文化外交政策》，《前沿》2002 年第 9 期。

23. 朱全红：《资源与影响力——美国族裔群体影响美国外交政策的政治资源分析》，《外交评论》2006 年第 4 期。

24. 庄礼伟：《美国华裔社群的生存环境与参政路向》，《社会杂志》2001 年第 9 期。

四、报纸网络文章

1. ［美］麦礼谦：《美国华侨简史》，（美国）《时代报》，1982 年 12 月 28 日。

2. ［美］麦子：《美国华人参政在挫折中前进》，（美国）《侨报》，1997 年 12 月 17 日。

3. ［美］麦子：《美国华人科技领域放异彩》，《广东侨报》，1998 年 1 月 1 日。

4. ［美］伊铭：《美国华人在大选中的表现》，（新加坡）《联合早报》，2004 年 11 月 8 日。

5. 《本世纪重大事件》，（美国）《时代周刊》，1998 年 4 月 20 日。

6. 《从 2004 年美国总统大选看华人参政》，（中国香港）《地平线月刊》2005 年第 1 期。

7. 《海外华侨华人总数总计三千四百五十余万》，（中国台湾）《宏观周报》，2000 年 5 月 20 日。

8. 陈青：《华人在美参政先天不足，不能再后天失调》，（美国）《世界日报》，2002 年 11 月 26 日。

9. 《李文和案掀起新麦卡锡主义》，《远东经济评论》，2000 年 1 月 13 日。

10. 《李文和获释华人感欣慰》，“中央”通讯社，2000 年 9 月 13 日。

11. 《两岸关系逐步转为人民内部矛盾》，（美国）《世界日报》，2001 年 2 月 15 日。

12. 《美国国际教育研究所：两岸三地留学生合计高达 9.6 万》，（美国）《世界日报》，2002 年 3 月 10 日。

13. 贾怡、孙亚菲：《美国制造“中国情报恐慌”　FBI 盯上赴美中国人》，

《南方周末》，2005 年 2 月 24 日。

14.《丘成桐获美国国家科学奖》，（中国香港）《明报》，1997 年 5 月 5 日。

15.《孙中山孙女称华侨是“两岸和平统一之母”》，东方网，2001 年 8 月 17 日。

16.《中国公民能够留在美国》，（美国）《国会季刊》，1992 年 8 月 26 日。

17.《中科院院士甘子钊教授说：我国科技队伍出现断层》，《厦门日报》，1998 年 4 月 20 日。

18. 法新社东京电：《中国被认为是对美日最重要国家》，《参考消息》，1997 年 6 月 17 日。

19. ［美］哈维·戈德堡：《美国对中国有多大影响?》，《洛杉矶时报》，1997 年 12 月 15 日。

20. 李大玖：《留美学生中国大陆人数最多》，（美国）《侨报》，2000 年 11 月 14 日。

21. 林博文：《奥卿回忆录》，（中国香港）《亚洲周刊》，2003 年 9 月 29 日。

22. 阙维杭：《有大成就没大架子》，（新加坡）《联合早报》，1997 年 11 月 21 日。

23. 沈侃：《美国大众传媒的制造者与控制者》，http：//www. media. tsinghua. edu. cn/article. php/595。

24. 唐天：《美以关系如此密切——美籍犹太人功不可没》，《厦门日报》，1997 年 2 月 13 日。

25. 王希：《大陆留美学人资源与二十一世纪中国的发展》，（美国）《世界日报》，1997 年 11 月 9 日。

26. 余万里：《美国面临认同危机》，《环球时报》，2004 年 9 月 17 日。

27. 袁征：《国内因素对美国对华政策的影响》，中国网，2002 年 2 月 25 日。

五、学位论文

1. 耿学鹏：《新、老“院外援华集团”之比较研究》，外交学院硕士学位论文，2005 年。

2. 林启文：《华裔美人参与政治活动之研究（1965—1993 年）》，台湾“国立”政治大学民族研究所硕士学位论文，1993 年。

3. 邵允振：《1980 年代以来的美国华侨华人与中美关系》，暨南大学博士学位论文，2006 年。

4. 孙晓玲：《犹太利益集团与美国中东外交政策（1967—1984）》，复旦大学博士学位论文，2005 年。

5. 万晓宏：《当代美国华人政治参与研究（1965—2004 年）》，暨南大学博士学位论文，2005 年。

6. 谢莉娇：《乔治·W. 布什对华政策研究——一种层次、系统分析》，中共中央党校博士学位论文，2007 年。

7. 朱全红：《美国多元文化外交政策及其历史演变研究》，华东师范大学博士学位论文，2004 年。